高速公路桥梁抗爆设计与构造指南

Blast-Resistant Highway Bridges: Design and Detailing Guidelines

〔美〕威廉姆逊·E.B. 等 著

方 秦 吴 昊 译

科学出版社

北 京

图字：01-2017-7370 号

内 容 简 介

随着恐怖事件的日益猖獗以及频发的偶然性爆炸事故，高速公路桥梁结构在爆炸荷载作用下的动态响应和安全防护研究越来越必要。本译著介绍了美国得克萨斯大学奥斯汀分校的威廉姆逊等在美国国家高速公路和交通运输协会的资助下，在爆炸作用下桥梁墩柱的荷载分布规律、桥梁墩柱大比例尺寸近区爆炸试验、基于单自由度的墩柱抗爆理论分析模型以及高速公路桥梁的抗爆设计范例等方面的成果。

本书可为国内桥梁工程和结构抗爆领域的学者和桥梁设计人员提供重要的研究思路和参考，也可供高等院校相关专业的教师和研究生阅读。

图书在版编目（CIP）数据

高速公路桥梁抗爆设计与构造指南 / （美）威廉姆逊 · E. B. 等著；方秦，吴昊译. —北京：科学出版社，2023.6

书名原文：Blast-Resistant Highway Bridges: Design and Detailing Guidelines

ISBN 978-7-03-067788-4

Ⅰ. ①高… Ⅱ. ①威… ②方… ③吴… Ⅲ. ①高速公路-公路桥-抗爆性-建筑设计-指南 Ⅳ. ①U448.14-62

中国版本图书馆 CIP 数据核字（2020）第 264047 号

责任编辑：王 钰 / 责任校对：赵丽杰
责任印制：吕春珉 / 封面设计：东方人华平面设计部

科学出版社 出版
北京东黄城根北街 16 号
邮政编码：100717
http://www.sciencep.com

北京中科印刷有限公司 印刷

科学出版社发行 各地新华书店经销

*

2023 年 6 月第 一 版 开本：B5（720×1000）
2023 年 6 月第一次印刷 印张：12 1/4
字数：229 000

定价：128.00 元

（如有印装质量问题，我社负责调换〈中科〉）
销售部电话 010-62136230 编辑部电话 010-62137026

译 者 的 话

伴随国际政治动荡和地区武装冲突，为破坏对方交通路线，桥梁一直是局部战争中双方争夺的焦点，如图 0-1（a）所示。同时，随着全球恐怖主义愈演愈烈，针对公共交通的恐怖袭击事件不断增多。据统计，在 1975～1997 年，全球共发生了 550 起公共交通恐怖袭击事件；自 2001 年以来，全世界总共发生近 400 起针对公共交通设施的恐怖袭击事件，约占各类恐怖袭击事件总数的 13%。地面交通已经成为恐怖袭击的重要目标，爆炸则是交通恐怖袭击的主要手段。大型桥梁，尤其是造价高昂、处于交通枢纽且具有重要政治、经济意义的标志性桥梁，极易成为恐怖分子的袭击目标，如图 0-1（b）所示。此外，燃油（气）、烟花爆竹等危险品在运输过程中也极易发生意外的偶然性爆炸，如图 0-1（c）所示。

（a）

（b）

图 0-1　武装斗争、恐怖袭击和偶然性爆炸事故中桥梁结构的破坏

（c）

图 0-1（续）

现行桥梁设计规范规定桥梁结构的设计中需要考虑汽车荷载、地震荷载、风荷载和车（船）撞击等偶然作用，但是未对桥梁结构在爆炸作用下的动力灾变能力和防护措施做出明确的规定，因此开展相关的研究具有重要的理论和现实意义。国内的桥梁抗爆及防护研究仍处于起步阶段，尚缺乏相应的设计规范。

美国在该领域的研究走在前列，美国国家高速公路与交通运输协会（American Association of State Highway and Transportation Officials，AASHTO）针对高速公路桥梁，于 2010 年发布了《高速公路桥梁抗爆设计与构造指南》（*Blast-Resistant Highway Bridges: Design and Detailing Guidelines*）。本书即为该报告的中译本，希望能给国内从事桥梁抗爆研究和设计的人员提供参考。本书依原著沿用英制计量单位，在其首次出现时加脚注注明其与法定计量单位的换算关系。

限于译者水平，书中不妥之处在所难免，恳请读者批评指正。

方秦　吴昊

2020 年 10 月

序

本报告以规范形式编制了针对钢筋混凝土桥梁墩柱抗爆的通用设计指南和简化设计步骤。文中给出的钢筋混凝土桥梁墩柱抗爆试验数据和分析研究成果的主要目的在于校核、验证各种设计方法的有效性。相信本报告的相关研究成果将会与桥梁设计者的目标直接相关。

保护本国桥梁免遭蓄意或意外爆炸的破坏是非常必要的。爆炸荷载对建筑物和军事结构冲击破坏的有关研究已经开展多年，但桥梁结构的抗爆设计对桥梁工程师而言仍是一个崭新的领域。针对建筑结构和桥梁的抗震加固已有大量的研究成果。研究表明，对于新建或加固既有桥梁采用相同或类似抗震的构造措施，能够抵抗一定量级的爆炸荷载作用并提供有限水平的防护。将新建和既有结构抗震设计成果、极端荷载设计相关知识与较成熟的抗爆设计成果、相对较新的高速公路桥梁抗爆设计成果进行有机结合是很有必要的。

在美国国家合作公路研究计划（National Cooperative Highway Research Program，NCHRP）12-72 项目中，研究团队旨在针对新建和既有桥梁，提出相应的设计和构造指南来提高其结构性能和抗爆能力。

本研究在 NCHRP 12-72 项目的支持下，由得克萨斯大学奥斯汀分校牵头，并得到美国防护工程咨询公司（Protection Engineering Consultants，PEC）及莫杰斯基和马斯特斯股份有限公司（Modjeski and Masters Incorporated）的支持。本报告详细介绍了该项目的研究成果，并为钢筋混凝土桥梁墩柱提供了抗爆设计和构造指南。

瓦西姆·得克尔巴布（Waseem Dekelbab）

美国交通研究委员会

摘　　要

针对桥梁结构的恐怖袭击对当今社会造成了日益严峻的威胁。来自米内塔（Mineta）交通运输研究所的数据表明：在1980～2006年，全球范围内至少发生了53起针对特定桥梁的恐怖袭击事件，其中60%是爆炸袭击。此外，美国境内桥梁的意外坍塌事件和伊拉克境内桥梁遭受爆炸袭击事件均表明，桥梁的灾难性破坏会造成巨大的经济损失和社会影响。为了确保美国境内的桥梁安全并对基础设施进行防护，制定高速公路桥梁抗爆设计和构造指南是非常必要的。基于上述需求，美国国家合作公路研究计划（NCHRP）资助了NCHRP 12-72项目来研究爆炸荷载作用下高速公路桥梁的结构响应问题。

不考虑上部结构类型，墩柱几乎是所有桥梁的必备组成部分；且对大多数桥梁而言，关键墩柱的破坏会使其丧失整体性。因此，本团队将钢筋混凝土桥梁墩柱作为重点关注对象。主要的研究目标是：

- 研究爆炸荷载作用下混凝土桥梁墩柱的响应；
- 制定高速公路桥梁墩柱抗爆设计和构造指南；
- 建立爆炸荷载分布的解析模型，并提出经试验数据验证的墩柱响应模型。

本研究项目包括两个阶段的试验，以及相应的数值模拟和理论分析工作。第一阶段试验包括方形和圆形截面刚性柱的缩尺爆炸试验。该试验由美国陆军工程兵团工程研究开发中心在密西西比州维克斯堡的实验场进行，旨在探讨冲击波与细长构件的相互作用，从而研究沿墩柱高度方向的爆炸超压和冲量随时间和位置的变化规律。第二阶段试验包括1/2缩尺钢筋混凝土柱的近距离爆炸试验。这些试验在一个野外实验场进行并得到美国防护工程咨询公司（Protection Engineering Consultants，PEC）和美国西南研究院（Southwest Research Institute，SwRI）的协助。试验共包括10根3种设计类型的1/2缩尺桥梁墩柱，一种是代表美国通用的桥梁墩柱尺寸规格的基本设计墩柱，另一种是反映当前抗震构造要求的抗震设计墩柱，还有一种是箍筋加密的抗爆设计墩柱。基于上述3种设计，在第二阶段试验中主要变化的5个参数分别是比例爆距、墩柱几何尺寸、箍筋数量、箍筋类型和钢筋搭接位置。试验中10根墩柱试件均进行近区爆炸试验，以观察3种类型墩柱的破坏模式，如剪切破坏、弯曲破坏等。

第二阶段试验中，每根墩柱均贴有6个应变片，所测的应变数据用来校核近距离爆炸试验的边界条件以及爆炸荷载的分布情况。试验发现，10根墩柱中3根墩柱基底出现了明显的剪切变形，其余 7 根墩柱则呈现剪切和弯曲耦合破坏。在以上试验结束后又对其中 6 根墩柱进行了更近距离或接触爆炸试验，这些局部破坏试验主要目的在于观察爆炸荷载作用下混凝土柱的剥落震塌和炸穿等破坏模式。试验发现，首先，2 根墩柱在二次爆炸试验中出现明显的柱身炸穿破坏，其余 4 根墩柱的侧面和背面均出现不同程度的混凝土剥落破坏。然后，通过数值模拟和理论分析丰富拓展了试验的结论，利用简化方法尽可能准确地预测爆炸荷载和结构响应，并开展了详细的非线性有限元分析。简化模型基于普遍采用的分析方法，包括预测爆炸荷载的经验模型和计算结构响应的单自由度分析模型。

本项目得到的试验和分析数据为编制桥梁墩柱抗爆设计指南和通用设计方法奠定了基础。该指南共包括 3 种设计工况，分别对应逐渐严苛的设计要求和更多的箍筋配置。设计工况 A 属于基本工况，无须特别考虑针对爆炸荷载的设计要求。设计工况 B 要求考虑抗震构造要求，特别要求箍筋弯钩端头平直段长度大于当前的抗震设计要求，同时在墩柱全长上考虑塑性铰效应，以应对潜在爆炸位置的不确定性。设计工况 C 旨在应对最极端的情形，配箍率应大于抗震构造要求的 150%，并要求采用比设计工况 B 更长的箍筋弯钩端头平直段长度；此外，工况 C 还要求设计者进行单自由度动态响应分析，以确保其延性比和支撑转角小于规定限值。

试验结果表明，应采取除结构加固以外的其他措施，来减轻接触爆炸或近距离爆炸等极小比例爆距爆炸所增加的设计难度，因为在上述情形下，诸如柱身炸穿等局部破坏起主导作用。本书试验中小比例爆距爆炸试验所用墩柱均属于 C 类设计工况，得到的试验结果和分析结论为定义各种设计工况类别的界限提供了依据。

为提高钢筋混凝土桥梁墩柱的抗爆性能，建议采用以下通用准则。

- 由于墩柱的抗爆性能随爆距的增大而显著提高，降低爆炸风险最有效的一种手段就是增大爆距。因此，设计者可以通过采用加装防撞柱、安全栅栏或防撞墙等方式来增大比例爆距，这是提高设防等级和满足构造要求的一种安全、有效和经济的替代方案。
- 试验和分析数据表明，在装药量和比例爆距均相同时，圆柱比方柱所承受的净荷载（柱身迎爆面与背爆面超压之差）要小。因此，桥梁墩柱应尽可能采用圆形截面来减少潜在威胁所施加的净荷载。需要注意的是，尽管如此，在合适的构造和尺寸下，方柱的抗爆性能也能达到较为安全的抗爆水平。
- 钢筋混凝土墩柱的横截面尺寸决定了柱身是否会被炸穿，故其对钢筋混凝土柱的抗爆性能具有重要作用。因此，增大横截面尺寸能够提升墩柱的抗爆性能，对于近区爆炸，建议墩柱直径不低于 30in*。

---

* 1in=2.54cm。

- 在近区爆炸工况下，相较于分离式箍筋，采用连续的螺旋形箍筋能够对混凝土有更好的约束作用，从而提升墩柱的整体抗爆性能。若限于设计和施工条件无法采用螺旋形箍筋，柱子应采用环形箍筋，且箍筋弯钩端头平直段长度大于常规（即重力控制条件）和抗震设计要求。
- 增大配箍率可以提升墩柱的抗爆能力。试验观察表明，配置致密横向箍筋，抗爆设计的效果要优于抗震设计，而抗震设计的效果又优于仅考虑重力的常规设计。因此，工况C类墩柱的最小配箍率要比现行抗震设计规定值大50%，并且箍筋应布满整个墩柱高度，从而保证抵抗不同位置的潜在爆炸威胁。
- 在条件允许时，应避免纵向钢筋的搭接，并且在可能发生炸药接触爆炸的位置避免钢筋搭接，从而减弱局部爆炸的破坏作用。

最后，桥梁工程师需要注意的是，虽然上述设计和构造指南能够提高桥梁墩柱的抗爆性能，但不能应对所有的潜在威胁。因此，桥梁管理者应开展深入的风险评估来确定最易发生的威胁，并做出有针对性的设计。对于本研究中极端威胁的情形，一定程度的风险是可以接受的。对于距离墩柱足够近处由较大药量炸药所引发的爆炸和冲击作用，不管如何进行设计和构造处理，墩柱均会出现破坏。

目　　录

第1章 导　论

1.1 概　述

2001年的“9·11”事件充分表明，恐怖袭击能够对建筑结构造成灾难性破坏。不幸的是，针对美国重要基础设施的恐怖袭击并不仅限于世贸中心和五角大楼。在过去的数十年里，越来越多的恐怖袭击造成了巨大的损失，如1995年俄克拉荷马市爆炸案和1998年坦桑尼亚与内罗毕大使馆的袭击事件。这些恐怖袭击事件使得工程界逐渐意识到需要设计能够更好抵抗炸弹爆炸作用的工程结构，开始制定建筑结构防连续性倒塌的设计指南。

在交通设施安全方面，大约60%针对公路基础设施的恐怖袭击是炸弹袭击（Jenkins和Gerston，2001），这充分表明了对其抗爆性能的需求。尽管针对桥梁实施恐怖袭击的概率相对较低，但其造成的经济损失和社会影响却非常严重。目前，结构抗爆设计主要针对军事设施和民用建筑，而对于高速公路桥梁抗爆设计的研究还不充分。因此，为保证桥梁设计的安全性，需要进行相关试验和分析来评估将现有建筑结构抗爆设计方法拓展应用于桥梁抗爆设计的适用性，或制定新的设计和构造指南。

自“9·11”事件后，针对提高交通设施安全性的若干重大研究工作已逐步展开。在美国，已经有几支高水平研究团队联合起来，提议和规划应对桥梁和其他交通设施恐怖袭击的短期和长期策略。上述团队中，由美国联邦公路管理局（Federal Highway Administration，FHWA）和美国国家高速公路与交通运输协会（AASHTO）共同组建的桥梁和隧道安全蓝带专家组（The Blue Ribbon Panel on Bridge and Tunnel Security）较为突出。在该专家组的努力下，FHWA的主要研究人员制定了近期和长期研究重点，以解决交通设施安全领域的重要问题。相关研究团队的主要工作总结可见第2章的文献研究综述。

“9·11”事件后首个关于桥梁安全的研究项目由得克萨斯州交通局（Texas Department of Transportation）创立，并得到来自美国7个州交通部门和FHWA的资助。该项目研究的重点是提出有效的减爆措施来提高不同类型桥梁的抗爆性能以抵抗潜在恐怖爆炸袭击的威胁。通过基于简化分析模型的参数敏感性讨论，研究不同桥梁构件和整体结构的性价比高且不影响其外观的设计与加固方案（Winget等，2004）。通过其他的联合资助项目，美国陆军工程兵团开展了近区爆炸下悬索桥钢桥塔的抗爆性能研究，并进一步对悬索桥和斜拉桥的混凝土桥塔进行了类似的研究。其他的一些研究项目则主要针对一般的桥梁构件，例如纽约州立大学布法罗分校的研究人员进行的桥梁墩柱抗多灾场作用研究（Fujikura 等，2008）、由陆军工程兵团牵头的预应力混凝土梁桥爆炸试验［Transportation Pooled Fund Program（TPFP），2008］。尽管这些成果已为桥梁抗爆性能的研究建立了较为深厚的知识储备，但相关工作内容仍属于一个新兴的研究领域。因此，对于桥梁的安全设计还需要进一步认识。本书第 2 章深入介绍了该领域当前的相关研究进展情况。

1.2 研究背景和历史

为加深对美国本土遭受恐怖袭击情况的了解，以下将对已有袭击事件进行简单回顾，虽然不完整，但足以证明提升安全防护水平的必要性。

1993 年 2 月 26 日，一颗炸弹在世贸中心塔楼的停车场被引爆。这一袭击事件共造成 6 人死亡、1042 人受伤，超过 7 层的楼层遭到破坏，并造成 5 亿多美元的经济损失。根据美国土木工程师学会的事故调查报告（Wikipedia，2008），建筑结构采用的区域分割布局最大程度地减少了损伤破坏的传递，并防止了连续性倒塌的发生。

在世贸中心遭受爆炸袭击的两年后，1995 年 4 月 19 日，俄克拉荷马市的艾尔弗雷德·P. 默拉联邦大楼（Alfred P. Murrah Building，简称默拉联邦大楼）遭到了恐怖袭击，死亡人数远远超过 1993 年爆炸事件。由于采用大型卡车炸弹，此次事件共造成 169 人死亡、超过 500 人受伤，经济损失超过 1 亿美元。从工程角度来看，默拉联邦大楼的设计构造引起人们的极大关注。这座 9 层大楼在第 3 层设置转换梁，使得上层 20ft*的柱间距在底部 3 层增加到 40ft。炸弹爆炸造成 3 根支撑转换梁的柱发生破坏，导致上部楼层的荷载无法重新分配到剩余的柱上，最终发生连续性倒塌破坏。此次事件后，针对连续性倒塌的研究再次成为结构工程界关注的焦点，美国国防部（Department of Defense，2005）和美国联邦总务署（General Services Administration，2003）制定了防止连续性倒塌的相关工程指南。

这些发生在美国本土的袭击事件对公众来说是非常熟悉的，但近年来的若干事件表明，分布在世界各地的其他美国重要设施也极易成为恐怖袭击的目标。虽然没有必要对这些事件进行详尽介绍，但讨论上述事件对工程结构造成的影响还是很有意义的。例如，1998 年 8 月 7 日，驻非洲的两座美国大使馆遭受恐怖爆炸袭击，共造成 11 名美国人死亡、超过 30 人受伤。两座美国使馆大楼在爆炸荷载下对破坏响应有很大的不同：驻坦桑尼亚美国使馆大楼的整体结构保持完好，损

---

* 1ft=0.3048m。

伤破坏程度有限；然而，美国驻肯尼亚首都的内罗毕使馆大楼却遭到严重破坏，并发生与默拉联邦大楼连续性倒塌类似的部分坍塌破坏。

交通基础设施同样不能免受此类恐怖袭击的威胁。在 1997 年的一份报告中，Jenkins 总结了 1975～1997 年全世界 550 多起针对交通基础设施的恐怖袭击事件，得出结论：随着恐怖主义活动的增加，针对公共交通设施的袭击愈演愈烈，尤其是近年来的恐怖袭击更是愈发猖獗（Jenkins，1997）。

工程师们迫切需要通过合理的结构设计来最大限度地减轻恐怖袭击造成的危害。尽管意识到这一点，但是工程界目前尚未达成共识。在 1998 年 10 月 12 日刊发的《工程新闻记录》（*Engineering News Record*）杂志特刊中，俄克拉荷马市爆炸案主要研究成员之一的 Gene Corley 评论说："尽管军方和联邦政府已经研究出提升军事和政府建筑结构抗爆性能的方法，但并没有将其运用于民用工程结构中。"事实上，时至今日在结构工程界仍缺乏可采用的相关抗爆设计指南。2001 年 11 月 7 日发行的《工程新闻记录》（*Engineering News Record*）杂志中有文章显示，大约 3000 名建筑工程师参加了关于交通设施安全问题的网络研讨会，其中 90%表示较难为客户提供风险评估指南。针对上述需求，至少在交通设施方面，几个研究机构已经开始着手制定工程师和设计者用来进行易损性分析和风险性评估的工具指南。例如，科学应用国际公司（Science Applications International Corporation，SAIC）2002 年出版了《针对关键目标识别与防护的高速公路易损性评估指南》（*A Guide to Highway Vulnerability Assessment for Critical Asset Identification and Protection*），为 AASHTO 安全工作组建立了一个专门针对交通基础设施的风险评估程序。此外，也有其他研究文献为交通基础设施实施风险评估提出了建议，第 2 章将对相关工作进行介绍。

近年来，虽然已在相关领域中取得较大进展，但仍需为工程师们提供大量有关应对恐怖主义活动的信息资料。特别是，由于桥梁工程师通常未考虑恐怖袭击对结构完整性的影响，目前的设计规范并没有涵盖桥梁结构在爆炸荷载作用下的安全性问题。因此，有必要将已有的研究文献进行分析整合，并将相关资料提供给交通运输管理部门和公路桥梁工程师们。事实上，在"9·11"恐怖袭击事件后，AASHTO 组建了一个专门的工作组来探究交通设施的安全问题，而现在则有专门的机构开展相关工作。美国交通研究委员会（Transportation Research Board，TRB）和美国土木工程师学会（American Society of Civil Engineers，ASCE）等专业机构也成立了相关委员会，来处理交通设施的安全性问题。AASHTO 工作组的主要职责是"编制指南和提供有效方法来帮助美国各州交通局对其高速公路基础设施进行易损性评估，制定威慑/监控/保护计划和应急响应预案，提升重大交通事故的应对能力，对各州军事力量调动的需求进行评估并做出响应。"

"9·11"事件的悲剧及其后续事件表明，美国的交通基础设施仍很脆弱，为解决上述迫切需要，已经开始进行相关研究工作。由于交通运输设施易于接近，具有开放性特点，其面临着比保护单个建筑物更大的挑战。目前优先关注的重点是港口安全、危险货物检查、隧道和桥梁安全，而桥梁安全则是本书的主题和关注重点。

1.3 本书的主要内容

本书总结了美国国家合作公路研究计划 NCHRP 12-72 项目中已完成的工作，主要目的在于制定提升桥梁结构抗爆性能的设计指南。为达到这一目标，必须收集爆炸荷载作用下桥梁结构动态响应的相关资料。已有公开文献中专门针对桥梁结构抗爆响应的资料十分有限，而已有相关建筑构件在爆炸荷载作用下的动态力学行为研究可以作为桥梁结构抗爆研究的参考。此外，全面评估了保护桥梁结构免受地震、车撞等极端荷载作用的已有设计方法和工程技术，以确定上述方法在提高桥梁抗爆性能上的适用性。相关资料在第 2 章的研究背景和文献研究综述中进行介绍。

由于桥梁的种类繁多，因此有必要制定研究方案以满足桥梁设计中优先考虑抗爆性能的需求。本书的研究重点侧重于易产生重大影响的桥梁类型和结构形式，第 2 章后半部分将对本书研究的重点进行阐述。第 3 章和第 4 章分别详细介绍试验研究和分析研究方法。

第 5 章主要介绍了试验现象与结论，给出了两个阶段试验的结果和相应的理论分析结论。第 6 章进一步参考 AASHTO 荷载抗力系数设计法（load and resistance factor design，LRFD）给出了抗爆设计和构造指南，以便于桥梁工程师使用。基于抗爆设计指南，第 7 章提出了爆炸荷载作用下桥梁结构动态响应的分析准则，并介绍了简化及精细化的建模方法。

第 8 章以详细的设计范例介绍了本书分析方法和设计指南的工程应用。第 9 章总结了主要研究成果，给出结论并提出了对于今后进一步研究工作的建议。

第2章 研究背景

2.1 概　　述

本书所涉及的研究工作主要目的在于，基于现有资源对抗爆桥梁进行最大限度的设计和分析，从而提升交通基础设施的安全性能。尽管需要对多种威胁作用下不同桥梁结构的抗爆设计进行长期的研究，本书在部分领域对高速公路桥梁的安全性研究做出了重要的开创性工作。研究项目详细考察了已有的研究文献、已有大量的爆炸试验和爆炸对结构破坏作用的研究结论，以及对某些特定设计问题和个别桥梁构件的实际考量。本章介绍了本项研究开始之前的背景，并概述了研究计划的基础理论。

2.2 文献研究综述

虽然桥梁抗爆研究领域起步较晚，但关于建筑结构抗爆设计的研究已不鲜见，有一些关于桥梁结构抗爆设计研究工作正在进行或已经取得成果。一项完整的研究工作通常会基于既有的学术基础深入探究并取得进展，本节全面涵盖了已有文献和当前研究中对于建筑和桥梁结构抗爆设计的原则，包括可能在桥梁抗爆设计中参考的抗震设计与构造规范。该部分涵盖了关于抵抗爆炸荷载的结构分析、设计和加固信息，以及关于桥梁安全、风险管控和易损性评估等方面的内容。本章简要总结了与各类威胁最相关的信息。与结构设计相同，准确确定结构上作用的荷载及荷载作用下结构的响应是必不可少的。为此，本节首先关注空气中的爆炸现象以及爆炸波与结构的相互作用，然后介绍抗爆设计指南及其实际应用。文献研究关注重点是钢筋混凝土结构，这与试验研究的关注对象一致。

2.2.1 爆炸荷载与冲击现象

对结构设计来说，爆炸的三个主要影响因素非常重要，即总冲量、峰值超压和破片（速度、分布和质量）。当炸药的类型、质量、形状和爆距（即爆炸中心点与目标之间的距离）已知时，爆炸荷载的总冲量和峰值超压通常可以通过计算得到，然而由于爆炸破片的不规则性，其对结构的作用荷载通常难以量化（Conrath等，1999）。对于汽车炸弹等恐怖袭击的情况，尽管破片会对人体造成杀伤，但破片荷载对结构设计来说是微不足道的，因为恐怖分子使用的爆炸器材的外壳（如汽车或卡车配件、金属板、塑料）往往质量并不大（特别是相对于军事武器而言）（Conrath 等，1999）。由于本书研究的重点是对恐怖爆炸作用下桥梁构件的防护，因此本节内容主要针对裸药产生的空气冲击波荷载，不考虑破片作用。

高爆炸药爆炸是一种局部能量突然释放的高速化学反应，能量通过冲击波猛烈耗散，形成一个高度压缩的空气区域并从爆心向外呈球形扩散。压缩气体在经过空间某一给定点时会产生超压和动压。理想的超压和动压时程曲线如图 2-1 所示。超压是由于爆炸超过大气压而产生的压力，而动压是爆炸引起的气体流动所产生的压力。冲击波波阵面到达时，超压几乎瞬间上升至峰值，然后逐渐降为零，此时出现一个小的负超压（即吸力）。动压随着冲击波波阵面到达几乎立即增加并伴随一阵背离爆心的强气流，然后是朝向爆心的弱气流，最后是背离爆心的极弱气流。超压以大气压为标准衡量气压；动压则与其不同，总是保持正值。造成这一现象的原因有两个，一是动压使用了风速的平方来计算，导致无论风向如何计算结果总是正值；二是动压是动能的一种表征（即“运动的能量”），与其他压力无关。

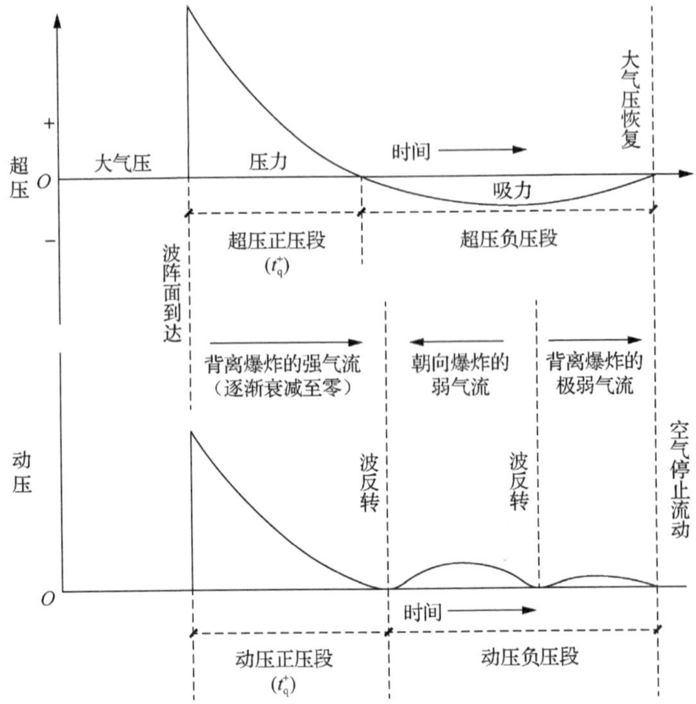

图 2-1　超压和动压时程曲线（Glasstone 和 Dolan，1997）

入射波指的是从爆心向外扩散的球面冲击波。入射波在其传播路径上遇到障碍时会在其表面发生反射，从障碍表面反射的波称为反射波。由于反射波传播区域内气体已经被加热和压缩，反射波传播速度要高于入射波。这样，刚性表面（如地面）产生的反射波可能会赶上并与入射波合成一个称为马赫波的单一波阵面（图 2-2）。

在入射波和反射波相遇前的任何点，都会出现两个独立的峰值超压，这两个峰值超压均小于马赫波阵面压力值。入射波和反射波相遇的点称为三相交点。图 2-3 给出了马赫波形成前后两个独立峰值超压的分布示意图。图 2-3（a）给出了反射波和入射波合并后的冲击波压力时程，此时形成一个单一的入射波。图 2-3（b）给出了两波合并前的压力时程，可以看出入射波和反射波是分离的。波的反射程度取决于爆炸波传播时经过的地形，比如丘陵地带可能在某些区域增强爆炸效果，在其他区域则会减弱爆炸效果。

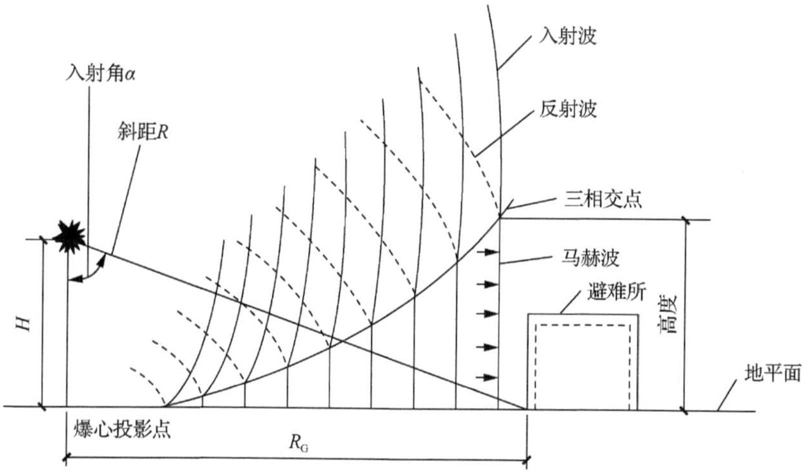

图 2-2 空气自由场爆炸马赫面形成过程示意图（Department of the Army，1990）

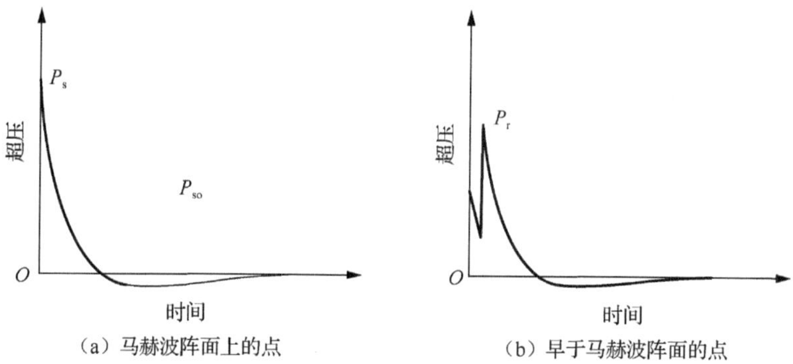

注：P_s 为波阵面入射超压峰值；P_{so} 为正入射压力峰值；P_r 为正反射压力峰值。

图 2-3 马赫波形成前后的超压分布（Department of the Army，1990）

除去那些非常接近爆心的点之外，所有点的压力时程曲线都如图 2-4 所示，只是具体数值会随装药量的大小和位置的不同而变化。例如，正入射压力峰值 P_{so} 随爆距的增大而显著减小，而正压持续时间 t_0 随爆距的增加而增大。冲量定义为压力时程曲线下所包围的面积。

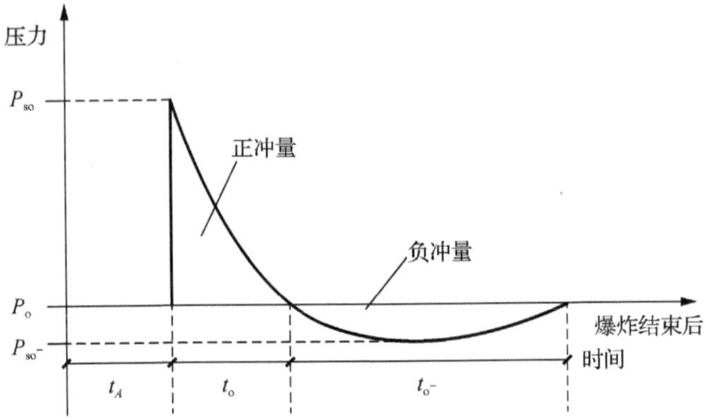

注：P_{so}^-为负向入射压力峰值；t_o^-为负压持续时间。

图 2-4　自由场爆炸理想压力时程曲线（Department of the Army，1990）

不同的炸药质量和爆距可以产生相似的冲击波。当两种几何形状相似但质量不同的同类型装药在相同的环境起爆时，相同的比例爆距 Z 上会产生相似的爆炸冲击波（Conrath 等，1999）。比例方程所涉及参数与图 2-4 中的压力曲线相关，最常见的比例关系是霍普金森·克兰兹（Hopkinson Cranz）比例定律或“立方根”比例定律（Conrath 等，1999），如式（2-1）所示：

$$Z = \frac{R}{W_{\text{TNT}}^{1/3}} \tag{2-1}$$

式中：

Z——比例爆距（$\text{ft/lb}^{1/3}$）*；

R——爆距（ft）；

W_{TNT}——等效 TNT 炸药质量（lb）。

等效 TNT 炸药质量 W_{TNT} 表征了普通炸药起爆时释放的能量与 TNT 爆炸时释放的能量之间的等效关系。实际上，高爆炸药的 TNT 等效系数受爆距、装药几何形状、目标物方向和环境条件等因素的影响。然而，在设计中通常将给定炸药的 TNT 等效系数看作一个常数，该取值标准也得到了大量已有公开报道的数据支持。上文提到的 Hopkinson-Cranz 比例定律，在比例爆距大于 $0.4\text{ft/lb}^{1/3}$ 时已经得到 TNT 等效试验的验证，而在比例爆距小于该值时可能不成立。

利用Hopkinson-Cranz比例定律能够基于小比例尺寸爆炸试验数据预测全尺寸试验的爆炸荷载参数，工程人员可以根据等效 TNT 质量和爆距绘制如图 2-4 所示的自由场爆炸的理想压力时程曲线。理想反射面上的半球形装药爆炸有加倍炸药质量的效果，而当地面明显成坑时，反射系数取 1.8 更贴近实际情况（Conrath 等，1999）。常用的“标准”空气冲击波曲线被称为 spaghetti 图，可以预测理想爆炸冲

* 1lb=0.4536kg。

击波曲线所需的参数，如图 2-5 所示。大量的经验数据和理论预测为该图提供了依据，图中曲线涵盖了半球形和球形装药自由场爆炸的情况。

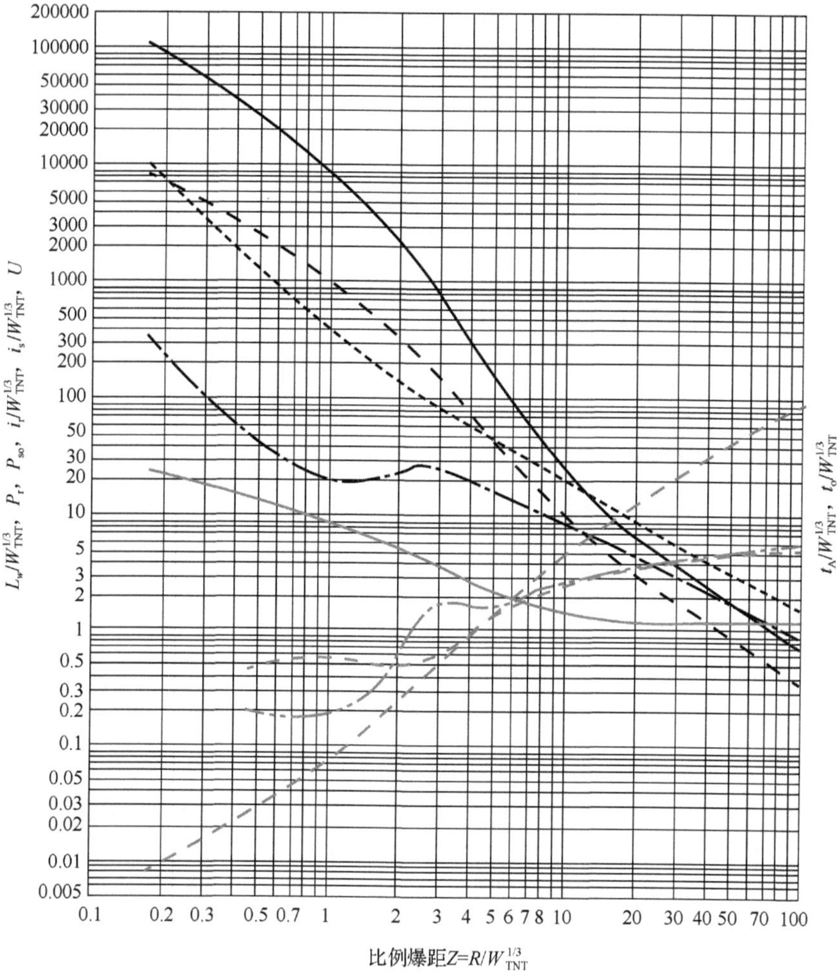

P_{so}：正入射压力峰值（psi）*

P_r：正反射压力峰值（psi）

$i_s/W_{TNT}^{1/3}$：正入射比例冲量（psi·ms/lb$^{1/3}$）

$i_r/W_{TNT}^{1/3}$：正反射比例冲量（psi·ms/lb$^{1/3}$）

$t_A/W_{TNT}^{1/3}$：爆炸波到达比例时间（ms/lb$^{1/3}$）

$t_o/W_{TNT}^{1/3}$：正压持续比例时间（ms/lb$^{1/3}$）

U：冲击波速度（ft/ms）

$L_w/W_{TNT}^{1/3}$：正压段比例波长（ft/lb$^{1/3}$）

图 2-5　水平面半球形 TNT 爆炸正相空气冲击波参数

* 1psi=1lbf/in^2=6.895×10^{3}Pa。

波阵面通过流体（如空气）的传播是一个非线性过程，且爆炸冲击波与结构的相互作用也是一个复杂的问题，会引起压力和冲量的显著提高。图 2-6 给出了爆炸冲击波在结构表面反射的示意图，其中反射压力和冲量的放大倍数随入射峰值超压以及结构相对于爆心的方位而变化。反射压力和反射冲量是入射峰值超压、入射角（即冲击波传播方向与结构表面法向量之间的夹角）和炸药质量的函数，美国陆军部军用设计手册（Department of the Army，1986；Department of the Army，1990）中给出了两者放大倍数的经验曲线。

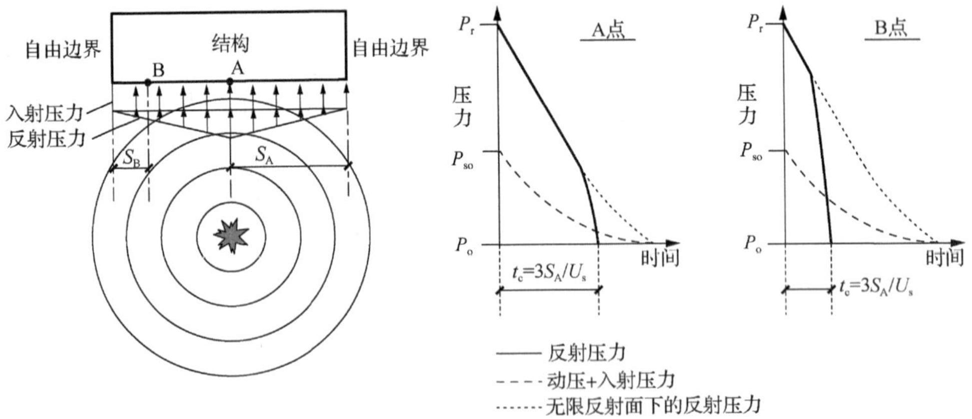

图 2-6　爆炸冲击波在结构表面反射示意图

（U.S. Army Engineer Research and Development Center，2003）

结构前表面的消波作用降低了自由边界附近的反射压力。当消波作用发生时，反射压力会向自由边界的低压力区释放，同时形成一个从自由边界低压区向表面中部高压区传播的稀疏波。因此，结构自由边界和受力正面之间的压力差导致图 2-6 中 B 点的压力比 A 点衰减更快。根据《常规武器防护设计基础》（*Fundamentals of Protective Design for Conventional Weapons*）（TM 5-855-1）（Department of the Army，1986），反射面上给定点的压力消除时间即反射压力从该点消散所需的时间，即

$$t_c = \frac{3S_x}{U_s} \tag{2-2}$$

式中：

t_c——消波时间（s）；

S_x——关注点到最近自由边界的距离（ft）；

U_s——波阵面传播速度（ft/s）。

结构必须抵抗的爆炸荷载类型取决于设计威胁和结构型式。设计威胁，即预先设计的爆炸威胁，一般由等效 TNT 质量、爆炸距离和爆炸高度表征，结构以抵抗该威胁产生的爆炸荷载为设计目标。当装药在距结构非常近的位置爆炸时会在

结构局部区域形成高幅值压力荷载。当装药在足够远处爆炸时，会产生作用在整个结构上的幅值较低、持续时间较长的均布压力。随着爆距的进一步增加，结构表面上的压力分布会变得更加均匀（Department of the Army，1990）。由于爆炸荷载的分布形状和强度会随炸药质量和爆距而发生变化，因此存在三种典型的爆炸荷载类型，即接触爆炸、近区爆炸和远区爆炸。图 2-7 给出了三种爆炸类型的示意图（Department of the Army，1990）。接触爆炸形成非均布的高强度荷载，结构被炸穿是其典型的破坏响应特征。炸穿指结构沿某一截面的混凝土完全丧失。近区爆炸荷载是球形冲击波冲击结构产生的非均布荷载和冲量主导响应的结果。远场爆炸产生平面波爆炸荷载，并以均布荷载的形式作用在结构表面。

（a）接触爆炸

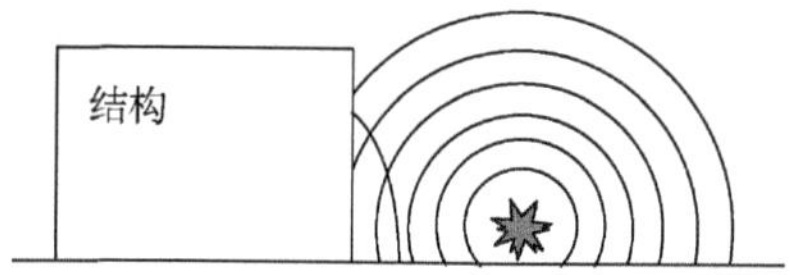

（b）近区爆炸

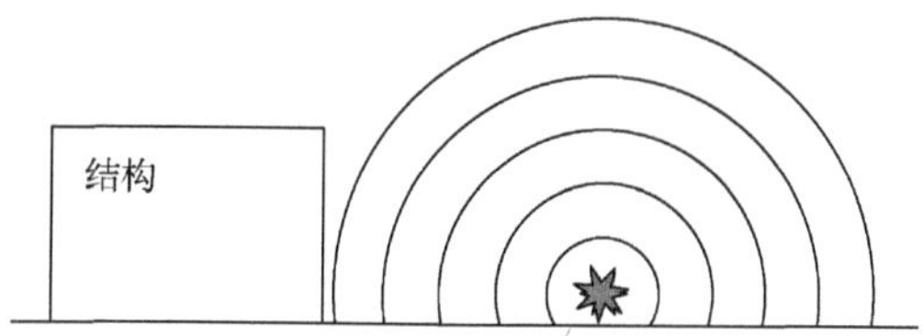

（c）远区爆炸

图 2-7 爆炸荷载类别

（Department of the Army，Air Force，and Navy and the Defense Special Weapons Agency，2002）

其他荷载类型包括自由场空中爆炸（不发生波的立即增强）、近地爆炸（由地面反射而增强）、触地爆炸（由地面反射而增强）；完全受限泄爆（一个或多个面朝向空气敞开）、部分受限爆炸（有限开口）和完全受限爆炸。大多数施加在桥梁上的爆炸荷载形式是近桥面爆炸、未受限桥面爆炸或完全受限泄爆（如桥面下主梁之间爆炸的工况）。

2.2.2 爆炸荷载作用下结构的响应

虽然恐怖爆炸威胁下桥梁的响应是结构工程领域一个相对新颖的课题，但根据以往观察到的恐怖袭击下建筑结构的响应以及军用武器作用下桥梁的响应，可以预测到爆炸荷载作用下桥梁的一般响应。如图 2-8 所示，桥面下方的爆炸会产生很大的抬升力，同时由于积聚和反射作用，使得桥面大梁之间和桥台附近的压力荷载显著放大。桥面大梁之间或桥台上的爆炸会对大梁和桥面作用很强的荷载，而水下爆炸则会形成较大的水幕，从而对水道中的桥梁构件造成破坏。

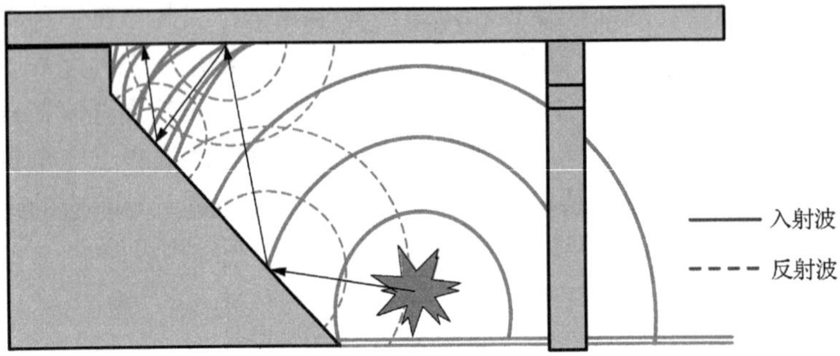

图 2-8　桥面下爆炸波传播过程（Winget 等，2005）

当针对桥面下的爆炸进行防护设计时，最好的方法是牺牲桥面而尽力保护桥面大梁和桥墩。较长的梁由于质量、强度和柔度更大，通常会比短梁具有更强的韧性。有两种方法能够经济有效地增强桥梁抗爆能力：一是在混凝土梁的顶部埋设连续钢筋，从而抵抗抬升力；二是为钢梁配加劲肋以防止局部屈曲。此外，使用铰链限位器或尺寸更大的桥墩挡块，可以防止桥梁在爆炸荷载作用下产生较大变形并发生落梁破坏。

爆炸发生在桥面下时，由于桥面大梁的隆起，与上部结构刚性连接的桥墩将承受拉力。爆炸发生在桥面上时，除了重力荷载，桥墩还将承受额外的轴向荷载。除发生在伊拉克的几次袭击外（ABC News，2007），之前军事打击的结果表明，对于预期桥面爆炸来说，大多数桥梁下部结构足以承受其轴向荷载（Winget，2003）。

桥面板下近区爆炸时，桥墩将承受较大的剪力。为了预防剪切破坏，合理的设计应增加足够的箍筋促使其发生弯曲破坏。当爆炸发生在桥面下时，排架式桥墩或普通墩柱受到较大的侧向荷载，可能引起大变形并产生剪切或弯曲破坏。另外，在爆炸冲击波作用下，尤其是爆距较小时，结构表面混凝土的成坑或剥落破坏会导致大量混凝土损失（Winget 等，2004）。除了重力引起的轴向荷载之外，桥梁墩柱在设计时应考虑侧向爆炸荷载及其引起的挠曲变形。然而，大多数墩柱往往承受的是低于平衡点的轴向荷载，其轴向承载能力远高于设计值。因此，对承受侧向爆炸荷载作用的墩柱来说，忽略轴力通常是一个保守假设，因为轴向荷载的存在往往会提高柱的抗剪和抗弯性能，从而提升墩柱的整体抗爆性能。本书中有一例外情况，即轴向荷载超出了平衡荷载值并且 $P\text{-}\Delta$ 效应（即二阶效应）显著，这种情况通常发生于高而细长的墩柱。

近区爆炸或接触爆炸会产生高幅值的爆炸压力，通常会导致墩柱截面被炸穿

（截面混凝土完全丧失），混凝土保护层发生剥落，背爆面保护层由于墩柱大变形产生震塌破坏，并在破坏后形成破片。虽然恐怖爆炸袭击的首要目标是桥梁结构构件，但也有军事记录表明，发生在墩柱附近的大当量爆炸能够使地面成坑，从而引起地基失稳、墩柱破坏甚至桥梁坍塌。因此，这些军事记录表明“震倒墩柱”或许要比“袭击上部结构”更容易破坏桥梁（Bulson，1997）。

2.2.3 材料的动态强度和应变率效应

钢筋混凝土结构中使用的材料，其响应特性与荷载加载速率相关，这一论断主要来自试验研究，其中的物理机理还没有被完全解释。目前广泛认可的观点是，裂纹扩展存在一个极限速度，该极限速度无法与高加载速率保持一致，因此混凝土存在一个应变率阈值，当应变率高于该值时，混凝土强度便会显著提高（Tedesco，1999）。图2-9给出了混凝土动态强度和静态强度与应变率之间的关系。混凝土抗拉强度的应变率阈值为1～10s^{-1}，抗压强度的应变率阈值为50～80s^{-1}。在这些阈值之上，混凝土会表现出比静态加载条件下更高的强度。与强度相比，弹性模量对于应变率是不敏感的，故应变率可以很容易地转换为应力速率（Tedesco，1999）。

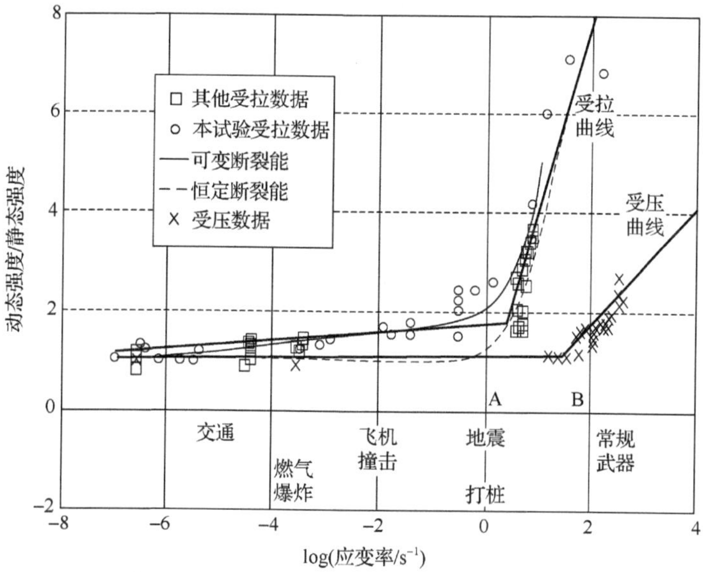

图2-9 混凝土强度的应变率效应（Tedesco，1999）

高速率加载也会影响延性金属的力学性能，因为它们的变形速度同样无法跟上荷载的极端加载速率。因此，像钢材这样的延性金属，在极限变形速度内，材料强度随应变率的提高而提高。与混凝土相比，金属的极限变形速度所对应的应变率更高。图 2-10 所示给出了部分金属材料的屈服强度与应变率之间的关系（Tedesco，1999），屈服强度和极限拉伸强度大幅度提高，而弹性模量和断裂伸长率基本没有变化（Tedesco，1999）。

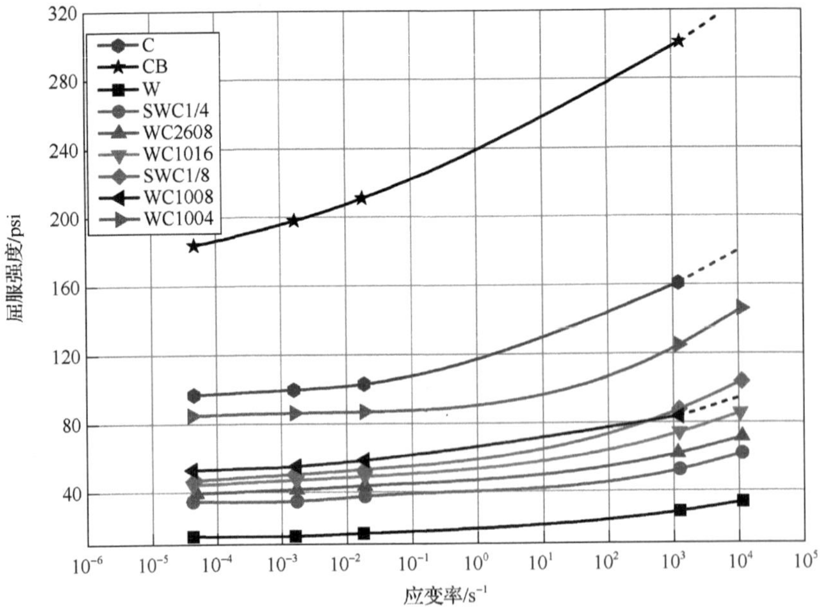

注：C、CB、…、WC1004 为不同金属材料的编号。

图 2-10　不同金属材料应变率对屈服强度的影响

为计算混凝土和钢材在给定应变率下的强度增长，定义动力提高系数（DIF），即材料动态强度与静态强度的比值，用于爆炸时高应变率条件下的计算。表 2-1 列出了不同应力状态（即弯曲或剪切）下钢筋混凝土 DIF 的设计取值。利用动力提高系数可以将标准静态测试中测得的材料强度转化为各种爆炸工况下的材料实际强度。这些参数取值都是基于爆炸试验获得的经验性数据（Department of the Army，1990）。尽管 DIF 随应变率变化而变化，但对于设计来说，通常将其认为是定值。

在材料实际强度未知的情况下，通常采用材料提高系数（包括强度提高系数和龄期提高系数）来确定动态荷载下材料的实际性能。强度提高系数（SIF）用来计算超出给定设计值的材料（混凝土和钢）的实际强度，如表 2-2 所示。龄期提高系数用来计算超出 28d 养护时间的混凝土强度。根据美国陆军部收集的经验数据

（Department of the Army，1986），对于龄期小于6个月的混凝土，龄期提高系数为1.1，其余情况取1.15。

表2-1 动力提高系数

应力类型	远区设计范围①			近区设计范围②		
	钢筋		混凝土	钢筋		混凝土
	f_{dy}/f_y	f_{du}/f_u	f'_{dc}/f'_c	f_{dy}/f_y	f_{du}/f_u	f'_{dc}/f'_c
弯曲	1.17	1.05	1.19	1.23	1.05	1.25
斜拉	1.00	1.00	1.00	1.10	1.00	1.00
直剪	1.10	1.00	1.10	1.10	1.00	1.10
粘结	1.17	1.05	1.00	1.23	1.05	1.00
压缩	1.10	1.00	1.12	1.13	1.00	1.16

资料来源：Department of the Army，1990。

注：f_{dy}为钢筋动态屈服强度（psi）；f_y为钢筋屈服强度（psi）；f_{du}为钢筋动态极限强度（psi）；f_u为钢筋极限强度（psi）；f'_{dc}为混凝土动态抗压强度（psi）；f'_c为混凝土28d抗压强度（psi）。

① 远区设计范围：$Z \geqslant 2.5\text{ft/lb}^{1/3}$。

② 近区设计范围：$Z < 1.0\text{ft/lb}^{1/3}$。

表2-2 强度提高系数

材料	SIF
结构（$f_y \leqslant 50$ksi①）	1.10
钢筋（$f_y \leqslant 60$ksi）	1.10
冷弯型钢	1.21
混凝土②	1.00

资料来源：American Society of Civil Engineers，1997。

① 1ksi=6.895MP。

② 抗压试验的结果通常超过混凝土标准强度，可以用来代替上述系数。由于混凝土强度对抗剪设计的影响比抗弯设计更大，因此有一定的保守性。军用文件TM 5-1300《结构抗偶然性爆炸荷载作用》（*Structures to Resist the Effects of Accidental Explosions*）（Department of the Army，1990）规定SIF取1.10。

2.2.4 抗震设计在桥梁抗爆中的应用

地震荷载与爆炸荷载的共同点在于，两者都会引起结构的动态响应并往往导致材料的非弹性大变形。后面的章节通过比较爆炸和地震荷载下结构的响应特性来确定相关的设计概念，同时总结了目前的抗震设计实用方法，并探讨了抗震设计原则能否为结构提供足够的抗爆能力。

2.2.4.1 抗爆和抗震设计对比

地震和爆炸荷载均随时间变化，引起结构的动态响应，且通常表现出非弹性特征。在爆炸和地震荷载下，防护目的决定着构件的损伤容许范围，总的来说，保护人员的生命安全要比防止结构破坏更为重要。抗震和抗爆设计允许结构产生非弹性大变形以消耗能量。提高结构的强度、延性、冗余度以及结构内部的连接能力均能提升其抗震和抗爆性能。

然而，爆炸和地震荷载也存在本质的区别，因此不能将所有的抗震构造和设计方法直接应用到结构抗爆设计上。与地震荷载相比，爆炸荷载幅值更高，持续时间更短。爆炸荷载的持续时间以毫秒计，大约是一次地震持续时长的千分之一（Conrath 等，1999）。与地震荷载不同，爆炸荷载的发生与地理位置无关，且由于设计威胁的不确定性，爆炸荷载的大小比地震荷载更难预测。当结构经历地震时，侧向荷载效应起主导作用；而爆炸荷载从爆炸源向各个方向传播，在结构的不同位置形成不同的复杂压力时程。此外，地震荷载影响范围很广，而爆炸荷载的影响范围通常较小。因此，抗震设计及其构造要求不能为结构提供足够的抗爆防护。根据美国国家研究委员会的报告《联邦政府办公大楼新建与翻修安全设计标准》（*ISC Security Design Criteria for New Federal Office Buildings and Major Renovations*）（2003），虽然抗震设计和抗爆设计有一些共同的准则，但仍有必要区分这两类设计。该报告还指出，试图仅通过对比地震和爆炸荷载引起的结构侧向力或剪切力（等效地震基础剪力）就将两种荷载联系起来，从而认为结构的抗震设计同样满足抗爆要求，这种想法是错误的。

2.2.4.2 抗震设计指南

《AASHTO LRFD 桥梁设计规范》（*AASHTO LRFD Bridge Design Specifications*，简称 AASHTO LRFD 规范）［American Association of State Highway and Transportation Officials（AASHTO），2007］规定了桥梁的抗震设计和构造要求。《加州交通局抗震设计标准》（*Caltrans Seismic Design Criteria*）（Caltrans，2003）和《桥梁设计规范》（*Bridge Design Specifications*）（Caltrans，2006）是对桥梁设计和构造要求的补充资料。钢筋混凝土柱在强烈地面震动下的设防基本要求是：经历反复交变荷载并进入非线性响应范围时仍保留其大部分强度(Pujol 等,2000)。现行的抗震设计主要按照“基于性能”或“极限状态”的原则进行。一般来说，结构的性能指标不仅适用于保证生命安全的传统标准，也适用于更严格的设计要求，如结构服役性能和损伤破坏控制等。从定量角度看，“服役性能”是指结构在地震后不需要修复，而“损伤破坏控制”是指结构仅产生可修复的破坏（Kowalsky，2000）。通常，在设防等级地震作用下，按照使结构发生完全弹性响应的横向荷载进行设计是不经济的。被广泛接受的替代方法是针对较低应力水平进行设计并使其构造满足延性要求，以确保结构在地震荷载下能够承受非弹性位移，且强度不会显著降低（Priestley 和 Park，1987）。

考虑到在地震荷载作用下，确定桥梁关键墩柱承受的实际最大剪力比较困难，AASHTO LRFD 规范建议在抗震设计中进行塑性铰分析。塑性铰分析通过确定所有可能产生塑性铰的位置来确定最大剪力需求。如图 2-11 所示，一根两端固定支撑的典型抗震柱，其一端产生位移将形成两个塑性铰。这一概念确保了构件具有足够的抗剪能力来形成延性弯曲破坏机制，且同样适用于结构承受爆炸荷载的工况。因此，基于爆炸荷载分布进行塑性铰分析是确定抗爆设计中最大剪力值的理想方法。

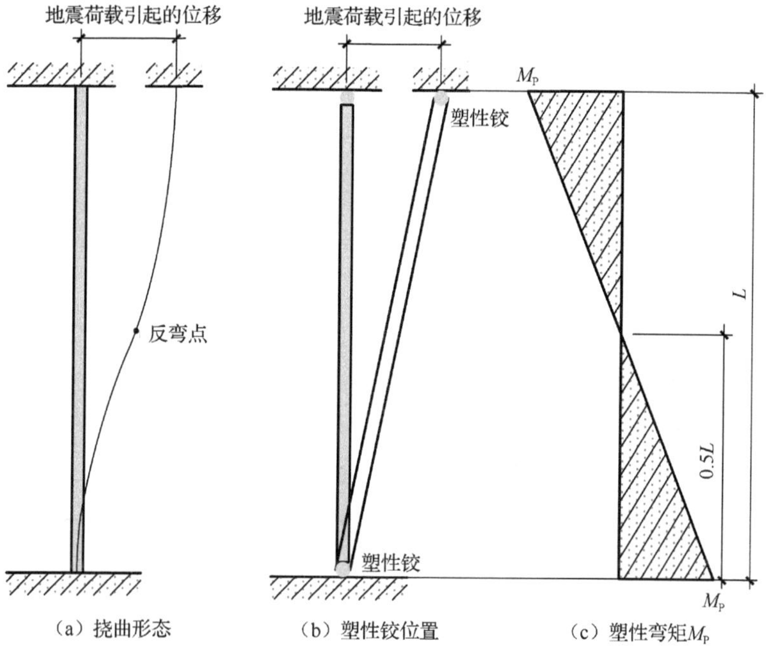

图 2-11 抗震柱塑性铰分析

2.2.4.3 抗震构造设计指南

美国混凝土学会建筑规范［American Concrete Institute（ACI），2005］和 AASHTO LRFD 规范（AASHTO，2007）为地震荷载作用下建筑和桥梁中的混凝土构件设计提供了详细的构造指南。Sezen 和 Moehle（2006）指出，已有的震后调查表明，柱的失效是引起钢筋混凝土建筑倒塌的主要原因；而柱的失效主要源于箍筋间距过大且锚固不充分。因此，对于按照抗震要求设计的墩柱，需要进一步研究其箍筋数量和锚固情况，以确定它们对抗爆设计的适用性。

地震灾害和试验室数据都表明，箍筋不足很容易导致墩柱在剪切和轴向荷载下发生破坏（Sezen 和 Moehle，2006）。Sezen 等试验研究了 4 根低配箍率的足尺混凝土柱在模拟地震荷载下的倒塌情况。图 2-12 展示了其中一根试件的开裂情况，可以看出，随着荷载增加柱顶部和底部逐渐形成塑性铰。如图 2-13 所示，当柱达到其抗弯强度后，由于缺乏足够的箍筋，截面会进一步劣化并发生剪切破坏。为使圆柱和方柱的核心混凝土能够得到充分约束，AASHTO LRFD 规范（AASHTO，2007）的抗震细则中给出了其体积配箍率 ρ_s 和箍筋面积 A_{sh} 的计算方法：

$$\rho_s \geqslant 0.12\frac{f_c'}{f_y} \tag{2-3}$$

$$A_{sh} \geqslant 0.12 s h_c \frac{f_c'}{f_y} \tag{2-4}$$

$$A_{sh} \geqslant 0.30 s h_c \frac{f_c'}{f_y}\left(\frac{A_g}{A_c}-1\right) \tag{2-5}$$

式中：

f_c'——混凝土 28d 抗压强度（psi）；

f_y——钢筋屈服强度（psi）；

s——箍筋间距（in），不超过 4in；

h_c——受力方向截面核心区高度（in）；

A_g——毛截面面积（in^2）；

A_c——核心混凝土面积（in^2）。

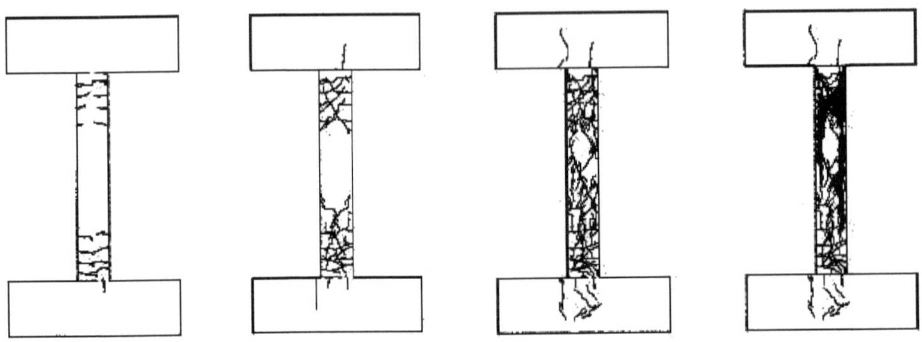

图 2-12　试件 1 开裂情况（Sezen 和 Moehle，2006）

相对于一般仅考虑重力荷载的柱，AASHTO LRFD 规范要求埋设更多的箍筋来确保混凝土保护层剥落后柱的轴向承载力至少应和剥落前相当，从而防止纵筋发生屈曲（AASHTO，2007）。因此，对于受地震荷载的柱在塑性铰区域的抗剪能力和核心混凝土约束来说，箍筋的间距是非常重要的。同样，受爆炸荷载的柱也需要更多的箍筋以确保其延性。

（a）试件1　　（b）试件3

图2-13 柱的破坏形态（Sezen和Moehle，2006）

如图2-14所示，Bae和Bayrak（2008）针对足尺钢筋混凝土柱的抗震性能进行研究，并首次给出了带有135°弯钩，外加$8d_b$（d_b为钢筋的公称直径）弯钩端头平直段长度的分离式箍筋的脱开情况。AASHTO LRFD规范5.10.2.2节定义抗震弯钩的参数为135°弯钩，外加不小于$6d_b$与3in之间取大值的弯钩端头平直段长度。研究人员称，不同于足尺混凝土柱，缩尺柱中的箍筋弯钩位置通常更接近核心混凝土的中心。研究中剩余的试件使用了端头平直段长度最小为$15d_b$的弯钩以防止箍筋脱开。事实证明长尺寸弯钩非常有效，其他试验中没有再观察到135°弯钩锚固箍筋脱开的情况。为避免锚固段拔出，提升配有分离式箍筋的柱在受地震（或爆炸）荷载时的性能，弯钩长度应该比现行规范规定值更长。

图2-14 分离式箍筋的脱开（Bae和Bayrak，2008）

2.2.5 桥梁抗爆设计

尽管结构工程界在结构抗爆设计方面已经取得了很大的进展，然而桥梁工程领域仍然缺乏专门针对公路桥梁的抗爆设计准则。针对特定桥梁进行特定类型袭击的概率通常非常低，然而“对于灾难性事件可能带来的不利影响，并不能因为事件发生的概率较低便忽视管控”（Williamson 和 Winget，2005）。关于特定类型桥梁在爆炸荷载作用下的风险管理、分析和设计，已有几篇论文发表。本节对这些研究成果做出总结，可以为公路桥梁抗爆设计提供参考。

以经济可行的方式进行桥梁安全设计时，应重视制定适当的计划以评估交通网络中每一个结构的受威胁程度。因此，那些对交通基础设施而言更为重要，或更易遭受恐怖袭击的桥梁，在资源分配时应当优先考虑对其实施防护措施。该部分内容相关的参考文献给出了设计威胁和易损性分析以及风险评估的方法。一旦针对某一桥梁的风险评估已经完成，那么就需要采取措施以降低不可接受的风险。阻止袭击的措施通常是加强监视或限制接近途径，也可以包含限制爆炸荷载的作用、辅助救援和重建。通常，采取威慑和预防性措施是降低风险最经济的初步对策。因此，风险管理者在着手强化结构之前应考虑针对短期风险实施这些措施。然而，在顾及诸如维修、更换、人员和监视费用等全寿命周期中的成本时，对长期风险来说，威慑和预防性措施可能并不总是最具成本效益的解决方案。

2.2.5.1 风险评估

设计或改造所有桥梁以抵抗极端荷载的成本十分高昂，工程人员需要一种方法来识别实质性威胁，对防护目标进行优先级分类并实施风险管理。虽然抗爆桥梁设计是结构工程领域中相对较新的课题，但是许多国家机构和研究团体已经有了风险评估和管理的策略。尽管每种方法在实现上略有差异，但指导思路大致相同。基于对相关资源的汇总，本节首先概述了风险评估策略；然后基于文献综述介绍了风险管理方法。

Abramson 等（1999）、Rummel 等（2002）和 SAIC（2002）出版的论著为风险评估和管理提供了宝贵的参考。Williamson 和 Winget（2005）总结了文献中所能找到的最佳实践方案，并提出了大致的风险评估综合方法。

步骤一，确定管辖范围内的所有关键桥梁，并根据功能、平均日交通量、与人口稠密地区的接近程度、获取急救和医疗设施的难易程度、军事重要性（战略公路网）、商业重要性、与国境线的接近程度、象征意义、备用路线可行性、公共管线的存在情况和预计修复时间来评估这些桥梁的受威胁程度。风险评估人员应分别权衡各项指标，以反映其在管辖范围内的重要性，同时避免重复计算相关联的指标（如平均日交通量可能与主要贸易路线或备用线路可行性相关联）。这个受威胁程度指标值代表着桥梁的重要性，也间接代表了潜在袭击的后果（一座非常重要的桥梁遭遇袭击的代价可能是巨大的）。值得指出的是，由于受袭时的易损性或特定结构薄弱位置等问题将在后续步骤中进行研究，故这里暂不考虑。此外，某些情况下，个别指标应优先于综合评价，并据此将桥梁划归至更重要的类别；如某些具有重大社会经济影响的著名桥梁，以及缺乏合理绕行方式而军事价值较大的桥梁。

步骤二，针对步骤一中选定的关键桥梁，确定其可能受到的所有内部和外部威胁。这些威胁可以是地震、大风或火灾等，但本书的风险评估程序只考虑恐怖行动。例如，潜在的袭击包括但不限于上部结构上的车载炸弹、车辆或海上船舶对墩柱的冲撞、针对墩柱设置的炸弹、桥梁之间或箱梁中人为放置的炸药，以及一系列包含上述部分或全部情形的事件。正如上文提到的，以抵御所有潜在威胁为目标来设计桥梁是不现实的，风险管理者应该辨识发生概率最高的威胁工况。虽然恐怖活动是不确定的，但从威胁角度分析可以深入了解发生概率最高的恐怖威胁。这种分析考虑的因素包括恐怖分子的潜在目标、可用资源、目标的可获取性，以及袭击成功所造成的影响。若假定恐怖分子不受到任何限制，那么在确定了所有可能的恐怖行动后，应量化其中每一类行动，从而表明与其他行动相比该行动发生的相对概率。在这个过程中，多元决策矩阵是最适用的。风险管理者应该保守地假设恐怖分子是爆破专家，具有结构工程经验，且其行动不会遇到阻碍。

步骤三，风险管理者将步骤一中选定的关键桥梁与步骤二中确定的潜在威胁配对，创建可能的威胁工况。当这些工况建立起来，便可以进一步得出每个事件发生的概率，并评估每个方案中桥梁的易损性。

步骤四，判断每个袭击工况发生的后果。风险管理者应该考虑袭击造成的最坏结果，而不必考虑可能存在的应对措施。可能出现的后果包括但不限于人员伤亡、结构损坏导致的桥梁功能丧失以及经济损失。一旦确定了各个工况（即桥梁和威胁的组合），风险管理者应根据威胁发生的可能性和影响的严重程度对每个工况进行分类。从威胁角度分析，得到威胁发生的可能性，其评判标准是主观的，而重要性指标值是决定影响严重程度的基础。将所有信息以表格的形式组合起来，以确定哪种工况的风险最大，因而需要给予更多的关注。表 2-3 给出了威胁类型表的一个范例，每个工况都可以根据影响的严重程度和威胁发生的可能性对应表中的一个单元格。那些位于严重和较高风险范围内的桥梁将受到更多的关注。

表 2-3 威胁类型表

威胁发生的可能性	影响的严重程度			
	灾难性（受威胁程度>75）	极严重（受威胁程度 51～75）	较严重（受威胁程度 26～50）	不严重（受威胁程度<25）
较高可能性	严重风险	严重风险	较高风险	中等风险
中等可能性	严重风险	较高风险	中等风险	较低风险
较低可能性	较高风险	中等风险	较低风险	较低风险
几乎不可能	中等风险	较低风险	较低风险	较低风险

注：摘自 Williamson 和 Winget，2005。

2.2.5.2 风险管理

风险评估完成后必须采取措施，通过风险管理程序将风险在经济上降低到适度的水平。

步骤一，制定可行的对策以减轻先前确定的风险。某些应对措施，诸如威慑、侦察或防御等，可以降低威胁发生的可能性；而其他对策诸如结构硬化、指示破坏的警告装置或紧急行动计划等，则可以降低威胁发生影响的严重程度。选择应对措施时需要考虑的其他因素包括资源可用性、执行难度、便利程度、不利的环境影响、不利的操作性或实用性影响等。

步骤二，考察各对策的成本。成本考察应包括初始购买、安装、维修、更换和使用寿命等因素。

步骤三，由成本-效益分析组成，以确定哪些对策是最有效和最高效的。Williamson 和 Winget（2005）建议，在降低风险方面应考虑效益，并推荐使用对策总结表。表 2-4（Williamson 和 Winget，2005）给出了一个对策总结表的范例。某些对策可以降低不同风险，如使用纤维增强聚合物包裹措施可以同时降低地震和爆炸事件中的破坏风险，因此，桥梁设计中的对策效益考量应包含针对该桥梁的全部有关风险，从而获得完整的认知。步骤三旨在凭借可利用的资源，确保为所有已建成或设计中的桥梁提供最大限度的保护。优先考虑桥梁重要性有助于分配稀缺资源。

步骤四，包括实施对策以及重新评估采取适当对策后的风险。如果对策不能将风险降低到可接受的水平，则该方案需要追加其他对策，否则在获得更多可利用的资源之前，高级管理人员只能接受相应的风险。值得注意的是，没有一种减灾措施能够完全消除所有风险，管理者需要明确他们对不同风险的接受程度。

步骤五，即最后一步，监测对策的有效性，并利用这些信息指导未来的风险管理决策。

表 2-4 对策总结表

对策	功能/效能				年成本		
	威慑	侦察	防御	减少影响	投资	经营	维护
对策 1	中	低	低		—	—	—
对策 2	中	高			—	—	—
对策 3				高	—	—	—
对策 4	低		高		—	—	—

资料来源：修改自 SAIC 出版的《针对关键目标识别与防护的高速公路易损性评估指南》（*A Guide to Highway Vulnerability Assessment for Critical Asset Identification and Protection*）（Williamson 和 Winget，2005）。

注："低"即低效能；"中"即中等效能；"高"即高效能。

2.2.5.3 抗爆结构分析方法的表征

爆炸预测技术通常分为荷载确定和响应确定两种方法，这两种方法又可分为两类，即第一性原理方法和半经验方法（National Research Council，1995）。第一性原理方法基于物理学基本定律建立方程组，通过正确求解从而准确预测爆炸荷载及其响应。虽然第一性原理方法使用物理学基本定律和材料本构定律，但也存在一些局限性，如果不使用经验模型就很难克服。现实场景中，由于大气条件、边界效应、爆炸材料的不均匀性、反应速率以及其他诸多因素的影响，爆炸波的传播十分复杂，而第一性原理难以简明地解释上述问题（National Research Council，1995）。同时，响应范围内精确的材料本构方程很难获取，因此在结构大变形和局部破坏引起的爆炸压力变化时，相关计算工作也存在许多困难。此外，还需注意结构对爆炸荷载的高度非线性响应特性，使用第一性原理计算结构响应时应该使用实际试验结果来验证其做出的所有预测，以确保正确开展计算工作。然而，由于缺乏公开的试验数据，并且任何验证只适用于特定试验工况，故很难得到经验证的第一性原理模型（National Research Council，1995）。尽管存在这些局限性，在缺乏适用的数据时，可以建立基于第一性原理的响应预测，但需要基于工程判断和经验对结果进行解释。

与第一性原理模型相反，半经验模型大量利用以往的试验数据，故计算量较小，一般优于第一性原理计算程序。然而，由于缺乏公开的爆炸荷载响应试验结果，且半经验方法在工程界推行的速度较为缓慢，结构工程师仍经常需依靠第一性原理方法和良好的工程经验来确定爆炸荷载的作用效果（National Research Council，1995）。此外，半经验模型通常只适用于模型构想过程中所考虑的特定结构构件与工况。

权衡各建模方法的优缺点后，半经验方法往往更可取，因为模型中包含了得到验证的经验数据。事实上，在已有相关数据时，半经验模型效率高于第一性原理模型，因此更适合于设计；而在研究工况依赖于测试数据外推，或数据不可用时，可以单独使用第一性原理模型来预测爆炸荷载和响应，但其最好能得到试验数据或既有半经验模型的验证。虽然本书提出的建议对第一性原理和半经验分析方法均有涉及，但应尽可能使用半经验方法。

一些方法同时利用第一性原理和半经验方法开展分析（Winget，2003）。首先利用方程计算爆炸波的传播和结构响应，然后将计算结果与相似情况下的经验数据进行比较和修正。这些方法相比半经验方法，其适用性更广泛；相比第一性原理方法，其计算量更小，计算精度更高。因此，同时利用第一性原理方法和半经验方法对设计而言非常实用。虽然公开的数据来源并不广泛，但仍有一些程序可以利用。然而，这些数据来源的准确性和适用性可能很难得到证实。鉴于此，本书提出的指导规范强调纯粹的第一性原理结构分析方法，而非组合程序。但分析人员应明确，基于合理的经验数据及其修正结果所进行的分析，在任何时候都比单纯的第一性原理方法更可取。

大多数爆炸分析程序将计算爆炸波传播与确定结构响应分开处理，首先计算爆炸产生的荷载，然后使用单独的响应分析方法将其施加到结构上。此类处理即“非耦合”方法，使用其进行荷载预测的结果通常偏于保守。因为在荷载计算过程中，通常认为结构是刚性的，忽略了能够导致压力释放和重新分配的结构变形及局部破坏，同时偏向于高估爆炸压力和未破坏构件所受的荷载。因此，非耦合分析方法往往为结构构件的设计提供较为保守的荷载值。

不同于非耦合分析方法，耦合分析方法针对爆炸波传播和结构响应随时间的相互作用，将二者结合分析。因此，结构可以通过局部破坏来释放压力，许多构件在分析中所受的荷载要比非耦合分析方法预测的更小也更真实。对于局部破坏或大变形的情况，需要采用耦合分析方法。虽然耦合分析方法会提供比非耦合分析方法更精确的结果，但考虑到计算所需输入的参数数量、建立模型和生成输出结果所需的时间和经验，以及计算所需的时间和计算资源等，耦合分析方法需要相当大的计算成本。由于非耦合分析方法通常提供较为保守的爆炸波传播和结构响应预测，大多数设计不需要采用会增加成本的耦合分析方法。

基于所采用的分析方法及其特点，可以进一步将非耦合和耦合分析方法分别划分为两个不同的组别。非耦合分析方法分为静态分析和动态分析两大类，每一类都包含单自由度（SDOF）模型和多自由度（MDOF）模型（图 2-15）。值得注意的是，图中从左到右，准确度、计算时间和计算成本以及分析的复杂性都会逐渐增加。以下将进一步介绍这些方法的细节、应用情况和局限性。

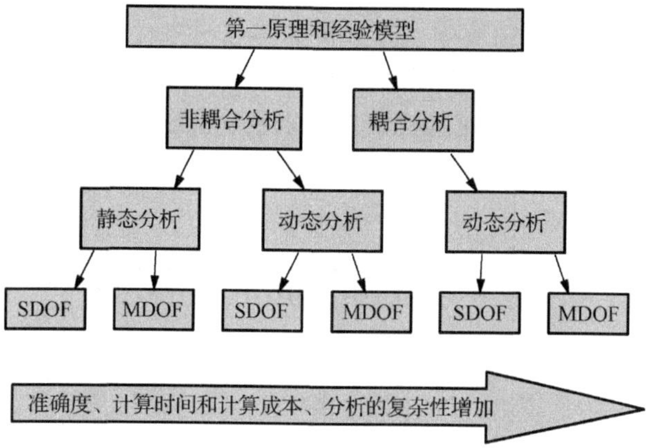

图 2-15 分析方法流程图（Winget，2003）

1. 非耦合静态分析

爆炸非耦合静态分析包含“等效风荷载设计”（ASCE，1997；Bounds，1998），这与抗震设计中的等效静力法相类似。这种分析方法可以计算出单自由度和多自由度系统的响应。这里所使用的近似爆炸压力是施加在结构上的静力，并没有考虑惯性效应。因为这种方法非常普遍，所以没有专门用于等效静力爆炸分析的程序；然而，目前用于普通结构分析的程序也可用于此目的。虽然这种方法比较简单，但精确度较低。不同于地震、车辆撞击事故或船体撞击的工况，不能根据历史数据简单定义爆炸荷载作用的特性。在炸药类型、炸药位置、周边反射物体的几何尺寸、结构的几何和材料特性改变时，爆炸对结构施加的荷载也会随之显著变化。因此，静态爆炸分析需要引入许多近似值。此外，目前还没有确定相对保守的静荷载的通用方法（Bounds，1998），使得在设计中确定适当的荷载十分困难（ASCE，1997）。因此，该方法的计算精度是有限的（ASCE，1997；Bounds，1998），桥梁设计者不应为了任何目的而使用等效静态分析。

2. 非耦合动态分析

从简单的单自由度系统到复杂的多自由度系统，非耦合动态分析存在很大差异。单自由度动态分析方法相对简单，设计工程师通常可以使用它们来确定单个构件的响应。分析等效单自由度系统特性所需的数学程序类似于抗震设计中的模态分析。该方法通常采用独立的计算方法得到随时间变化的荷载值，再对构件的响应形态进行假定，选用与动态形态相近的静态荷载响应形态加以计算（Biggs，1964；Department of the Army，1990）。利用构件的实际质量和受力情况，将变形形态沿长度方向积分便可以得到动态响应系统中构件的等效质量和受力情况。由于作用在弹簧上的阻力与所分析构件的变形模式是相互对应的，可以进一步对弹簧-质量-阻尼系统进行假定和分析。这种方法根据假定变形形状确定对应的塑性变形机制，从而形成单自由度模型来分析非弹性材料行为。例如均布荷载作用下的固支梁，随着荷载的增大，支座处会达到截面极限承载力或进入塑性响应阶段。如图 2-16 所示，通过改变假定的挠曲形状来表明塑性铰的存在，并在构件端部分析塑性铰的问题。这类分析可以采用解析解的形式来求解，但考虑广泛的加载历史和非线性材料行为，研究人员通常采用数值解的形式。

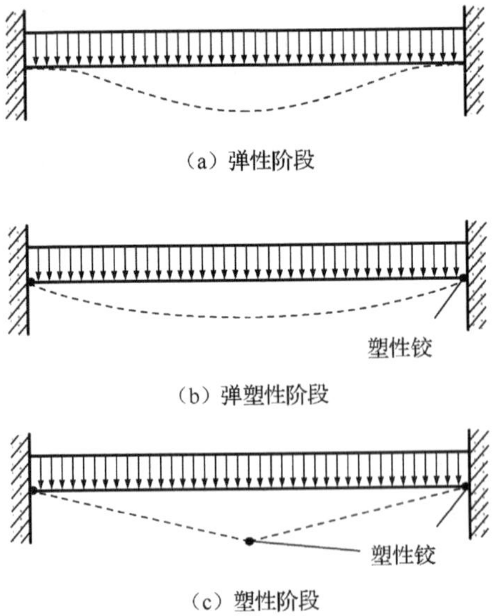

图 2-16　梁响应阶段（Biggs，1964）

多自由度系统非耦合动态分析的范围可以从简单的动态二维框架分析延伸到十分复杂的三维有限元分析。常用的分析软件构造了结构的系统模型，采用独立的计算方法得到随时间变化的荷载值。由于非耦合动态多自由度分析可以代表广泛的、具有不同功能的方法，本书将多自由度框架分析和详细的有限元分析分开考虑。

3. 耦合动态分析

耦合分析本质上是动态的，因为它将爆炸压力和响应“耦合”起来以考虑荷载和结构随时间变化的相互作用。现有的精细化软件可以模拟这种复杂的流固耦合。当针对多自由度系统进行建模时，这些程序可以允许工程师探讨因单个构件失效或大变形而引起的结构响应整体变化。虽然这些方法与非耦合分析相比可以显著提高精确度，但它们会耗费大量的时间用以输入定义复杂系统所需的诸多变量，并执行分析。另外，这些分析需要经验丰富的工程师来解释分析结果。除此之外，尽管许多程序声称有耦合功能，但真正有能力将爆炸压力与结构响应进行耦合分析的程序十分有限。对于绝大多数考虑爆炸荷载的桥梁设计方案，由于爆炸荷载的不确定性，这种高精度通常是不必要的，简单的分析方法往往能以更低的分析成本提供近似精确的保守结果（Winget，2003）。

虽然进行耦合单自由度分析在技术上是可行的，但由于结果没有实用性，实际中不会这样操作。如果一个结构系统及爆炸场景需要耦合分析来解释由于局部失效或大变形等情况而产生的预期荷载变化，那么就需要一个以上的自由度来说明构件响应之间的互相影响。因此，耦合分析实际上只适用于多自由度模型。

2.3 研究需求

公开文献中关于桥梁抗爆设计的信息十分有限。尽管军方可能对这一专题进行了大量的保密研究，但几乎所有关于爆炸响应的公开参考文献都集中在建筑物上。虽然还不确定将建筑物的设计原则应用于桥梁设计的效果，但桥梁工程师可以考虑将军用及石化工业结构的设计准则应用于抗爆桥梁。因此，有必要了解爆炸波传播的原理、爆炸荷载对桥梁的潜在影响以及桥梁构件的响应和可能的破坏机制。本报告中的研究主要集中在桥梁墩柱上，因为它们是大多数桥梁的必要组成部分。单一墩柱的破坏可能会导致多跨倒塌或多层州际立交系统中多座桥的缺失。此外，桥梁墩柱特别容易受到破坏。军事记录显示，与打击上部结构相比，剧烈的近区爆炸使墩柱晃动坍塌可以更容易地破坏桥梁（Bulson，1997）。虽然过去的研究和现有的指导规范不能直接应用于桥梁，但它们为桥梁抗爆设计领域的发展奠定了基础。因此，本节将介绍文献中现有的可用信息。

2.3.1 当前研究需求和重点

关于武器效应和结构对爆炸的响应，可参考已有相关文献。这些参考文献也为桥梁构件的抗爆设计提供了有效信息。军用文件 TM 5-1300《结构抗偶然性爆炸荷载作用》（*Structures to Resist the Effects of Accidental Explosions*）（Department of the Army，1990），是针对突发爆炸设计的技术手册。根据其介绍，TM 5-1300 旨在为防护工程建立设计方法，这些防护工程将用于爆炸物的开发、测试、生产、储存、维护、改装、检测、非军事化改造以及处理（Department of the Army，1990）。该手册为保护人员和贵重设备提供了抗爆设计程序和施工技术。针对当前研究的目的，TM 5-1300 可以就支撑转角为结构单元提供容许的设计响应极限。手册还要求抗剪钢筋在构件中均匀分布，并给出了不同材料的动力提高系数和强度提高系数。该手册推荐美国 GR60 级钢筋和最低 4000psi 的混凝土来为结构抗爆提供足够的钢筋延性和混凝土强度；该手册不允许使用高强混凝土，除非试验测试证明其拥有足够的韧性。

规范 VFC 3-340-01《常规武器防护设计基础》(*Fundamentals of Protective Design for Conventional Weapons*)(陆军、空军和海军部及国防特种武器局，2002)为工程师提供了防护结构设计的有用信息。常规武器的范围涵盖从单一空气爆破弹到直接命中目标的精确制导炸弹，防护结构的主要防护目标是经过战时打击后仍能维持其全部功能。涉及当前研究，该手册基于支撑转角提供了响应极限准则。UFC 3-340-01 取代 TM 5-855-1 并更名为《常规武器作用下防护结构的设计和分析》(*Design and Analysis of Hardened Structures to Conventional Weapon Effects*)。这两本手册仅提供给美国联邦承包商并且不批准公开发行。

《实体安全结构设计：实践情况》(*Structural Design for Physical Security: State of the Practice*)(Conrath 等，1999)是一部广泛使用的民用建筑物抗爆设计指南。这部指南针对民用设施，为被实体安全问题困扰的结构工程师提供方法、指导和参考。该指南介绍了在短时强动态载荷作用下结构响应和性能的一般概念，以及可提高安全性的设计理念。这种设计理念即“简单的就是更好的”，它推荐使用简单的几何形状以及最少的装饰，因为在爆炸时这些装饰品同样会变成空气中的威胁因素。在设计时，若试图将破坏限制在局部并将其孤立，延性和冗余度便是两个需要考虑的重要因素。与当前研究有关的具体信息是典型结构构件达到设定变形时，在其所对应的爆炸载荷下，基于观测到的损伤程度所规定的延性极限，即结构构件的典型失效准则如表 2-5 所示。在弯曲变形时，塑性铰的形成要求其尺寸要近似于杆件的截面高度。构造设计在达到延性要求方面起着重要的作用，书中推荐了提高爆炸荷载作用下柱的抗弯强度和抗剪强度的设计方法。对于钢筋混凝土，这一理念建议使用足够的约束钢筋来确保延性。

表 2-5　结构构件的典型失效准则

构件类型①	破坏类型	准则②	破坏程度/%		
			轻度	中度	重度
梁	整体弯曲/结构响应	δ/L	4	8	15
	剪切	γ_v	1	2	3
板	弯曲/结构响应	δ/L	4	8	15
	剪切	γ_v	1	2	3
柱	受压	缩短/高度	1	2	4
承重墙	受压	缩短/高度	1	2	4
剪力墙	剪切	γ_v	1	2	3

资料来源：Conrath，1999。

① 钢筋混凝土体积配箍率 $\rho>0.5\%$。

② δ/L 为中心挠度与跨度之比；γ_v 为截面平均剪切应变。

《石油化工设施抗爆设计》(*Design of Blast Resistant Buildings in Petrochemical Facilities*)(ASCE，1997)涵盖了主要用于石化设施的抗爆设计指南。该书重点关注建筑结构方面的抗爆设计，并详细介绍了定义图 2-4 所示爆炸波所需参数的方程。此外，还建议修改混凝土和钢筋设计规范（ACI，2005；AISC，2006）以提高结构的抗爆性能。爆炸后仍需要维持全部功能的结构应在设防荷载作用下发生弹性响应；然而在大多数情况下，允许非弹性结构响应的发生，书中提供了一种消耗爆炸能量的手段。该书还提供了一种基于评估每个构件延性和支撑转角的设计方法。该书中的许多信息与当前的研究有关。

2.3.2 建筑物与桥梁抗爆设计的区别

2.3.1 节主要给出了用于建筑物抗爆设计的方法和准则。建筑物和桥梁的抗爆设计有几个主要区别。图 2-17 给出了得克萨斯州奥斯汀的典型建筑和高速公路立交桥。得克萨斯大学表演艺术中心等建筑，能够通过建筑美化和场地布局给建筑构件提供较大的爆距。相比之下，公路立交桥是跨越公路或铁路的桥梁，通常在桥面下和靠近墩柱的区域设置停车区、车道、人行道或其他畅通无阻的公共设施。因此，接近桥梁结构构件比接近建筑物构件容易得多，从而使得设计威胁可能集中在极小的距离内。同时，建筑结构构件，如柱和梁等，通常隐藏在建筑物外表面之后，仅仅受到间接的爆炸冲击波作用；而桥梁支座，如柱等，则直接暴露于爆炸冲击波中。此外，平整墙面对爆炸荷载的响应已经得到试验验证并被广泛接受。然而，对细长结构构件与爆炸冲击波的相互作用却鲜有研究。因此，应在进一步研究中明确现行建筑设计准则是否可以直接适用于桥梁。

(a) 得克萨斯大学表演艺术中心　　(b) 高速公路立交桥（I-35桥）

图 2-17　抗爆建筑与抗爆桥梁

2.3.3 抗爆设计：公路桥梁研究的现状与回顾

桥梁抗爆领域相对新颖，过去和现在的一些研究主要关注各种桥梁构件在爆炸荷载下的设计准则和理论分析模型的发展。虽然在结构工程界这一努力尚处于起步阶段，但这些研究为本书涉及的工作奠定了良好的基础。本节通过总结上述研究成果以说明桥梁抗爆设计领域的进展。

佛罗里达州立大学的研究人员使用常用的有限元分析程序 STAAD.Pro 分析了 AASHTO 规范中定义的典型桥梁的响应。研究人员将根据确定威胁计算出来的峰值压力作为静态荷载施加到桥上。在荷载作用下桥梁模型的桥面板上、下均发生失效。特别强调，AASHTO 规范中定义的桥梁、盖梁和柱不能抵抗典型的爆炸荷载（Islam，2005）。虽然这些结果令人担忧，但对动态爆炸荷载下的桥梁预期响应而言，它们是非常保守且不具代表性的。该研究采用静力分析，而对爆炸荷载作用下的结构响应采用动态分析。冲击波引起的峰值压力往往很高，但会在毫秒级时间内消散。因此，大多数结构对典型爆炸荷载的响应由爆炸荷载冲量控制。此外，这项研究在分析中没有使用材料的各项提高系数，这与真实的爆炸工况有一定差距。

加利福尼亚大学伯克利分校的研究者们采用有限元分析程序研究了四种截面形式的钢和钢-混凝土组合墩柱在“模拟汽车炸弹爆炸”下的响应（Rutner 等，2005）。虽然结论包含了基于分析结果的对墩柱响应机制的普遍观察，但没有提供任何设计准则。纽约州交通局和纽约市立学院的研究人员计划发展高精度的分析模型，并基于现有桥梁抗震设计指南（Agrawal，2007）制定高速公路桥梁构件抗爆设计指南。这项研究尚在进行，能查阅到的文献有限。

Winget 等（2004）采用单自由度分析方法开展参数研究，以评估结构改造的有效性，完善基于性能的标准，并专门为桥梁建立通用的抗爆指南。研究人员通过改变桥梁墩柱直径、形状和混凝土强度分析了带排架的三柱式钢筋混凝土桥梁墩柱。该研究考虑了两种恐怖威胁工况：桥面下方的汽车炸弹，以及人为放置与墩柱直接接触的炸药。预计汽车炸弹能够产生较强的侧向爆炸压力荷载，会造成混凝土的局部炸穿破坏并进一步引起墩柱的弯曲破坏（Winget 等，2004）。接触爆炸可以充分炸穿墩柱并使其无法承受竖向荷载（Winget 等，2004）。

研究人员使用 BlastX 4.2.3.0（SAIC，2001）生成荷载，使用 ConWep V. 2.0.6.0（U.S. Army Corps of Engineers，2001）预测了由于局部炸穿破坏而造成的桥梁墩柱面积的减少。Winget 等（2004）指出，在任何给定时刻，桥梁墩柱沿高度的压力分布变化很大。这种现象是由于地面反射压力和桥面下桥面板之间反射压力的累聚引起的。对弧形柱表面荷载进行计算时，由于入射角的变化，反射压力会相应减小。此外，由 Winget 等（2005）开展的参数研究将桥梁墩柱设计中的爆炸荷载假定为侧向的，该工作为细长方形和圆形截面构件的爆炸荷载估算提供了初步方法。然而，这些情形下的设计荷载尚不明确，需要进一步开展工作来建立一种能够准确预测桥梁墩柱爆炸荷载的方法。

Winget 等（2004）利用 SPAn32（U.S. Army Corps of Engineers，2002）计算桥梁墩柱承受汽车爆炸荷载作用下的弯曲响应。采用塑性分析方法求解得到极限抗力，并在响应预测过程中使用动力提高系数，基于瞬时应变率修正材料强度，对结果进行调整。分析建模中将桥墩设置为两端固支的单自由度受弯构件并考虑材料非线性的影响。Winget 等（2004）报道称，为简化分析，在确定爆炸压力下桥墩的弯曲响应和局部破坏导致的横截面积减少量时，保守地假设沿桥墩整个高度方向的截面积均减小到最大破坏位置处的最小直径。Winget 等（2004）进一步基于建筑中混凝土梁单元受弯破坏经验数据，预测模型的损伤程度。对桥梁墩柱而言，轻到中度破坏时的最大支撑转角为 1.3°，而中到重度破坏时则为 2°。分析认为，桥梁墩柱在转角达到 3° 时会失去结构完整性。Winget 等（2004）同时也提出，本研究中所用的支撑转角值可能需要根据专门针对桥梁墩柱的进一步试验数据进行调整，这对目前的研究具有重要的意义。

布法罗大学的 Bruneau 等（2006）完成的研究旨在发展一种在地震和爆炸荷载作用下均能够为桥梁倒塌提供足够防护的抗多灾场桥梁墩柱概念。1/4 缩尺的圆形截面钢管混凝土与纤维增强混凝土盖梁及基础梁连接，承受爆炸荷载，假定的威胁是桥面下小爆距爆炸的小型汽车炸弹。圆形截面钢管混凝土在爆炸荷载下表现出明显的延性，纤维增强混凝土盖梁没有出现明显的损伤（Bruneau 等，2006）。如图 2-18 所示，观测到的现象包括延性响应（柱身中部的永久变形）和剪切响应（柱底的剪切破坏），包括在前半部沿周向的钢管断裂。

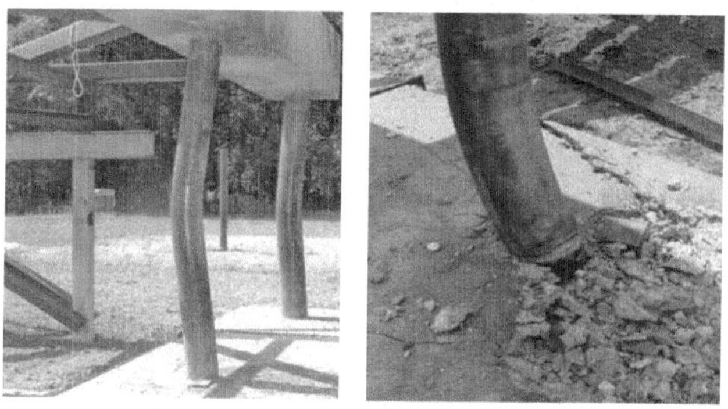

（a）延性响应　　（b）剪切响应

图 2-18　钢管混凝土在爆炸荷载下的响应（Bruneau 等，2007）

有一项美国联邦公路管理局（FHWA）受美国资助的项目对桥梁抗爆进行试验研究，该项目由理论研究和对钢桥塔的大型爆炸试验研究组成（Ray，2006）。华盛顿大学还在对两个足尺普通预应力梁和两个足尺普通梁以及桥面结构进行爆炸试验。这些研究正在进行之中，在文献中没有信息或只有有限的信息可见。

2.4 小　　结

本章概述了冲击波在自由场和反射条件下的传播原理、爆炸荷载的计算方法、爆炸对结构的一般影响，以及预测结构对动态荷载响应的基本分析程序。虽然本章没有提供对所有与桥梁抗爆效应相关资源的综合讨论，但它为桥梁工程人员提供了预测爆炸荷载和结构响应所需的基本设计知识，并概述了当前的研究背景。本章所提到的信息以及更深入的报道，可以在关于弹药和爆炸对结构影响的大量公开文献中找到。

2.5 当前的工作重点

近年来，恐怖主义袭击交通基础设施的频率和强度不断提高，凸显了桥梁抗爆设计的必要性。目前大多数抗爆设计和构造设计要求仅限于建筑物，这些方法和要求以及相关的抗震设计指南是否适用于桥梁的抗爆设计，还需要进一步研究。“地标性桥梁”（悬索桥、斜拉桥、拉杆拱桥等）要优先于其他桥梁类型考虑抗爆研究和设计。在桥梁工程界许多人认为，与常规公路桥梁相比，地标性桥梁遭受袭击的可能性更大；与常规公路桥梁相比，袭击高知名度桥梁目标可能会造成更大的社会经济影响。然而，过去的经验却不一定支持这些看法。历史数据表明，即使是在拥有高知名度地标性桥梁的工业化国家，恐怖分子也有袭击普通桥梁的意愿。美国桥梁的坍塌事故已经表明，典型的公路结构破坏就可以造成毁灭性的社会经济影响。明尼苏达州交通运输研究所的一份报告（Jenkins 和 Gersten，2001），涵盖了 1980 年到 2006 年间 53 起特别针对桥梁的恐怖袭击事件的分析。报告指出，上述时间段内世界范围 58%的袭击和工业化国家 35%的袭击都是针对普通公路桥梁而不是标志性桥梁。考虑到在同一时期对所有交通运输系统目标的攻击中有 60%是爆炸袭击，普通公路桥梁的爆炸袭击更符合现实情况。此外，近期的意外坍塌事故，如俄克拉何马州 I-40 桥梁（The Blue Ribbon Panel on Bridge and Tunnel Security，2003）、得克萨斯州的伊莎贝拉女王堤道（Texas Office of the Governor，2001）和明尼苏达州的 I-35 州际大桥（Minnesota Department of Transportation，

2007)，都表明典型公路桥梁的破坏会造成巨大的社会经济影响并由此引发民众恐慌。此外，基地组织训练手册（《反抗专制统治的圣战军事研究》，1995）特别强调针对普通桥梁的威胁，把恐怖主义的主要目标之一设定为爆破和破坏进出城市的桥梁以使敌人感到恐惧。因此，针对美国普通公路桥梁的爆炸袭击符合现实的情况，桥梁工程师需要“普通”公路桥梁结构的抗爆设计规范。

将现有研究集中在典型公路桥梁结构上，可更有效地利用可用的工程资金。虽然爆炸荷载对地标性桥梁的作用无疑有着更重要的研究需求，但这些结构往往非常复杂，即使是典型的重力荷载和风荷载也需要进行专门的研究，并且针对这些桥梁的研究结果可能只适用于特定的工况。此外，在美国有相当数量的既有桥梁需要通过改造来抵抗爆炸荷载，而这些桥梁有着不同的结构类型并且破损程度也不同。针对现有关键桥梁的深入研究成果只适用于有限的工况中。着眼于未来典型公路桥梁结构设计，最大限度地使研究经费得到回报，其研究成果可以指导未来典型公路桥梁设计并极大促进对其他类型桥梁结构和对现有桥梁改造的研究。因此，当前研究的重点是新型和典型公路桥梁的抗爆设计，主要目的是建立能够方便纳入 AASHTO 桥梁设计规范的抗爆设计指南。

虽然公路桥梁有许多结构构件的抗爆性能值得研究，但桥梁墩柱可以说是其中最重要的，似乎也是最容易遭受攻击的。大多数桥梁实际上都可以通过车行道、人行道、水道或其他非限制区，方便地接近桥梁下部结构，人为放置或车载运输爆炸物。虽然通过上部公路交通也可以不受限制地接近桥面，但上部结构的类型在桥与桥之间有很大的差异，而混凝土桥梁墩柱则是绝大部分桥梁的必须组成部分。因此，着眼于某一特定上部结构类型的研究并不能获取与桥梁墩柱相同的综合效益。此外，针对上部结构的一次成功袭击可能意味着只有一个跨度丧失功能；一个关键桥梁墩柱的破坏则可能意味着至少两跨的桥面板坍塌；如果大型州际公路立交桥墩柱破坏则可能发生上部结构坍塌并砸向另一个结构，而导致的多跨桥面板连续性坍塌。

任何可靠的设计都需要满足两个条件：对荷载的透彻了解和对预期响应的良好预测。如前所述，已有关于作用在结构上的爆炸荷载研究大都针对平面条件（即墙壁和建筑物立面），关于冲击波与细长方形或圆形截面构件（即墩柱）相互作用的研究则很少。此外，抗爆设计领域的专家还不确定建筑构件对爆炸荷载的响应是否也适用于桥梁。因此，本书研究工作分为两个阶段：第一阶段的目的是描述空气冲击波作用下施加在方形和圆形桥梁墩柱上的结构荷载；第二阶段研究 1/2 缩尺桥梁墩柱在爆炸荷载下的响应，特别关注的是各种可以提高抗爆性能的设计参数。后面的章节对该研究项目的两个阶段进行了详细描述。

第3章 试验研究

3.1 概　　述

本章所述的试验研究共分两个阶段：第一阶段试验为荷载特性研究，是美国陆军工程兵团在密西西比州维克斯堡做的刚性柱（即只关注柱上超压分布，忽略其他响应的刚性柱试件）缩尺试验；第二阶段试验为响应测试，是1/2缩尺的钢筋混凝土桥梁墩柱的设计和爆炸试验。第二阶段中的所有仪器设备、构件施工和试验均在美国得克萨斯州西南研究院（SwRI）的一个试验基地中完成。

3.2 第一阶段试验：荷载特性研究

本节将介绍第一阶段刚性柱缩尺试验研究中的试验装置以及数据采集和测量传感器布置等信息。所有的仪器设备、构件施工和试验均在美国密西西比州维克斯堡陆军工程兵团工程研究开发中心（Engineering Research and Development Center，ERDC）的实验场中完成。

第一阶段测试包含4组比例爆距下共8炮次缩尺爆炸试验。进行缩尺试验的目的是研究方形和圆形桥梁墩柱上的爆炸冲击波超压荷载。试验现象揭示了截面形状、比例爆距以及炸药和墩柱的相对位置关系对桥梁墩柱正面、侧面和背面爆炸超压的影响。试验所得数据可用以评价预测爆炸荷载的传统方法，以及校核通过修正方形截面墩柱迎爆面超压来计算圆形截面墩柱上超压荷载的方法。虽然美国军方及其他机构以往的试验已经能够很好地表征作用在墙壁和平板构件上的爆炸荷载，但是研究人员对上述构件与爆炸超压之间的相互作用及爆炸荷载对桥梁墩柱等细长构件的严重影响却了解较少。

3.2.1 试验装置

为达到研究目的并保持试验在使用范围内的精度和准确性，模型试验采用经典比例定律。第一阶段爆炸试验中，炸药在地面爆炸，产生标准的马赫冲击波荷载作用在柱上。为了防止火球和爆轰产物损坏压力传感器，每个试验的比例爆距均为3ft/lb$^{1/3}$，同时根据实验场的空爆安全和噪声极限要求，试验缩尺选定为1/8。

试验中 3 个主要的变量为炸药质量、爆距和截面形状。在试验中保持比例爆距为 $3ft/lb^{1/3}$ 不变，改变实际的炸药质量和爆距。各缩尺试验墩柱尺寸见表 3-1。

表 3-1 第一阶段试验柱的设计

墩柱类型	截面尺寸/in	壁厚/in	面积/in^2	惯性矩/in^4	截面模量/in^3	塑性截面模量/in^3
圆管	4.5	0.674	8.1	15.3	6.79	9.97
方管①	4.5	0.500	8.0	21.7	9.63	12.1

① 工厂预制。

图 3-1 是第一阶段刚性柱试验的装置示意图，图 3-2 是一个起爆前的试验工况。试验装置的基础是一块表面光滑的 20ft×6ft×6in 的聚合物纤维增强混凝土底板，为增强两柱中央炸药位置处的底板抗力，在该区域设置一块 2ft×2ft×1in 的可替换钢板。在炸药两侧，由直接浇筑在混凝土板上的法兰板分别锚固两根试验墩柱。

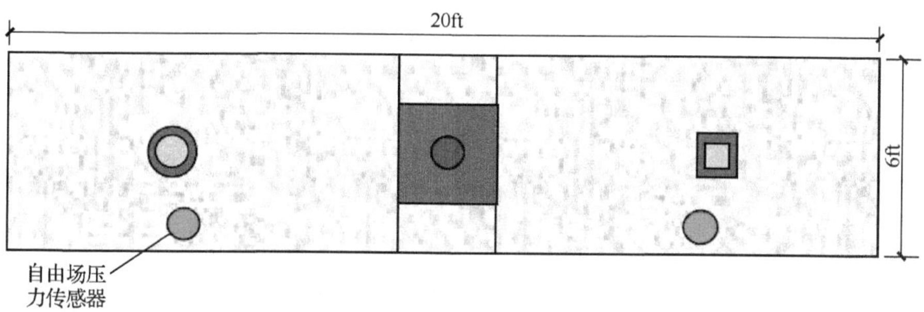

（a）俯视图

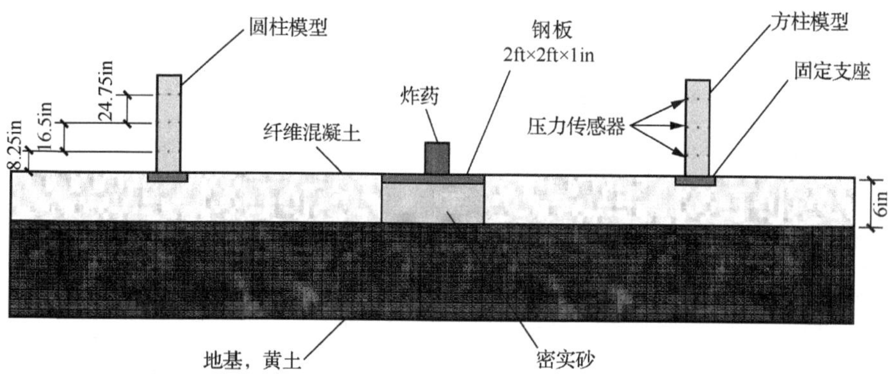

（b）正视图

图 3-1 第一阶段刚性柱试验装置示意图

图 3-2　第一阶段起爆前的试验工况

炸药采用敏化硝基甲烷，用圆柱形塑料容器（不产生破片）按 1∶1 长径比装药，用以模拟球形装药爆炸。在炸药两侧的混凝土板上，每个爆距处分别浇筑自由场压力传感器底座。混凝土板下浇筑 PVC 管以保护仪器线路免受爆炸冲击。该试验装置可以同时对圆形和方形截面的两根墩柱施加相同的爆炸荷载，从而在研究该两种截面墩柱上的爆炸荷载时，便于准确对比。

3.2.2　传感器布置和数据采集

试验中每个刚性柱上装有 9 个压力传感器［美国 SMI（Silicon Microstructure Inc.）生产］，炸药两旁与测试柱相同爆距处各设置一个自由场超压传感器，表 3-2 给出了各个传感器的布置情况。图 3-3 为圆形和方形截面柱上压力传感器的布置图。ERDC 进行了一组大范围峰值超压分析预测的预试验，用以确定所需压力传感器的尺寸和量程，最后选择了适用于高压范围的 Kulite HKS 型压力传感器。

表 3-2　第一阶段试验压力传感器位置

压力传感器类型①	距地面高度/in			备注
正面（SMI②），0°	8.25	16.5	24.75	垂直于结构表面
侧面（SMI），90°	8.25	16.5	24.75	
背面（SMI），180°	8.25	16.5	24.75	
自由场③	0			垂直于地面

① 单个墩柱的压力传感器布置情况。

② SMI 生产的结构装配仪表，与爆源有关。

③ 自由场压力传感器到爆心距离与墩柱迎爆面相同。

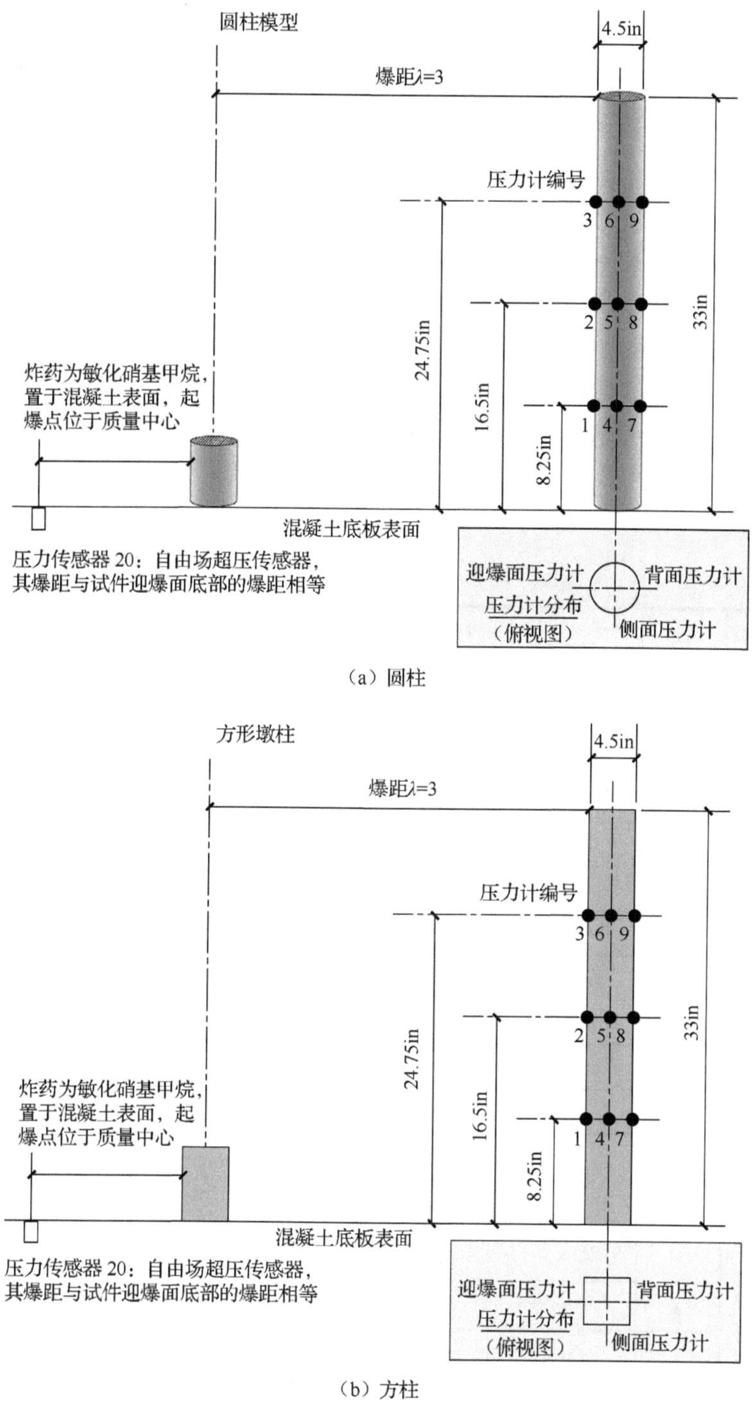

图3-3 第一阶段试验压力传感器布置

3.3　第二阶段试验：响应测试

本节介绍第二阶段试验研究中钢筋混凝土柱的设计、试验装置、仪器设备以及构件施工等情况。所有的仪器设备、构件施工和试验均在美国得克萨斯州西南研究院的一个实验基地中完成。

该试验包含 8 组不同设计参数的墩柱共 10 炮次 1/2 缩尺近区爆炸试验和 6 炮次 1/2 缩尺墩柱的局部破坏爆炸试验，详细工况见表 3-3。小爆距试验的目的在于观察 8 种不同设计的墩柱的破坏模式（如弯曲或剪切破坏）。在局部破坏试验中，炸药与试件柱距离非常接近或直接接触，试验目的在于观察混凝土柱在爆炸荷载作用下的表面剥落和炸穿破坏形态。通过试验观测来评价设计参数对混凝土柱抗爆性能的影响，确定公路桥梁混凝土墩柱的承载能力和极限破坏状态。

表 3-3　第二阶段试验工况

试验类型	试验编号	柱编号	柱设计工况	比例爆距 ($ft/lb^{1/3}$)	仪表设备	试验目的/备注
近区爆炸试验	1	1A1	标准①	<3	采用 3 个自由场压力传感器以验证爆炸效果，每个试件上有 6 个应变片，并配有一个高速摄像机	确定爆炸荷载作用下，包含抗震、抗爆设计在内的圆形、方形墩柱的弯曲响应形态以及弯、剪相互作用
	2	1A2	标准	<3		
	3	2A1	标准	<3		
	4	2A2	标准	<3		
	5	1B	标准	<3		
	6	2B	标准	<3		
	7	2-Seismic	抗震	<3		
	8	2-Blast	抗爆	<3		
	9	3A	标准	<3		
	10	3-Blast	抗爆	<3		
局部破坏试验	1	2A2	标准	<1	只需高速摄像机，试验后测量即可	确定圆柱、方柱的表面剥落、炸穿破坏的临界值；量化局部破坏程度
	2	2A1	标准	<1		
	3	1A1	标准	<1		
	4	2B	标准	<1		
	5	2-Blast	抗爆	<1		
	6	3A	标准	<1		

① 标准柱：不做抗震、抗爆设计，仅按常规荷载（重力荷载）作用设计的柱。

3.3.1 试验参数的选取背景

本试验中试件的设计参考了美国各地区常用的墩柱设计和构造标准。为使读者更好地了解美国各州所使用的设计原则，以下介绍了个别州交通局的设计标准。基于美国国家交通管理局对抗爆墩柱设计的要点和理论背景，设计了 8 种不同参数的墩柱，共涉及 5 个试验变量。下文概述了每根墩柱的设计参数以说明各类设计所体现的标准。

3.3.1.1 美国各州交通部门的设计要点

对美国各州交通部门的设计概述旨在说明各州设计及构造标准的异同。各州交通部门都有关于桥梁和公路的设计手册或可以为该州提供相关设计标准的类似文件。表 3-4 总结了与混凝土柱相关的设计信息。各州制定规范的最低要求需满足《AASHTO LRFD 桥梁设计规范》，而各州标准又由于考虑地震或强腐蚀性环境等地域问题，往往比 AASHTO 的要求更加严格。

试验中不变的参数，如混凝土强度等级、保护层厚度和钢筋标号，在美国各州设计规范中是一致的。纵向配筋率可根据 AASHTO 标准计算。参照现行的典型桥墩设计，本试验纵向配筋率取 1%。

表 3-4 美国各州交通部门关于柱的设计汇总

州名和机构名缩写[①]	柱尺寸			混凝土标准			边界条件		设计要求
	墩柱类型[②]	截面形状[③]	最小直径/ft	f_c' /psi	混凝土等级	保护层厚度/in	柱脚处	盖梁处	
CA	S	O/Re		3600		2	固定	固定	抗震
CO			3	4000		2	固定		耐久
CT	S/M	圆形	3	4000	F	3	固定		
DE	M	圆形	3	4500	D	2	固定	固定	抗震
FL	S/M	Ro/Re	3			3	固定		
IL	M	Ro/Re	2.5			2	固定	铰接	
ND	S/M	Ro/Re	2	3000	AE		固定		
NJ	S/M	圆形	3		A	2	固定		
NY	M	Ro/Re			HP/A	2	固定	固定	
SC	S	O/Ro	3	4000		2	固定	固定	抗震
TX	M	Ro/Re	1.5	3600	C	3	固定	搭接	
AASHTO				4000	A	3			

续表

州名和机构名缩写	纵筋标准				腹筋标准				纵筋搭接位置
	强度等级/④ksi	最小尺寸	最小纵筋标号	最小配筋率	箍筋类型⑤	强度等级/ksi	最小尺寸	最大间距/in	
CA	60	5	6		BWH	60	5	3.75	柱中
CO	60	4			H	60	4	3	
CT	60	4			Sp	60	4		
DE	60	5			Sp	60	5		柱中
FL	60				H	60	4		
IL	60	7			Sp/H	60			
ND	60	5				60			
NJ	60				Sp	60	5	3.5	柱中
NY	60				Sp/H	60	4	12	柱中
SC	60	8	6		BWH	60	6	12	柱中
TX	40	6	6	1%	Sp/H	40	3	6	
AASHTO	60	3	6		Sp/H	60	3	12	柱底

① CA 为加利福尼亚州；CO 为科罗拉多州；CT 为康涅狄格州；DE 为特拉华州；FL 为佛罗里达州；IL 为伊利诺伊州；ND 为北达科他州；NJ 为新泽西州；NY 为纽约州；SC 为南卡罗来纳州；TX 为得克萨斯州。

② S 为单柱；M 为多柱；S/M 为单柱或多柱。

③ O 为长圆形；Re 为矩形；Ro 为圆形。

④ 其中得克萨斯州（TX）为减小搭接长度，纵筋强度可以选取 40ksi。

⑤ BWH 为对焊箍筋；H 为环形箍筋；Sp 为螺旋箍筋。

其他未在表中说明的内容均由 AASHTO 规范控制。

3.3.1.2　墩柱抗近区爆炸设计

爆炸荷载作用下的建筑构件设计应具有足够的抗剪强度使弯曲破坏成为主要破坏模式。钢筋混凝土适筋构件在弯曲时具有良好的延性，而在受剪时则呈脆性破坏。因此，理想的破坏形态应该由弯曲破坏控制。为了尽可能地确保抗剪承载力的需求，在分析抗爆构件的塑性铰时，应考虑所有可能的塑性铰位置。在构件初步设计时，应对每个响应阶段进行非线性单自由度分析。图 2-16 为梁变形时经历的三个阶段，即弹性阶段、弹塑性阶段和塑性阶段。通常在抗爆设计中，允许出现非弹性大变形，且其在构件的能量耗散过程中起到重要作用。由于爆炸荷载难以测定，一般需要依靠单自由度分析为设计提供可靠的预测结果。

虽然当前已经颁布了建筑柱的抗爆设计指南，但还没有指导桥梁墩柱抗爆的设计和构造标准。桥梁墩柱与建筑柱在爆炸荷载下的响应不同，因此无法直接将建筑物抗爆设计指南应用于桥梁中。例如，桥梁墩柱比大多数建筑柱更容易接近，这使二者在设计时所采用的爆炸荷载差异较大。通常，建筑柱基于外墙和梁在爆炸荷载下的反力进行设计，而桥梁墩柱则是承受爆炸荷载的主要构件。此外，建筑柱的轴压比往往较桥梁墩柱更大，这就影响了构件的轴力-弯矩曲线（*N-M* 曲线）从而影响其在侧向荷载作用下的性能。由于对爆炸波在细长桥梁墩柱等外露构件周围传播的研究较少，现有设计指南都需要重新对桥梁抗爆设计进行详细研究。然而，许多应用于建筑物的抗爆设计原理也同样适用于桥梁。如石油化工设施的抗爆设计要求突出了延性的重要作用，这与抗震设计的原则是相同的（ASCE，1997）。相应地，一些常见的抗爆设计概念也有助于桥梁墩柱的抗爆设计，如应确定适当的配筋用以形成塑性铰。

3.3.1.3 试验变量

表 3-4 给出了部分设计参数，这些参数的取值取决于美国各州的地理位置，而试验中则优先考虑其中对钢筋混凝土墩柱抗爆性能影响较大的设计参数。以下主要讨论 5 个试验变量，即截面形状、长细比、箍筋类型、体积配筋率和搭接位置。在试验中改变这些设计参数，以便在全美范围内为桥梁墩柱设计提供具有广泛代表性的指导。

1. 截面形状

桥梁墩柱设计通常有 3 种截面形式，即圆形、矩形和长圆形。如表 3-4 所示，圆柱是最经济且最常用的截面形式，其所需模板较少，比其他形状更易于施工。不过在表 3-4 所列的 11 个州中，有 6 个州也常用矩形截面。

目前对于爆炸荷载与任意截面形状的桥梁墩柱或细长构件间的相互作用研究较少。描述作用荷载是抗爆设计过程中的重要环节，因此选择圆形和方形截面作为试验变量，以便更好地描述爆炸荷载与有着不同反射面的细长构件间的相互作用。

2. 长细比

长细比是墩柱抗爆设计的另一重要参数，其可以在保持柱高不变的情况下，通过改变截面尺寸来调整。如式（3-1）所示，混凝土柱的截面高度与抗剪强度成正比关系，这对于抗爆设计是很重要的。

$$V_N = V_c + V_s = 2\sqrt{f_c'}bd + \frac{A_v f_y d}{s} \tag{3-1}$$

式中：

V_c——混凝土的抗剪强度（lb）；

V_N——抗剪强度（lb）；

V_s——钢筋的抗剪强度（lb）；

f_c'——混凝土 28d 抗压强度（psi）；

f_y——钢筋屈服强度（psi）；

d——受力方向截面核心区高度（in）；

b——核心混凝土面积（in^2）；

s——箍筋间距（in）；

A_v——箍筋间距 s 长度范围内的抗剪钢筋的毛截面面积（in^2）。

表 3-4 中美国各州墩柱的最小尺寸随墩柱类型和截面形状的变化而变化。大多数州的交通部门采用的最小墩柱尺寸规格偏于保守，以提供设计冗余度和安全性，用来应对如车辆撞击下部结构等一般不进行深入讨论的工况。例如，美国得克萨斯州交通局为设计者提供了一个直径在 18～60in 的圆柱配筋要求表，如表 3-5 和图 3-4 所示。

表 3-5　圆柱配筋要求

墩柱直径/in	纵向钢筋			箍筋钢筋型号及间距/in	高度 Y 最大值/ft
	钢筋数量/根	钢筋型号①	配筋率/%		
18	6	#6	1.04	#3@6	18
24	8	#7	1.06	#3@6	24
30	8	#9	1.13	#3@6	30
36	10	#9	0.98	#3@6	36
42	14	#9	1.00	#3@6	42
48	18	#9	0.99	#3@6	48
54	18	#10	1.00	#4@9	54
60	22	#10	0.99	#4@9	60

① 对应的截面直径为#后的数字×1/4in。

图 3-5 为 4 个典型的墩柱类型：实心墙、单墩、多墩和排架式桥墩。单墩和多墩是两种最常见的墩柱构造型式，本试验采用两种墩柱尺寸来代表这两类墩柱构造。单墩结构由一根巨大墩柱和悬挑在柱两侧的榔头型或 T 型盖梁组成一个整体，支撑着所有上部结构。对于相对较高的墩柱类型，在上部结构较窄时，由于单墩结构相较多墩结构能节省材料和模板的用量，而显得更加经济。因此，试验中采用较小的长细比（即较大的柱径）代表单墩结构。

多墩结构由两根或两根以上的墩柱和墩柱间支撑上部结构的盖梁连接组成。对于较宽的上部结构，多墩结构是墩柱的最佳形式。在试验中，用较大的长细比（即较小的柱径）代表多墩结构。

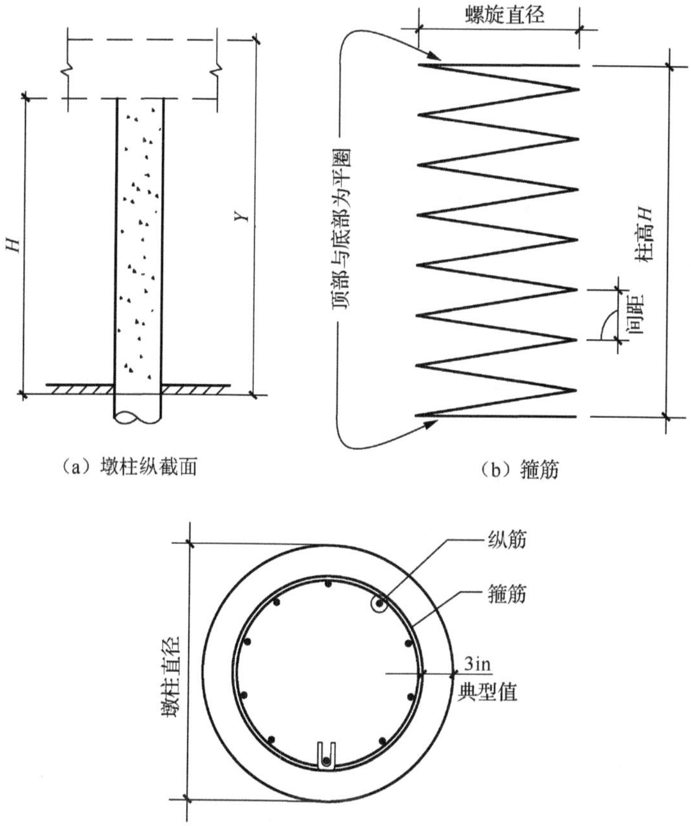

（a）墩柱纵截面　（b）箍筋

（c）墩柱横截面

图 3-4　得克萨斯州圆柱最小配筋要求

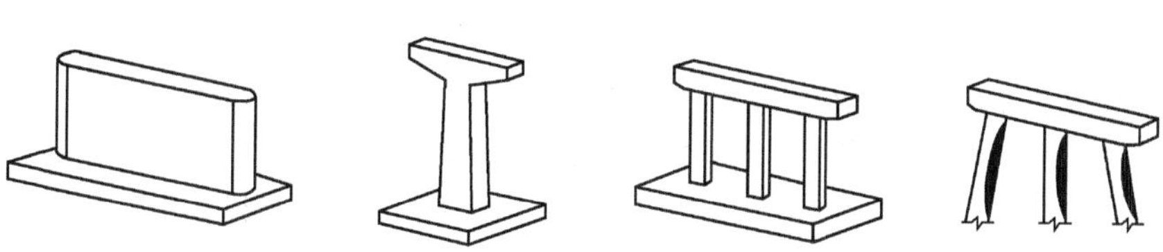

（a）实心墙　（b）单墩　（c）多墩　（d）排架式桥墩

图 3-5　典型墩柱类型

3. 箍筋类型

美国各州之间的箍筋类型也各不相同，大多数州交通部门的设计手册更倾向于采用施工方便的分离式环形箍筋，而非连续螺旋箍筋。然而，相比于环形箍筋，螺旋箍筋能增加核心混凝土的侧向约束和钢筋笼的稳定性，从而使构件获得更高的延性，成为抗震设计的关键。同样，螺旋箍筋的配置也有助于抗爆设计。

连续螺旋箍筋对锚固的需求比分离式环形箍筋更少，从而降低了螺旋箍筋拔出失效的概率。分离式环形箍筋则需要根据荷载类型（如常规荷载或地震荷载）来合理锚固。由重力荷载（恒载加活载）和风荷载组成的常规荷载作用时，需要在箍筋末端设置标准弯钩。AASHTO LRFD 规范（2007）5.10.2.1 节中定义箍筋的标准弯钩应满足如下条件之一：

- #5 钢筋或更小直径钢筋：90° 弯钩，外加 $6d_b$（d_b 是钢筋的公称直径，in）弯钩端头平直段长度。
- #6、#7、#8 钢筋：90° 弯钩，外加 $12d_b$ 弯钩端头平直段长度。
- #8 钢筋或更大直径：135° 弯钩，外加 $6d_b$ 弯钩端头平直段长度。

Bae 和 Bayrak（2008）在足尺钢筋混凝土柱的抗震性能研究中发现，即使采用 135° 弯钩，且弯钩端头向内平直延伸 $8d_b$，分离式环形箍筋的两端在地震作用下仍会相互脱开。AASHTO LRFD 规范 5.10.2.2 节中定义按抗震设计的弯钩形式为：135° 弯钩，外加不小于 $6d_b$ 与 3in 之间取大值的弯钩端头平直段长度。Bae 和 Bayrak 指出，不同于足尺混凝土柱，缩尺柱中的弯钩锚固位置通常会接近核心混凝土的中心。Bae 和 Bayrak 为剩余的试件使用了最小端头平直段长度为 $15d_b$ 的弯钩以防止锚固失效，长尺寸弯钩被证明是非常有效的，在其他试验中没有再观察到 135° 弯钩锚固的箍筋脱开。为避免本试验中 1/2 缩尺试验柱发生类似的锚固破坏，爆炸荷载下试验柱所采用的弯钩长度长于 Bae 和 Bayrak 地震试验中成功使用的长度。将这种 135° 弯钩、$20d_b$ 弯钩端头平直段长度，且在每个箍筋间距内翻转方向的弯钩形式称为“抗爆弯钩”。此外，基于试验目的，箍筋应在参考现有研究成果的同时充分体现美国常用结构形式，故将螺旋箍筋以及配有标准或抗爆弯钩的环形箍筋作为本次试验的变量来考虑。

4. 体积配筋率

体积配筋率根据加载控制条件而改变。式（3-2）（AASHTO，2007）定义了常规重力荷载下墩柱的最小体积配筋率 ρ_s。对于表 3-4 所列美国各州，加利福尼亚州和南卡罗来纳州的墩柱设计构造通常由地震荷载控制。式（3-3）是 AASHTO LRFD 规范的抗震规定，其所规定的体积配箍率比在重力荷载下更为严格。

$$\rho_s \geqslant 0.45\left(\frac{A_g}{A_c}-1\right)\frac{f'_c}{f_y} \tag{3-2}$$

$$\rho_s \geqslant 0.12\frac{f'_c}{f_y} \tag{3-3}$$

式中：

f_c'——混凝土 28d 抗压强度（psi）；

f_y——钢筋屈服强度（psi）；

A_g——毛截面面积（in^2）；

A_c——核心混凝土面积（in^2）。

抗震规定要求配置足够的箍筋来确保混凝土保护层剥落后柱子承受的轴向荷载至少应和剥落前承载力相当，从而防止纵筋发生屈曲（AASHTO，2007）。因此，箍筋间距对抗震柱塑性铰区域（通常在顶部和底部）的抗剪和约束能力具有重要作用。同样，塑性铰区域的抗剪和约束能力对抗爆柱也具有重要影响。本试验参照式（3-4）所示的体积配箍率对爆炸荷载作用下的墩柱进行配筋设计。

$$\rho_s \geqslant 0.18\frac{f_c'}{f_y} \tag{3-4}$$

式中：

f_c'——混凝土 28d 抗压强度（psi）；

f_y——钢筋屈服强度（psi）。

上述公式适用于圆柱。对于矩形柱，式（3-5）和式（3-6）分别给出了 AASHTO LRFD 规范（2007）中地震作用下以及本试验中爆炸作用下墩柱横截面的最小箍筋总面积 A_{sh}。

$$A_{sh} \geqslant 0.12sh_c\frac{f_c'}{f_y} \tag{3-5}$$

$$A_{sh} \geqslant 0.18sh_c\frac{f_c'}{f_y} \tag{3-6}$$

式中：

f_c'——混凝土 28d 抗压强度（psi）；

f_y——钢筋屈服强度（psi）；

s——箍筋间距（in），不超过 4in；

h_c——受力方向截面核心区高度（in）。

相比于抗震规定，抗爆柱设计增加了约 50%的约束箍筋，以进一步研究增加箍筋对墩柱的强度、延性和耗能性能的提升作用。因此，本试验考虑了各种荷载形式下（常规荷载、地震荷载和爆炸荷载）的不同体积配筋率。

5. 搭接位置

纵筋的搭接位置是钢筋混凝土柱的另一重要设计参数。理论上，纵筋的搭接位置应当选择构件中弯矩为零或很小的点。反弯点处的弯矩为零，是纵筋搭接的理想位置。

反弯点的位置直接取决于假定的边界条件和荷载的分布，在常规荷载、地震荷载和爆炸荷载作用下各不相同。当假定边界条件为固支时，各荷载工况下的结构弯矩图和变形图如图 3-6 所示。重力荷载和横向风荷载共同作用下，柱的反弯点

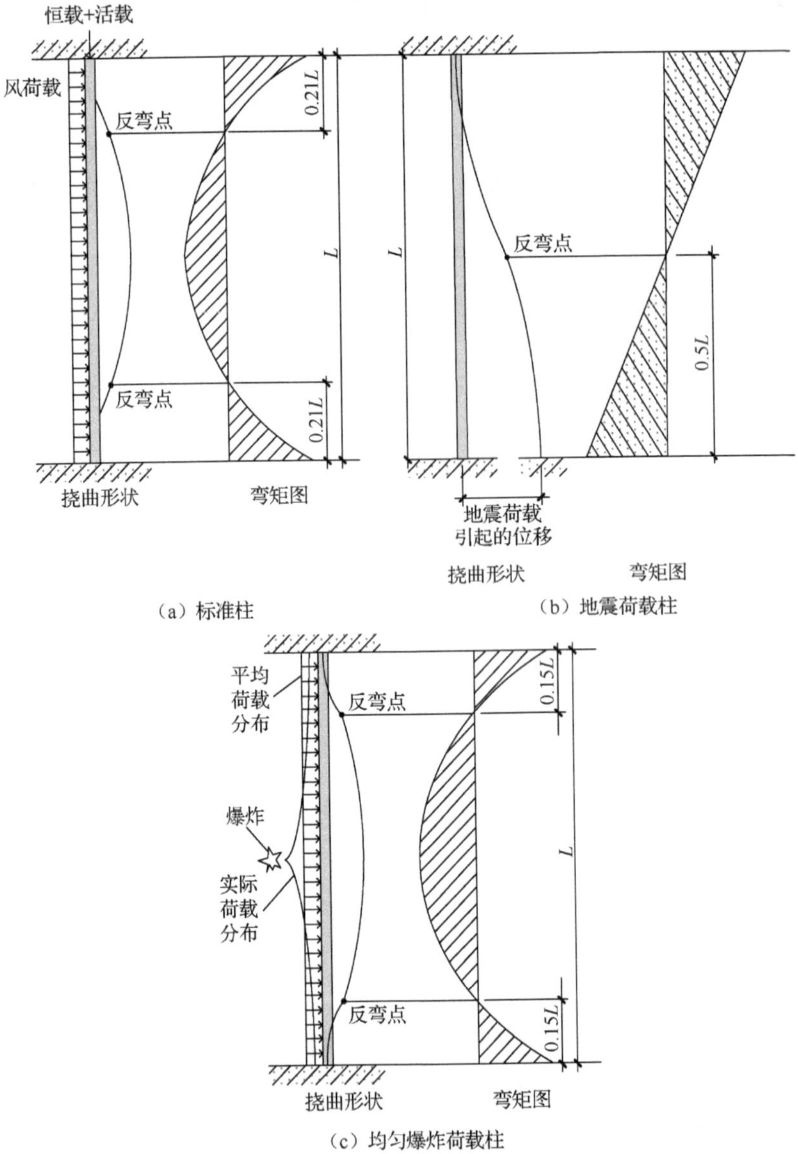

图 3-6　各荷载工况下墩柱的弯矩图和变形图

出现在距支座0.2L（L为柱高）处。然而，风荷载通常不是重力作用下墩柱设计的控制因素，因此为施工方便，纵筋搭接位置往往选择在柱端部附近。在地震荷载作用下，柱支座间产生很大的侧向相对位移，使得柱中位置，即0.5L处出现反弯点。因此，为了在塑性铰区域提供足够的钢筋笼稳定性和柱体延性，抗震设计限制墩柱在距支座1.5D（D为柱直径）范围内的搭接。按照弹性响应，柱承受近似均布荷载的爆炸波作用时，反弯点出现在距支座0.2L处。然而，柱在爆炸荷载下的响应是非弹性的，这使得变形形态和有效支撑条件随时间而变化。例如，均布荷载作用在两端固支的非弹性柱上时，反弯点出现在距两端支座0.15L处。为了研究搭接位置对爆炸荷载作用下桥梁墩柱性能的影响，本试验包含两种不同搭接位置的方案：标准柱的搭接位置在柱端部附近；地震荷载柱的纵筋则不采用搭接。

3.3.2 墩柱设计

本试验基于美国国家交通部设计标准和AASHTO LRFD规范相关规定对标准柱和抗震柱进行设计。如图3-7所示，在受爆炸荷载的墩柱设计中，为了减小近区爆炸试验中发生剪切破坏的可能性，采用与抗震设计规定类似的塑性铰分析方法。图中底端固支、顶端铰支的边界条件与本次研究的目的及试验反力结构相符。关于边界条件的假定和反力结构设计的详细信息将在下文中给出。

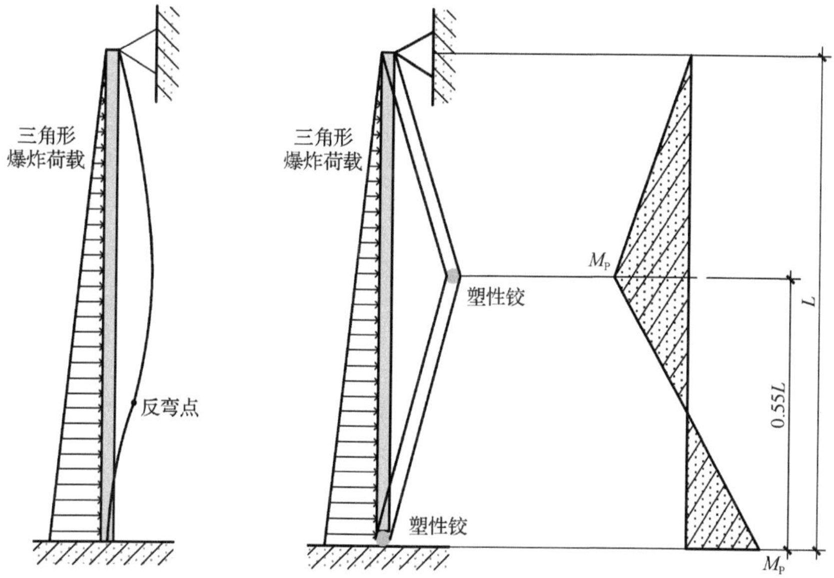

（a）挠曲形状　　（b）塑性铰位置　　（c）塑性弯矩

图3-7 抗爆柱的塑性铰分析

3.3.2.1　爆炸荷载下的墩柱设计

爆炸荷载下墩柱的设计需考虑柱上所有可能的塑性铰位置以确定最大抗剪强度要求，而最大抗剪强度要求与边界条件和荷载分布有关。边界条件的确定取决于假定威胁工况以及爆心相对于桥梁的位置关系。参照表 3-4，本试验采用底端固支、顶端铰支的边界假定，主要出于以下两方面原因：第一，这样的边界条件与美国很多州交通局所用的设计构造相同；第二，这种假定通常能偏于保守地估计爆炸荷载作用下墩柱的抗剪要求，这与预期的破坏控制模式（受弯破坏）相符。对于本试验研究和大多数设计工况而言，该边界条件假定偏于保守。这是因为在所有边界条件中，除桥梁墩柱结构中罕用的底端固支、上端自由外，底端固支、顶端铰支的边界条件在柱底部所引起的抗剪需求（动态剪力）是最大的，当考虑均布荷载作用在柱上时，该边界条件下柱底的抗剪需求比两端简支或两端固支都要大。因此，试验需要设计与该边界条件相符的反力结构。反力结构的设计和构造将在 3.3.3 节中给出。

爆炸荷载在柱上的分布与爆距有关。如图 3-8 所示，大爆距情况下柱上近似为均布荷载，但在小爆距情况下通常近似为非均布荷载，这是因为在小爆距情况下，爆炸波离开爆心传播并首先作用到柱底（考虑汽车炸弹爆炸的工况，故假定爆心

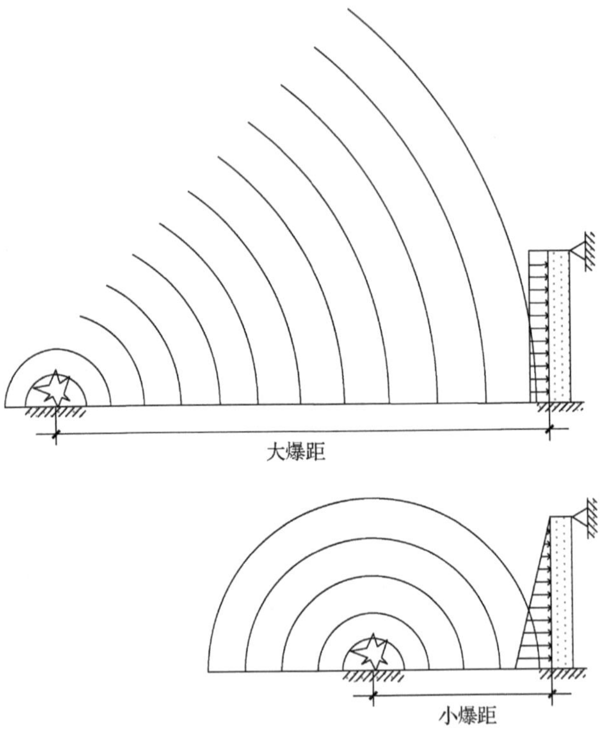

图 3-8　爆炸荷载分布与爆距的关系

在地面附近）。本试验的塑性铰分析中，假定爆炸荷载从柱底开始沿柱高方向呈线性衰减分布。

由 AASHTO LRFD 规范中的剪切设计公式结合塑性铰分析得到最大抗剪需求，并根据应变率效应适当修正，确定所需的箍筋间距。塑性弯矩（M_p）决定了横截面抗弯承载力（M_N），也以动力提高系数的形式考虑了应变率效应引起的材料动态强度。同样，所需的体积配筋率也由最大抗剪需求确定，旨在确保构件有足够的抗剪承载力，并在弯曲破坏中促使塑性铰形成。

3.3.2.2　墩柱设计概述

第二阶段对采用 8 种不同参数设计的 10 根墩柱试件进行试验。试验中考虑位于地震活动频繁区域及地震威胁较小区域的典型混凝土柱设计，前者称为抗震设计，后者称为 A 型或 B 型设计。此外还有两根混凝土柱的设计专门考虑了爆炸荷载作用，称为抗爆设计。每根柱的设计参数在表 3-6 和图 3-9 中概括说明。本试验所用混凝土为 4000psi 的 A 级混凝土，混凝土保护层厚度为 1in（对于足尺模型而言是 2in），钢筋选用 GR60（美标）钢筋，1.0%的纵筋配筋率，边界条件为底端固支、顶端铰支。

表 3-6　试验参数汇总

近爆试验编号	柱标号	柱尺寸		纵筋	箍筋		
		形状	直径（边长）/in	搭接位置	间距/in	类型	体积配筋率/%
1	1A1	圆形	18	0.25L	6.0	环形箍	0.82
2	1A2	圆形	18	0.25L	6.0	环形箍	0.82
3	1B	圆形	18	0.25L	6.0	螺旋箍	0.82
4	2A1	圆形	30	0.25L	6.0	环形箍	0.47
5	2A2	圆形	30	0.25L	6.0	环形箍	0.47
6	2B	圆形	30	不搭接	6.0	螺旋箍	0.47
7	2-Seismic	圆形	30	不搭接	3.5	螺旋箍	0.80
8	2-Blast	圆形	30	0.25L	2.0	螺旋箍	1.40
9	3A	方形	30	0.25L	6.0	普通箍	0.47
10	3-Blast	方形	30	0.25L	2.0	普通箍	1.40

3.3.2.3　材料性能

本试验所选用的混凝土和钢材都是在钢筋混凝土公路桥梁墩柱施工中使用的典型材料。由于美国各州所用的混凝土强度和类型不同，试验选择 AASHTO LRFD 规范中规定的数值。试验所取混凝土强度为 4000psi，水泥等级为 A 级，最大骨料粒径为 0.375in（以适应较小的钢筋间距）；根据 AASHTO LRFD 规范，除了螺旋箍筋可以选择光圆钢筋外，本试验其他钢筋选用 GR60（美标）无涂层的标准带肋钢筋。

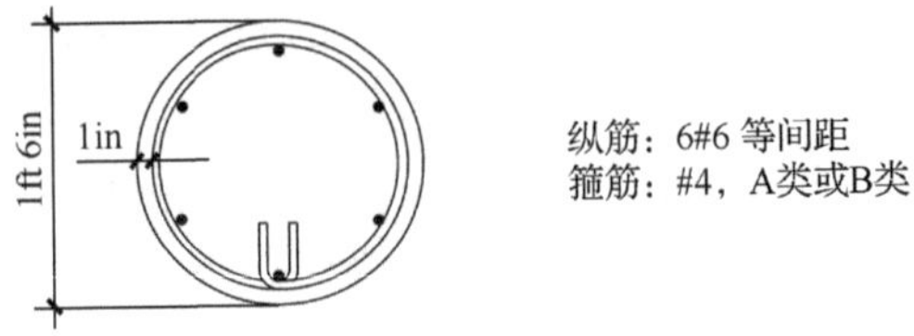

（a）柱1

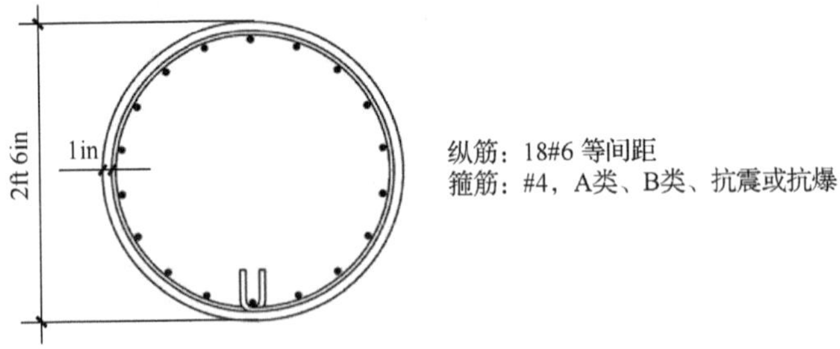

（b）柱2

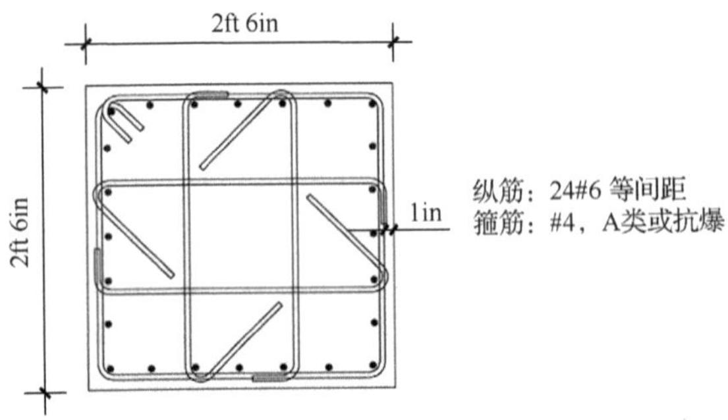

（c）柱3

图 3-9　墩柱横截面示意图

3.3.2.4　轴向荷载

大多数桥梁墩柱的轴向承载能力要远大于重力荷载作用下所需的承载力，故其通常承受的轴向压力远低于其极限承载力。因此，试验中施加在柱上的轴向压力仅仅增加试件的抗弯与抗剪强度。此外对于试验的加载结构，经过多次爆炸试验后仍然使施加在试验构件上的轴向荷载保持恒定是不现实的，其制造成本相较试验经费过于高昂。考虑到轴向荷载对试件承载能力的有利影响，以及能够在整个试验过程中施加轴向荷载的试验装置造价高昂，本试验选择忽略轴向压力的影响。

此外，也可能出现这样一种工况：发生桥下爆炸时，桥面板隆起，使墩柱在达到弯曲峰值响应之前就承受拉力。研究美国交通部的设计构造可以发现，美国大多数州都通过布置盖梁来连接上部结构，这就使墩柱不会承受轴向拉力。即使桥梁上部结构与墩柱直接相连，在侧向荷载最不利的情形中（如近区爆炸），墩柱达到剪切和弯曲峰值响应所用的时间很短，受拉的情况也是可以忽略的。此外，出于优化经费的考虑，试验应反映发生概率最高的设计威胁和最普遍的墩柱结构，故第二阶段试验并没有考虑爆炸荷载作用下桥梁墩柱的轴向压力和拉力的影响。

3.3.3　反力结构设计

近区爆炸试验的钢制反力架和钢筋混凝土板由美国防护工程咨询公司设计。反力架由工厂成套预制，而混凝土板则是现场浇筑。以下是关于反力架和混凝土底板设计及构造的详细介绍。

3.3.3.1　钢制反力架

钢制反力架是为了抵抗动态爆炸荷载而设计的，并利用美国陆军工程兵团的 SBEDS 程序（全称单自由度体系爆炸效应设计程序，是一款抗爆设计领域的常用软件），在两端固支的约束假定下对框架的每个构件进行单自由度分析。

如图 3-10 所示，反力架由 HSS8×8×$\frac{5}{8}$（美标钢材型号，后同）箱式截面杆件、直径 0.5in 钢条和 W10×88 的 H 截面锚固梁组成。HSS 型钢的钢材选用 A500 Gr B 钢，其他钢构件选用的钢材屈服强度不低于 50ksi。如图 3-11 所示，垂直构件之间的连接采用 0.5in 的角焊缝，其余采用 0.625in 的喇叭形坡口焊缝。

图 3-10　反力架

图 3-11　钢制反力架的焊接

3.3.3.2　钢筋混凝土板

钢筋混凝土板也是为了抵抗动态爆炸荷载而设计的。板厚基本保持在 2ft，柱脚处 5ft×7ft 洞口周围板厚增加到 2ft 6in。在柱脚附近加大板厚是为了抵抗墩柱与反力架产生的较大反作用力。图 3-12 给出了整个底板的配筋情况。该板构件采用混凝土泵车现场浇筑而成。

图 3-12　底板配筋

3.3.4 数据采集和传感器布置

爆炸试验中的试件和采集设备都会受到极端荷载（如高温、高压）作用。试验传感器的类型和布置位置必须足以承受上述荷载作用。试验中使用了钢筋应变片、自由场压力传感器和高速摄像机来采集试验数据并获得观测结果。所有靠近试验构件的设备线路都进行了捆扎并埋入地下以防止损坏。每次试验后均对损坏情况进行测量和拍照记录。

3.3.4.1 钢筋应变片的安装

为了防止在施工过程中有应变片损坏，每个柱上至少安装有 8 个应变片，选择其中 6 个良好的应变片与数据采集系统的 6 个通道相连，收集每个小爆距爆炸试验的数据。箍筋和纵向钢筋上布置应变片用以测量柱底的应变，如图 3-13 所示，分别以三角形和圆形表示（图 3-13 中柱稍有倾斜，扶正后再进行浇筑）。试验使用东京测器研究所的 FLA-5-11-15LT 型号应变片，长 5mm。

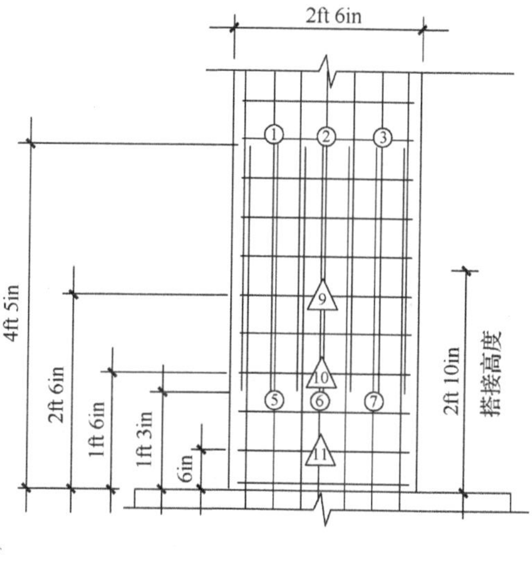

图 3-13　应变片的布置（3A 柱）

3.3.4.2 自由场压力传感器的布置

每个近区爆炸试验中都使用了 3 个自由场压力传感器，分别布置在距炸药 37ft、51ft 8in 和 76ft 的位置。自由场压力传感器必须放置在距试验构件 30ft 以上的位置，以确保其在 10 炮次爆炸试验中反复使用的寿命。当波阵面通过时，压力传感器即可测得超压（可视为自由场超压）。根据平均的自由场超压和冲量，可以计算出 TNT 当量并评估每炮次试验的爆炸效果。

3.3.4.3　高速摄像机

近区爆炸试验中需要用到一或两台高速摄像机。从应变片或其他仪表的数据中往往难以辨别某些试验响应，而高速摄像机提供的视频对此有很大帮助。然而，爆炸过程中产生的“火球”常常淹没试件的响应，高速摄像机也难以清晰地观察到此过程。

3.3.5　墩柱的施工

试验中所有的柱和基础均为现场施工完成，以下是施工的工艺流程简介。

3.3.5.1　工艺流程

材料运送到试验现场后，首先进行各墩柱基础的支模及其钢筋笼的施工。如图 3-14 所示，每个基础的配筋情况为：上下两层钢筋网采用#8 钢筋，每个方向上的闭合箍筋采用#4 钢筋，柱上的#6 纵筋伸入并锚固到基础底层的钢筋网上。实质上，这为每个 5ft×5ft×2ft 6in 的混凝土基础提供了一个钢筋骨架。墩柱基础的设计保证其具有足够的承载能力，确保在所有炮次爆炸试验中的破坏均发生在墩柱结构上，而非由基础失效导致结构破坏。

（a）1B柱

（b）3-Blast柱

图 3-14　柱脚及柱上钢筋笼

如图 3-14 所示，进一步在各墩柱基础钢筋笼的垂直方向配置纵向钢筋和箍筋。为了避免施工中箍筋间距发生变化，使用如图 3-15 所示的木隔板。每个钢筋笼完成后，在指定的钢筋上安装钢筋应变片，如图 3-16 所示。结束后，为墩柱基础浇筑混凝土，并在墩柱结构支模之前养护数天。墩柱结构支模后，用混凝土泵车泵送混凝土完成墩柱的浇筑，并进行人工振捣，如图 3-17 所示。施工进度保证混凝土在试验开始前有至少 22d 的养护时间，确保试验开始前混凝土的圆柱体抗压强度达到标准抗压强度的97%。

图 3-15 木隔板

图 3-16 墩柱钢筋笼

图 3-17　墩柱的浇筑

3.3.5.2　墩柱成型

普通的标准柱施工难度并不大；但对于抗震柱和抗爆柱，由于钢筋用量多且箍筋间距小，施工相对困难很多。如图 3-16 所示的方形抗爆柱，其钢筋笼虽然勉强能够施工，但相比于常规荷载作用下的圆柱而言，施工难度则要大得多。此外，当对钢筋间距紧密的构件进行振捣时，需要特别注意确保混凝土满足密实度要求。

3.3.6　近区爆炸试验装置

如前所述，第二阶段近区爆炸试验所需的边界条件为底端固支、顶端铰支。图 3-18 给出了一根实际装配的墩柱试件用以说明所假定的边界条件。为了在墩柱下端施加固定约束，将墩柱基础埋入底板的开口处并灌浆以防止转动；为在墩柱上端提供铰支约束，在混凝土墩柱顶端套有一个栓接在反力架上的钢圈。需要注意的是，试验中反力结构的底板受到严重破坏，结构在支座处会产生一定的旋转，导致所假定的边界条件并未完全实现。为了解决这一问题，在对试验数据和墩柱响应的分析评估中考虑了底部支座旋转的影响。对试验数据和墩柱响应的分析评估将在第 5 章中进一步阐述。

图 3-18　第二阶段近区爆炸试验

3.3.7　剥落/炸穿试验装置

局部破坏试验的目的是观察接触爆炸中墩柱表面混凝土的剥落和炸穿破坏形态。因此只需观察局部破坏，不需要采用端部约束来抵抗墩柱整体的位移及转动。局部破坏试验装置由一个空旷环境下承受近区爆炸荷载的独立柱组成。底端和顶端均没有任何支撑或转动约束。图 3-19 给出了柱在局部破坏试验前的形态。

图 3-19　第二阶段柱在局部破坏试验前的形态

3.4 小　　结

本章介绍了第一阶段和第二阶段试验中墩柱设计和测量传感器布置的情况：简述了缩尺刚性柱试验装置概况，第一阶段试验所有的仪器设备、构件施工和试验均在美国密西西比州维克斯堡陆军工程兵团工程研究开发中心完成；简述了第二阶段接触爆炸和局部破坏的试验装置概况，第二阶段试验所有的仪器设备、构件施工和试验均在美国得克萨斯州西南研究院的一个实验基地中完成。下一章将对试验结果进行分析研究。

第 4 章　分析研究方法

4.1　概　　述

虽然桥梁工程师已经能够运用多种方法来预测爆炸荷载，并根据建筑构件的动态响应预测桥梁结构的响应，但仍缺乏针对桥梁结构的专用简化模型来提高设计效率。此外，精细的设计方法通常需要投入巨大的计算与时间成本，又因为潜在的威胁工况及相应的响应判定具有不确定性，故很难保证其精确度；而且由于爆炸荷载与结构响应的复杂性，简化方法并不适用于每一种工况。本章概述了不同分析方法和软件的功能与特点，同时为特定工况下如何选择合适的分析方法提供了参考意见。荷载计算程序和结构响应计算程序是两种典型的独立软件，本章主要内容也因此分为荷载和结构响应两部分来叙述。简便、高效且精度较高的分析方法可为桥梁设计提供便利，因此有必要为特定工况下如何选择合适而简便的分析方法进行指导。本章对于不同层次的分析方法及其特性、优缺点与应用现状进行了阐述，同时简单介绍了常用的分析软件。

本章所讨论的软件，有部分软件的分析能力在现有文献中已经得到了充分的证明，而另一部分软件的可靠性则有待验证。除此之外，作者无意宣传任何软件或程序，所介绍的规范仅仅是为了给出荷载和响应预测的可行实例。在任何情况下，预测爆炸荷载及结构响应都需要在由爆炸分析领域拥有经验的工程师来进行严谨分析得到。基于试验数据或由其修正得到的分析方法兼顾准确性和高效性，然而由于缺少文献或资料只掌握在政府承包方手中，而这些半经验的程序通常没有公开。

4.2　单自由度分析方法应用现状

单自由度分析是大多数抗爆设计的常规做法。虽然分析人员可以使用精细化的三维有限元分析，但是由于爆炸威胁范围和位置的不确定性，精细化分析通常无法有效证明。如果一个分析方法的计算精度比其输入数据的精度还要高的话，使用该方法就是浪费时间（Biggs，1964）。此外，不同于一般荷载设计的是，大多数抗爆设计都允许构件出现显著的非线性响应来耗散动态爆炸荷载的能量，并且当构件出现显著的塑性变形时，单自由度分析结果与试验数据吻合较好

（Department of the Army，1990）。当相连构件间的自振频率相差两倍以上时，可以不用考虑多部件间的连接作用（Biggs，1964）。因此，针对构件逐个进行单自由度分析的方法适用于大多数工况的爆炸设计，这也是现有结构抗爆设计的通用做法。

Tedesco 在 1999 年出版的《结构动力学：理论与方法》（*Structural Dynamics: Theory and Approach*）及 Biggs 在 1964 年出版的《结构动力学导论》（*Introduction to Structural Dynamics*）中均对单自由度系统和结构动力学在结构抗爆中的应用进行了简要介绍，本节也总结了与结构抗爆有关的单自由度分析理论。图 4-1 为理想单自由度系统模型示意图，该系统包含一根简支梁、作用于其一半长度上的均布荷载，以及相应的形状位移 $\Delta(x)$。图 4-1 中的理想弹簧-质量模型给出了在等效荷载 F_e 作用下，等效质量 M_e 在等效刚度为 k_e 的弹簧施加抗力时所经历的最大挠度 δ。工程人员可以通过假定标准化形函数将虚功原理应用至实际梁构件上，由此将实际系统等效为理想模型并获取等效体系的力学特性。在单自由度分析方法中，构件每一阶段的响应都需要计算对应的等效梁特性来得到该阶段的变形模式或形函数。图 4-2 给出了一根两端固支梁的弹性、弹塑性和塑性变形阶段挠曲形状及所对应的挠度-抗力曲线。单自由度分析方法的精度取决于真实结构每一阶段的响应与假设挠曲形状在时间和空间上的吻合程度［American Society of Civil Engineers（ASCE）Task Committee on Blast-Resistant Design，1997］。虽然一个连续体的整体响应在理论上由无数个变形模式组成，但是单自由度系统在每个阶段的响应只依赖于其所对应的一种变形模式。当某一种变形模式在响应中占主导时，上述简化是合理的，而在构件抗爆设计中这种情况较为常见。大多数结构抗爆设计都允许出现一定的非弹性变形，且最终塑性变形在响应中占主导地位。单自由度分析可以在结构构件每个阶段的响应中使用某一振型所对应的模态，其通常使用的是与假定爆炸荷载等效的静态荷载所对应的形函数。在最大挠度处，图 4-1 中梁的实际 δ 值与其等效单自由度体系的位移在大小和变化过程上都是相同的。对于许多结构构件来说，要准确确定其振型是很困难的，因此将一个静态形函数作为唯一振型可以简化计算，并且在大多数实际应用中，这一假设所得结果要比只使用第一振型所对应的形函数更加精确（Biggs，1964）。分析人员可以在每一阶段的响应中假定标准化形函数，来得到基于虚功原理的等效单自由度系统转换系数，或使用已知工况的转换系数。部分工况的转换系数可以参考《结构动力学导论》（*Introduction to Structural Dynamics*）（Biggs，1964）以及 TM 5-1300《结构抗偶然性爆炸荷载作用》（*Structures to Resist the Effects of Accidental Explosions*）（Department of the Army，1990）中相关内容。

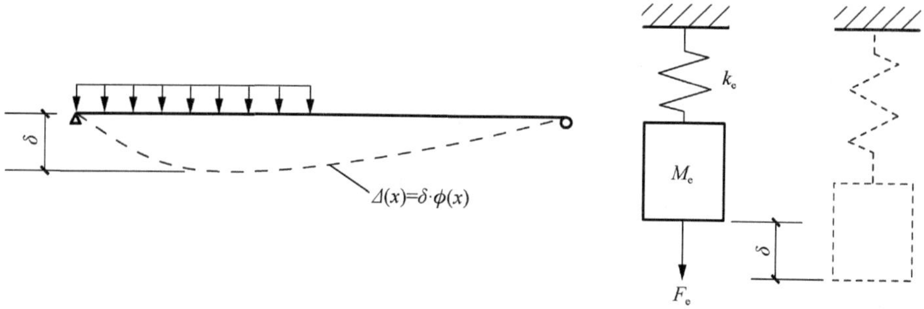

图 4-1　理想单自由度系统模型

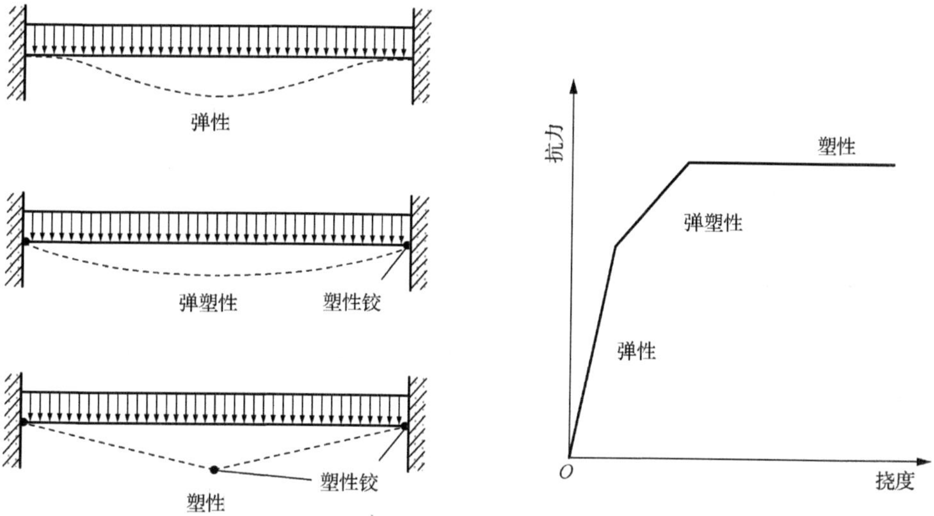

图 4-2　两端固支梁的不同响应阶段（Biggs，1964）

抗爆设计通常允许出现非弹性变形（也就是永久变形）来耗散能量，单自由度分析也是如此。虽然结构在持续工作状态下通常是不允许进入塑性的，但其在设计年限内仅受到一次或少数几次强动载作用时，在设计中考虑塑性变形也是合理的。在各类设计中，塑性变形通常包含在结构抗爆设计的预期中，或者至少在结构抗震设计中是允许的（Biggs，1964）。爆炸中会形成塑性铰和塑性变形机制，使结构能够通过较大的塑性变形和转动来耗散能量。这种塑性变形在承受动载作用的结构设计中起着重要作用，因为可以通过构件塑性变形来耗散能量，从而得到最经济的设计方案［American Society of Civil Engineers（ASCE）Task Committee on Blast-Resistant Design，1997］。

计算延性比和塑性铰转角是计算结构响应的主要方法［American Society of

Civil Engineers（ASCE）Task Committee on Blast-Resistant Design，1997]。《结构抗偶然性爆炸荷载作用》（*Structures to Resist the Effects of Accidental Explosions*）（Department of the Army，1990）和《石油化工设施抗爆设计》（*Design of Blast Resistant Buildings in Petrochemical Facilities*）[American Society of Civil Engineers（ASCE）Task Committee on Blast-Resistant Design，1997] 中均给出了不同类型结构构件塑性铰转角的允许取值范围。对于抗爆设计来说，塑性铰转角指的是支撑处的转动角度，表征构件关键区域的变形程度。式（4-1）定义了延性比用以评估结构构件的整体非弹性响应。

$$\mu = \frac{\Delta_{max}}{\Delta_{elastic}} \tag{4-1}$$

式中：

μ ——延性比；

Δ_{max} ——构件最大位移（in）；

$\Delta_{elastic}$ ——构件最大弹性位移（in）。

构件的延性比和塑性铰转角都不应超过现有抗爆设计规范中的允许取值范围[American Society of Civil Engineers（ASCE）Task Committee on Blast-Resistant Design，1997]。然而现有规范多适用于建筑构件，随着爆炸荷载下桥梁响应试验数据的获取（详见第 6 章和第 8 章），其规定的限值很可能需要做出相应调整。根据塑性铰转角大小可将响应划分为轻度破坏、中度破坏和重度破坏三个等级。轻度破坏为结构或构件局部破坏，主要结构构件不需要维修而非结构构件需要适当维修；中度破坏为结构或构件大面积破坏，需要大量的维修费用而且在维修完成前结构不能正常承受荷载；重度破坏为结构或构件已经不能保持其结构完整性，并且可能会因周围环境中的轻微荷载作用（如风、雪、雨等）而倒塌，其维修费用已经与其建造费用相当 [American Society of Civil Engineers（ASCE）Task Committee on Blast-Resistant Design，1997]。

一般来说，钢筋混凝土构件的破坏极限受腹筋构造形式和控制应力状态的影响。对于抗剪或抗压要求较高的构件来说，允许变形程度很小，而当构件有足够的抗剪能力时，允许出现较大挠曲。如表 4-1 所示，对发生屈曲的混凝土构件单独规定了支撑转角等级。由于混凝土构件刚度相对较大，最大弹性变形较小的构件会具有很高的延性比，故使用延性比来评估响应是不合适的。在支撑转角较小时，剪切响应主导的构件承受脆性破坏，因此对这类构件来说延性比是其主要设计标准 [American Society of Civil Engineers（ASCE）Task Committee on Blast-Resistant Design，1997]。

表 4-1 钢筋混凝土构件响应标准

构件类型	控制应力	延性比μ_a	支座转角θ_a/（°）②		
			低	中	高
梁	弯曲应力		1	2	4
	剪应力①				
	仅混凝土	1.3			
	混凝土+箍筋	1.6			
	仅箍筋	3.0			
	压应力	1.3			
板	弯曲应力		2	4	8
	剪应力①				
	仅混凝土	1.3			
	混凝土+箍筋	1.6			
	仅箍筋	3.0			
	压应力	1.3			
梁柱	弯曲应力		1	2	4
	压（C）	1.3			
	拉（T）	μ_a ③			
	介于压与拉之间	10			
	剪应力①	1.3			
剪力墙	弯曲应力	3	1	1.5	2
横隔板、墙、梁	剪应力①	1.5			

资料来源：Conrath，1999。

① 当抗剪承载力小于抗弯承载力的 1.2 倍时为剪切控制模式。

② 支座转角大于 2° 时需要配置箍筋。

③ $\mu_a = 0.05(\rho - \rho') < 10$ 。

对于结构抗爆设计来说，抗剪要求通常是基于单自由度分析计算所得的受弯承载能力。直剪和斜剪对于承受爆炸荷载的构件来说都很重要，而通过箍筋和纵向钢筋共同产生的销栓作用，能够有效防止结构构件产生剪切破坏或发生弯曲主导的响应。虽然在逐个构件分析的方法中，构件所承受荷载由单自由度分析中的反力和外加荷载计算而来，但在抗剪设计中则无须考虑这些荷载，因为这类分析中假定的挠曲形状与早期剪切主导响应时构件的真实挠曲形状不相符。相反，更为合理的设计应使构件具有足够的抗剪能力以防止发生剪切破坏或弯曲主导的响应。因此，设计人员应优先保证构件在假定爆炸荷载作用下有足够的抗弯承载力，而后再考虑构件的有效抗剪能力，并使用假定荷载分布和端部塑性弯矩进行塑性分析，来得到构件在弯曲破坏之前所要承受的最大分布荷载。通过该分析方法得到的剪力允许值理论上是构件在假定荷载形式下会受到的最大剪力，因此构件必须达到这一承载力要求。TM 5-1300《结构抗偶然性爆炸荷载作用》（*Structures to Resist the Effects of Accidental Explosions*）给出了结构构件剪力允许值和抗弯承载力的计算方法。此外，美国混凝土学会和美国钢结构学会的设计手册中也分别给出计算混凝土和钢结构构件抗剪承载力的相关方法。

4.3 简化模型和软件

在计算爆炸荷载和结构响应时，有许多方法或软件可供抗爆设计人员选择，它们在成本和计算精度上均有很大的差别。虽然分析人员想从高级有限元分析中得到更精确的结果，但是失效破坏发生的具体位置和爆炸荷载的具体数值通常难以确定，且进行荷载预测通常具有不确定性，不值得投入大量的成本来进行此类分析。因此对于桥梁工程师来说，计算爆炸荷载和响应预测可以选择一些简化方法。本节介绍了部分简化方法的功能及其局限性。

4.3.1 荷载预测方法

荷载预测方法主要分为两大类。第一类是自由场荷载预测方法，主要根据自由场理想爆炸的现象学经验性基本公式和曲线来进行。第二类是考虑约束和反射的荷载预测方法，考虑了爆炸波的多次反射和压力增强效应，但是没有完全照搬计算流体力学的方法。下面分别对这两类方法进行详细阐述。

4.3.1.1 自由场荷载预测方法

理想爆炸装药包括空中球形裸药和地面半球形裸药。多年来科研人员进行了大量的理想爆炸对照试验并得到了一些拟合曲线，使工程人员能够快速确定爆炸荷载的基本参数，例如峰值入射超压、峰值反射超压、正压持续时间、负压持续时间、冲击波到达时间和冲量等。通过这些参数，设计人员能够得到基本的压力时程曲线。一些教材、军事手册和计算机程序中包含了这些公式和曲线的不同表达形式，例如 TM 5-1300《结构抗偶然性爆炸荷载作用》（*Structures to Resist the Effects of Accidental Explosions*）（Department of the Army，1990）、《统一设施标准》（*Unified Facilities Criteria*）（Departments of the Army，Air Force，and Navy and the Defense Special Weapons Agency，2002）和 ConWep 软件（U.S. Army Corps of

Engineers，2001）。其中 ConWep 这一应用软件可以自动生成相关公式和曲线，被广泛应用。这些方法对于初步设计和其他基本问题来说是适用的。由于这些方法都基于自由场爆炸，在需要考虑结构表面反射和相互作用的情况下则不适用，当使用上述方法来计算某一特定荷载工况时要了解其局限性。

虽然使用已有公式和曲线的简化分析能够有效解决比例爆距相对较大的问题（也就是爆心与结构之间的比例爆距值不小于 3)，但是因为近区爆炸的经验性数据精度不高，所以简化分析并不能很好地解决小比例爆距问题。比例爆距的定义是爆心到目标的实际距离除以等效 TNT 当量的 1/3 次方（$Z = R / W_{\text{TNT}}^{1/3}$）。分析人员必须清楚，这些荷载预测的简化方法中所使用的数据都来自实测，而由于爆心附近的温度和压力极高，近区数据至今仍然难以测量。因为大多数情况下与桥梁有关的爆炸威胁都是比例爆距小于 $1\text{ft/lb}^{1/3}$ 的近区爆炸，所以分析人员在计算这类工况下的爆炸荷载参数时，应谨慎使用简化荷载预测方法。

此外，这类分析方法没有考虑反射和积聚效应，而这两个因素在某些情况下对桥梁抗爆设计有着很重要的影响，例如箱梁内爆炸和立交桥下爆炸。发生约束爆炸和部分约束爆炸时，压力比无约束爆炸耗散得慢，因此会对结构产生更高的冲量（Ray 等，2003）。此时，可以通过使用放大系数来调整不同约束等级下的入射压力大小，从而得到相对保守的结果（Gannon，2004）。

由于局限性，根据自由场理想爆炸的经验公式和曲线所得到的荷载预测方法在许多情况下不足以求解爆炸荷载设计参数，但在只考虑一次反射的情况下（例如桥面上方爆炸）是适用的。这类方法也能对荷载预测的软件（例如使用计算流体动力学的非线性有限元分析）进行有效而方便的合理性检查。虽然这类软件能够导出优良的可视化图形，但是分析人员仍应仔细分析其结果，避免出现大量数据计算可能导致的“无用输入、无用输出”的可能性。

4.3.1.2 考虑约束和反射的荷载预测方法

该领域应用最广泛的软件是 BlastX（SAIC，1994）。BEL 程序（U.S. Army Corps of Engineers，2000）是 BlastX 的一个开源版本，其中含有一个桥梁专用的图形用户界面。此类荷载预测方法中，有一部分旨在模拟冲击波通过如建筑物等闭合区域的传播效应，其也能适用于桥梁设计。随着冲击波从爆心向外辐射并发生平面反射，这类方法追踪记录爆炸压力值的变化。此外，考虑到不同量级的冲击波在不同表面上发生反射，这类方法中还包含一个修正系数，因此比没有考虑约束和反射的方法具有更高的精度。研究表明，使用 BlastX 模拟桥面板下爆炸工况可以得到一个相对保守但精度合理的结果（Ray 等，2003）。但是该研究的作者也在报告中指出，对于一些特殊工况，使用这类软件得到的结果需要进一步修正。例如，BlastX 和 BEL 等软件在模拟桥墩这类圆截面几何体时效果并不理想，报告中的试验和分析研究还表明这类软件会过高地估计细长的方形和圆形截面构件（例如桥墩）所承受的爆炸荷载。

本小节所介绍的荷载预测方法考虑了反射超压增强，因此可以用于桥梁设计。虽然使用该方法在模拟细长构件或圆形构件（如桥墩）承受爆炸荷载时，有时会产生过于保守的结果，但对于大多数工况而言，该方法能够以适当的计算成本取得精度在可接受范围内的保守结果。然而该方法不适用于接触爆炸，因为它不能预测内爆压力，即爆炸压力没有穿过爆轰产物与空气的交界面。在反射面多样的复杂环境下也应谨慎使用该方法，并且在条件允许的情况下应使用流体力学模型或根据经验模型进行预测。后文将进一步讨论基于流体力学的荷载预测方法及其功能与局限性。

4.3.2　结构响应预测方法

对于分析爆炸荷载下结构响应的方法，从简单易用的单自由度分析到复杂的三维非线性有限元分析，工程人员有多种选择。虽然高级有限元程序有利于专业设计、研究和后续分析，但对于大多数设计问题而言，荷载预测的不确定性使其难以直接应用。此外，简化方法能够有效地为高级有限元分析结果建立验证基准。因此，从事结构抗爆分析的工程人员都应该熟知简化分析方法的优缺点和用途。本节介绍两种预测爆炸荷载作用下结构响应的分析方法，以及一些得到广泛认可的实例和实用软件。

4.3.2.1　单自由度体系

基于单自由度质量-弹簧-阻尼体系的方法是进行荷载预测最简单的方法。现有的大多数爆炸设计方法都会使用这类近似体系（Conrath 等，1999），因为它能够以最少的经济投入和时间成本来得到合理且较为精确的响应预测结果。因此非耦合单自由度分析是结构工程领域使用最广泛的爆炸荷载响应计算方法。例如，在设计易遭受攻击的控制室结构构件时，工程人员经常使用这类方法（Barker 和 Whitney，1992），还有在 1995 年俄克拉荷马市恐怖袭击事件的调查中，也使用了单自由度方法来分析默拉联邦大楼楼板和柱在爆炸中的响应（Mlakar 等，1998）。此外，TM 5-1300《结构抗偶然性爆炸荷载作用》（*Structures to Resist the Effects of Accidental Explosions*）（Department of the Army，1990）作为抗爆设计的主要参考文献之一，也推荐在大多数情况下使用单自由度分析方法。

考虑到通常情况下爆炸荷载及其结构响应十分复杂，更高精度的求解方法似乎是更好的选择，但实际上这样做并没有必要，因为在爆炸荷载中仍有许多不确定因素，如爆炸位置、炸药当量和类型等。除非特别指定某一种爆炸工况，通常认为假定爆源爆炸作用下，使用单自由度分析方法计算结构响应对于设计而言是足够的。麻省理工学院教授 Biggs 是利用单自由度分析方法计算爆炸荷载下结构响应的开创者，他所做的工作是现有大多数抗爆设计和分析方法的基础（包括美国陆军 TM 5-1300）。他曾就单自由度分析方法这样介绍："此方法不应被视为一种仅仅用于近似分析或初步分析的粗略方法，也不是工程人员在不熟悉更精确的方法时才使用的备用方案。结构动力学中的问题通常都有着很大的不确定性，尤其是关于荷载特性的问题。如果一个分析方法的计算精度比其输入数据的精度还要高的话，使用该方法就是浪费时间"（Biggs，1964）。

材料的局部特性随截面高度变化时，对构件抗力产生显著影响，分析人员可以将单自由度分析和连续变截面分析结合使用。由于这种方法考虑了复合材料特性和结构特性在截面高度上的变化，对于预应力混凝土梁这类没有明显流幅的构件，或是理想铰接假设不成立时（如荷载在构件长度方向变化很大），此方法十分有效。这样的截面分析软件有 RCCOLA（Farahany，1983）、RESPONSE-2000（Bentz，2001）和 RECONASANCE（Alaoui，2004）等。虽然这类方法在计算截面性质上有更高的精度，但是在结构响应计算方面与普通单自由度分析相比，其精度是否具有优势尚不明确，因此将这类方法作为常用设计方法之前，工程人员应对其结果进行仔细分析。

对于单自由度结构响应计算来说，使用简单公式进行手工计算也是可行的，在《结构动力学导论》（*Introduction to Structural Dynamics*）（Biggs，1964）和 TM 5-1300《结构抗偶然性爆炸荷载作用》（*Structures to Resist the Effects of Accidental Explosions*）（Department of the Army，1990）中也有相关图表以供确定结构构件的单自由度非线性响应查询。此外还有许多简单易用的软件也能达到这一目的，例如 SBEDS（U.S. Army Corps of Engineers，2007）和 SPAn32（U.S. Army Corps of Engineers，2002）。还有一些类似"以色列方法"的单自由度结构响应计算方法，结合了试验数据来提高分析精度（Eytan，1992）。"以色列方法"中有一种称为"汽车炸弹"的荷载确定方法，该方法首先在结构上单独施加荷载，然后使用单自由度模型来确定结构构件的响应。但是该模型中所需输入的系数要视具体设计工况来确定，其取值来源于大量的研究数据并且能够对单自由度分析计算进行修正，得到更为精确的结果。正如前文所述，如果有任何得到精确修正的模型或是基于试验数据验证过的模型，应优先使用。

即使工程人员觉得有必要使用更高级的分析方法来计算爆炸荷载下的结构响应，单自由度分析对于初步设计和构件尺寸确定来说仍是一种非常有效的方法［American Society of Civil Engineers（ASCE）Task Committee on Blast-Resistant Design，1997；Biggs，1964；Conrath 等，1999；Department of the Army 等，2002］。由于高级模型（例如多自由度模型）需要输入大量的参数，使用其进行参数影响分析的实用性不强。此外，三维非线性通用有限元分析对参数研究帮助不大，因为需要花费大量的时间来建模、划分和细化网格并进行模型计算。单自由度模型所需输入的数据相对较少，优势较为明显。因此当分析人员想采用高级分析方法时，在验证结构系统总体响应前可以先使用单自由度分析方法来确定各个构件的尺寸。执业爆破工程师们有时也会遵从一系列规程来使用此类分析方法（Hinman，1998）。

单自由度模型因其适用范围广、精度合理的优点在众多方法中占有一席之地。其精度的合理性在很大程度上归功于使用基于试验数据的抗力函数，即荷载-变形关系。这类抗力函数能够对复杂的力学行为给出解释，包括拉伸、压缩薄膜效应和构件失稳等。因为爆炸事故是不可预料的，所以对袭击场景进行详细的响应分析是没有必要的。对于结构构件的抗爆设计而言，明确构件在一般威胁下的结构响应就已足够。对于许多易于确定端部约束或允许保守估计的构件来说可以使用这种方法进行分析，比如梁、板、柱和墙。桥梁方面的应用包括对于单个主梁、桥墩、桁架杆件以及桥塔和箱梁断面的分析。在某些情况下，例如桥梁抗震分析，复合截面的响应可以简化为单一截面，使得桥面板和整个上部结构都能够使用单自由度方法进行分析（BERGER/ABAM Engineers Inc.，1996）。

当端部约束无法合理假设时，可以先假定一个边界条件，再通过变化边界条件来寻找所求响应的最大值。例如，剪力计算时可以保守地假设边界条件为一端固支、一端铰支或两端固支，因为设计准则基于支座处的最大剪力，而且与固支条件相关的刚性端部约束会使抗剪承载力偏于保守。对于弯曲计算，由于其设计由最大变形主导，故可以保守地假设两端简支（同时应证明悬臂情况不是主导的设计要素）。可以通过轴力-弯矩相关曲线来调整弯矩承载力从而使其涵盖轴力的影响，而抗力曲线可以近似为直线。

基于上述因素，单自由度分析对大多数单个桥梁构件和系统的设计来说是最合适的方法，其中也包括一些在非爆炸荷载下通常使用多自由度框架分析软件进行设计的桥梁。单自由度分析只能对构件进行逐个计算，而对于两个结构构件间的相互作用，可以将反力视为从一个构件传递到另一个构件的随时间变化的函数来进行计算［American Society of Civil Engineers（ASCE）Task Committee on Blast-Resistant Design，1997；Conrath 等，1999；Department of the Army 等，2002］。当相连构件间的自振周期比大于或等于 2 时，这种方法能够对结构响应做出精度合理的预测［American Society of Civil Engineers（ASCE）Task Committee on Blast-Resistant Design，1997；Conrath 等，1999；Department of the Army 等，2002］。

虽然单自由度方法可以应用于大多数结构构件，但仍需自行选择最优方法。比如在设计悬索桥和斜拉桥等桥梁时，一般不会参考 AASHTO 规范中的相关内容，因为即使是对于如恒载、活载、风荷载和地震荷载等“一般”荷载，也需要大量的设计经验或进行高级分析。这类桥梁系统和构件的设计通常需要由专业的工程公司使用 4.3.3 节中提到的高级有限元分析程序来完成。当此类桥梁需要进行抗爆设计时，在分析方法的选择上同样也要考虑高级分析方法或参考设计经验，以便进行“一般”荷载设计。如前所述，需要牢记的一点是，虽然一些结构设计需要利用精细的分析方法，但是单自由度方法仍适用于大多数构件的尺寸确定和大部分桥梁构件的完整设计（包括一些通常使用多自由度框架分析软件进行设计的桥梁）。

因为单自由度分析能以最小化的成本获得合理的结果，所以在条件允许的情况下应优先使用。但同时该方法也存在不足之处，因此要具体问题具体分析。一般来说，除了下述几种情况，其他任何结构构件的设计都推荐使用单自由度分析方法。

1）保守荷载值不在可接受范围内

因为单自由度方法是非耦合的，所以基于荷载测定方法计算得到的爆炸荷载在发生明显局部失效和泄压的情况下可能不够准确，比如当部分桥面板失效，压力迅速下降时，仅使用单自由度分析来模拟整个桥梁上部结构就可能会造成上述不准确的结果。若不考虑所分析构件因局部失效引起的压力下降，当保守荷载不在可接受范围内时，分析人员应该使用另一种替代模型。在该模型中相连构件（如桥面板和主梁等）被视为各自独立的单自由度系统，且荷载直接作用所引起的反力即作为输入荷载施加在支撑构件上。大多数情况下不需要进行耦合分析，且单自由度分析与耦合分析相比，通常可以通过修改系统参数从而更方便地考虑局部失效和泄压的影响。

2）发生局部失效

这种局部失效的例子包括混凝土构件的剥落和炸穿，以及钢构件的局部屈曲和断裂等。这类失效通常由近区爆炸或接触爆炸造成，但也不局限于这两种情况。虽然可以利用缩减截面法对现行的单自由度方法进行适当修正使其适用于此类爆炸工况，尤其是对于混凝土构件，但是这种方法需要大量关于失效模型设计的经验和知识。对局部失效混凝土构件的响应计算也有一些经验方法可循，但是它们通常不公开且只适用于某些特殊工况。因为局部失效通常是不可预测的，且由于爆炸和构件特性的不同呈现出较大差异，所以在有可能发生局部失效的情况下，设计分析都应当格外谨慎，并且要注意单自由度方法不能适用于所有构件和所有爆距工况。

3）失效模式不确定

虽然单自由度方法可用于单自由度系统内单个构件失效前的结构响应计算，但在失效模式不能确定时不能用于预测整体响应，如高度约束爆炸下可能发生的结构失稳或者局部材料或构件的失效。例如，桥台处爆炸、双层桥内爆炸、空心桥墩内爆炸或近区爆炸、箱梁内爆炸或近区爆炸、结构接触爆炸以及有明显破片的爆炸。

4）受 $P\text{-}\Delta$ 效应影响的失效

虽然可以利用轴力-弯矩关系改变构件抗力来解释轴力改变导致的弯矩-承载力变化，但是典型的单自由度分析通常不会考虑 $P\text{-}\Delta$ 效应。在单自由度分析中可以使用迭代方法来解释几何非线性，但是这样的方法并不常见，而且缺少经验的分析人员不应使用单自由度方法来分析可能会受 $P\text{-}\Delta$ 效应影响的长细轴压构件。“高桥墩”受“剧烈表面爆炸”荷载就是这样的例子。这里“高桥墩”和“剧烈表面爆炸”这种模糊的表达是有意为之的，因为每一种设计方案都是唯一的，一名经验丰富的工程人员应判断 $P\text{-}\Delta$ 效应是否会对分析造成显著影响。

5）构件长细比较小

现有大多数单自由度方法都默认忽略转动惯量和剪力的影响，分析人员在使用单自由度方法分析深梁等受弯构件时尤其要注意这一点。这种长细比较小的构件有悬索桥主缆的混凝土锚碇、短柱、大多数盖梁和深梁等。然而有一点需要特别指出，如果剪切变形和转动惯量对所求解问题的影响较大时，可通过修改抗力函数和刚度使其满足要求。

6）荷载作用于多个应力主轴

荷载作用于一个以上的应力主轴可能会导致双轴弯曲或扭曲。现有的单自由度方法不能处理这类情况，而为此研发一个新的计算程序也面临着很大的困难，因为能在任意方向对荷载做出响应的结构构件理论上有无数种，例如汽车炸弹与桥梁上部结构成一定角度爆炸时桥梁上部结构所受的荷载。

7）荷载没有以构件主轴方向为中心（即没有沿宽度方向中心对称）

偏心荷载会导致双轴弯曲或扭曲，正如前文所述，单自由度方法不能处理这类情况，例如汽车炸弹在桥梁横向边缘（即护栏附近）爆炸时桥梁上部结构所受的荷载。

8）响应由多个振型共同决定

虽然质量分布模态分析可以精确计算这种情况下的响应，但是仅依靠单自由度方法无法做到，因为单自由度方法假设响应只由一种振型决定，此振型由特征挠曲形状近似得到。单自由度方法缺乏准确性的例子包括以弹性响应为主的缆绳和长度大的上部结构等。

9）爆炸荷载在其全部影响区域不能简单近似为一个关于时间的函数

如果沿结构长度方向，荷载发生了很大的变化（即冲击波压力到达时间有显著差异或者由于结构的几何特征使压力分布无法进行简单近似），荷载就不能简单近似为一个关于时间的函数，而需要进行更多的实质性分析。例如，近区爆炸以及多转角和台阶等异形结构所遭受爆炸的工况。

10）回弹效应明显且可能导致反向失效

虽然单自由度分析可以预测构件的回弹，但是其计算精度是得不到保证的。初始响应阶段，构件发生的破坏可能会改变回弹响应阶段的抗力。这类情况没有给出具体的实例，因为回弹响应的重要性只取决于每个构件和其所受荷载的特性。

11）爆炸响应由一个以上的构件共同承担

单自由度方法本质上仅针对一个构件进行分析。因此当该结构受相连结构影响比较显著时不能使用单自由度分析。例如，单个构件失效时整个桥梁上部结构的分析以及需要考虑上部结构影响时桥墩的分析。但在大多数情况下，可以通过假定端部约束来使用单自由度分析，其获取的结果会偏于保守。

12）材料特性随横截面高度的变化可能会对响应产生影响，使基于静态荷载的抗力曲线不再适用

由于材料局部特性变化而影响构件响应的例子有局部塑性变形、边缘材料达到极限破坏、应变硬化、局部应变率效应以及应变硬化引起的材料特性变化等。因为典型单自由度分析使用的抗力近似曲线是基于静态荷载-变形曲线得到的，故没有考虑局部材料特性改变带来的影响，如果假设截面特性由线性响应直接转变为塑性铰可能不足以表征材料特性。此外，当荷载沿构件长度方向分布差异很大时，理想铰接假设也变得不再适用。在这些特殊情况中，进行多自由度框架分析就变得很有必要了。

4.3.2.2　多自由度体系

某些工况下简化响应方法不足以分析结构构件的响应，这时工程人员可以使用二维或三维多自由度结构分析软件来进行响应分析。这类软件有 ETABS（Computers and Structures Inc.，2006a）、SAP 2000（Computers and Structures Inc.，2006b）以及 RISA 3-D（RISA Technologies，2005）等。与单自由度之类的简化分析方法相比，这类方法的主要优点是能够在很多情况下提供更加精确可靠的结果。举例来说，二维和三维多自由度结构分析软件能够对一个结构系统内多个构件间的相互作用进行计算，这样得到的整体响应要优于使用单自由度方法对逐个构件进行分析再总结所得的结果。此外，多自由度框架分析方法能够对由一个以上的振型所控制的响应进行研究，也可以通过 $P\text{-}\Delta$ 效应预测结构响应，且相应软件也比通用有限元分析软件更容易上手。

然而，同其他许多能够提高计算精度的分析方法一样，多自由度分析与单自由度分析相比成本更高，需花费更多的时间来建立和分析模型。并且其精度的提高有赖于更复杂的荷载数据输入。因为爆炸会波及一个结构体系内的多个构件，所以分析人员需要对大量的目标构件进行分析，计算和输出多条随压力和时间变化的荷载曲线，再将其输入分析模型。当出现对某些结构几何特性，或对结构构

件间的相互作用有求解需求时，需要使用多自由度分析方法，并且为了追踪和记录爆炸波压力的最佳结果，至少应有一种荷载计算方法考虑反射和约束，而这可能需要有适当的软件授权才能得到。同时，这种方法利用结构初始几何构型建立荷载模型，但该荷载不能反映模型内可能发生的构件局部失效，故即便使用该方法，仍有可能得到一个不准确的力学行为预测结果。当使用单自由度分析方法对结构体系内单个构件进行分析时，第一个受力构件所受反力就作为其支撑构件所受荷载，因此反力在构件间的传递就能反映出部分构件间由于单个构件失效而产生的荷载。

虽然多自由度框架分析提高了精度，对部分设计工况更加有效，但是这种较高的分析精度并不是刚性需求。例如，只有当相互作用的构件间自振周期相差不足两倍时，才有必要考虑它们间的相互作用［American Society of Civil Engineers（ASCE）Task Committee on Blast-Resistant Design，1997；Biggs，1964；Conrath 等，1999；Department of the Army 等，2002］。对于其他情况而言，单自由度体系即能够得到足够精确的结果，且能将一个构件的反作用力精确传递作用于另一构件上。相比单自由度分析方法少量的参数输入，多自由度框架分析需要花费更多的时间和精力来进行参数研究。因此分析人员在确定构件初始尺寸时更倾向于单自由度方法。

需要注意的是，多自由度分析并不适用于所有工况。单自由度分析由于其使用的弹簧抗力函数能够表示复杂的变形模式，能够准确描述爆炸荷载下构件的受力特性；而多自由度框架分析由于考虑了大变形和薄膜效应等影响，不能使用同样的经验数据来计算得到与单自由度分析具有同样精度的结果。多自由度分析对爆炸荷载下结构响应预测的能力，不仅取决于所用软件对大变形和非弹性材料响应等非线性动态行为模拟的准确性，也取决于所用的建模方法。建模方法包括表征某一特定构件的单元数量、节点位置等。如前文所述，单自由度分析能够体现单个构件失效对响应的影响，而多自由度分析可能无法做到这一点。此外，由于多自由度分析方法是非耦合的（至少在本节所提及的内容中如此），它不能确定由于结构响应导致的荷载变化，因此该方法会高估爆炸荷载的破坏能力，导致结构设计偏于保守。而且多自由度分析方法也不能预测剥落和炸穿破坏两种情况，除非有经验丰富的工程人员对其进行针对性修正。因此，在使用多自由度分析方法时，高质量的模型设计和经验丰富的技术人员是必需的（Conrath 等，1999）。

多自由度框架分析对考虑多构件间的相互作用、多种振型共同影响以及 $P\text{-}\Delta$ 效应等复杂结构体系的响应计算来说十分有效，但不适用于以下情况。

1）局部失效或局部大变形可能对响应造成影响

虽然多自由度框架分析能够确定单个构件响应对结构体系整体响应的影响，但却无法考虑剥落和炸穿等局部失效造成的材料损失所带来的影响。如果此类破坏发生的可能性较大，就需要经验丰富的分析人员开展更为复杂深入的分析，如近区爆炸、接触爆炸以及空心桥墩抗爆等工况。

2）局部失效可能会对荷载产生影响

因为多自由度框架分析是非耦合的，所以不能确定由于局部失效或大变形导致的荷载变化，而这种变化可能引起泄压。在某些情况下，例如桥面板上的爆炸压力，如果发生泄压会导致其他结构构件（如梁）所受荷载减小，从而影响整体响应，使得体系内结构构件的承载极限降低。在部分其他情况下，例如爆炸压力作用在空心桥墩上时，外壁的局部破坏会使得爆炸压力进入桥墩内部。若忽略泄压的影响来使用多自由度框架分析方法，可能会对荷载和响应分析造成很大影响。局部失效对设计产生显著影响的例子有桥台处爆炸、空心桥墩内爆炸或近区爆炸、箱式截面内爆炸或近区爆炸（如箱梁、斜拉桥桥塔等）、接触爆炸和有明显破片的爆炸等。

4.3.3　高级建模方法及软件

虽然使用简化方法计算荷载和构件响应适用于大多数情况，但是某些情况下需要对爆炸荷载和结构响应进行更深层次的研究，而单自由度和多自由度框架分析方法无法满足上述要求。例如长细构件或者弧型构件受爆炸荷载作用、有限区域内爆炸、局部失效引起的泄压以及局部大变形或局部构件失效影响整体响应等工况，这些问题需要使用三维计算流体动力学方法来确定荷载，使用三维非线性通用有限元分析来预测响应。虽然利用这些方法可以得到比简化方法更精确的结果，也可以描述出单自由度和多自由度系统所不能描述的力学行为，但也可能出现极具误导性甚至错误的结果。只有对爆炸现象和高级建模方法有丰富经验的分析人员才能正确使用此类方法进行模拟并对结果做出合理解释。本节主要叙述了几种高级建模方法的特点、用途及其局限性。

4.3.3.1　显式与隐式分析方法

所有基于计算的分析方法都会使用显式或者隐式求解中的一种来求解体系的系统动力方程，两种方法各有其优缺点，也各有其适用情况。隐式分析方法基于给定时间步长内的外力、内力和惯性力的平衡来求解，因此，常数取值得当的话，隐式分析可以做到无条件稳定，且与显式分析相比，能够在更大的步长内得到精确的结构响应预测。然而隐式分析也有一个缺点，就是需要在每个时间步长内对刚度矩阵进行因式分解（也就是求刚度矩阵的逆矩阵），这一要求大大增加了计算量，尤其是对于结构模型内单元刚度随非线性响应而变化的情况（通常是在爆炸荷载下）。隐式分析在每一时间步长内都需要进行多次迭代计算来求解平衡方程，而且基于系统非线性所做出的调整使得在每一迭代步长内都需要重构并再次因式分解一个新的刚度矩阵，因此隐式分析需要大量的计算时间。

不同于隐式分析，显式分析方法基于前一步长中的平衡方程来进行。这就使得显式分析方法不需要在每一时间步长内对刚度矩阵进行因式分解。但是因为平衡方程并不能在每一时间步长内都被精确满足，所以在显式分析方法中，如果时间步长取值不够小可能造成数值求解不稳定。因此显式分析方法比隐式分析方法需要更多的时间步来得到一个收敛的结果。考虑到实际情况，显式分析可能比隐式分析效率更低一些。

需要注意的是，即使在本书定义的同一层次中，选择分析方法时也应具体问题具体分析。因此，分析人员应该清楚所使用软件的求解方法会对计算结果产生什么样的影响。虽然在选取合适的分析方法时要考虑很多因素，但是大多数分析人员会选择显式分析方法来进行爆炸荷载下的复杂结构响应分析，虽然这会使得时间步长较小，但胜在不用在每一时间步长内对刚度矩阵进行因式分解，且应用显式算法的分析模型允许出现单元失效和删除，而这对隐式算法来说是一个巨大的挑战。反之，对于单个构件或体系只发生弹性响应的简单分析而言，采用隐式分析较为合适。

4.3.3.2　荷载预测

基于流体动力学进行计算分析是荷载预测中最精确的方法。例如 SHAMRC 求解器（Applied Research Associates Inc.，2005）和 LS-DYNA 程序（LSTC，2007），其中 SHAMRC 求解器只有政府承包商才有使用权限。这类方法使用的是“高分辨率”模型，利用了流体（即爆炸范围内的空气）及其流动的机理和特性来计算压力、密度和速度等随时间和位置变化的函数，故其能够考虑多次反射、压力增强、湍流、压力积聚和“热点”（即局部压力剧增的区域）的影响，因此也可以得到对爆炸荷载的精确预测。然而随着精度的提高，这类方法所需的计算量也是十分巨大的，且较之低级分析，还需要大量的人力和经验才能正确输入分析所需的参数。此外，近区爆炸需要进行响应计算（即耦合计算）来确定材料失效和破裂对荷载的影响。低级求解方法也能够得到较为保守的合理结果（Ray 等，2003），而且由于不能确定未来可能发生的恐怖袭击的详情，高级求解方法所得到的高精度结果对于大多数情况而言是不必要的，故在决定是否采用高精度或类似的大计算量方法之前必须要进行成本效益分析。但在大型项目中，有时使用高级求解方法以否定部分略偏于保守的设计可能会为整个项目省下大笔资金，这种情况便很好地体现了高级求解方法的价值。一般来说，基于流体动力学的计算分析方法主要适用于环境工程和分析已经发生的恐怖袭击事件。

4.3.3.3　响应预测

高级设计方案、问题研究和后续评估通常需要使用非耦合的非线性通用有限元软件。高级分析与多自由度框架分析相比的主要优点是高级分析能够利用包括实体、板、壳、梁等形式在内的大量小单元，使一般几何形状离散化。有该功能的分析软件有 ABAQUS（ABAQUS 公司，2004）、ANSYS（ANSYS 公司，2004）和 LS-DYNA3D（FEA 信息公司，2006）等。在这些软件中，LS-DYNA3D 最常用于预测爆炸荷载作用下的结构响应。有限元分析使用了大量相互作用的自由度，再运用与多自由度框架分析相类似的结构分析方法来对模型进行求解。有限元分析把结构体系分成了许多小的、离散的“有限单元”，因此能够提高计算精度。然而这类模型通常比较复杂，需要大量的人力和时间投入来建立模型和输入系统参数，为保证计算结果的收敛性和准确性，还需投入大量时间来计算和分析模型。经验不足的工程人员也能轻松使用有限元方法来输入物理系统的细节并进行分析，因此不能对结果的有效性盲目自信。一些过于复杂的软件甚至只能由开发人员来使用才能得到精确结果（National Research Council，1995）。因此只有经过专业培训的人员才能够在必要时使用三维非线性通用有限元方法。

此外，分析手段的日益精细化导致设计所需的物理量难以直接获取。例如，非线性通用有限元方法通常只给出离散位置处的应力、应变和位移，而不会给出梁指定截面处的弯矩，分析人员必须对其结果进行后处理才能得到该弯矩大小。这种程度的分析所需的数据输入和计算时间要求很高，不适用于确定构件尺寸的参数研究，因此对于大多数构件设计来说这类方法存在局限性。如果要将非线性通用有限元方法用于设计，可以先使用低级分析方法计算构件尺寸，再使用这类高级分析方法确定结构响应来验证最终的设计。

虽然非线性通用有限元方法会增加成本，但却能够提供关于失效模式和局部失效影响的详细信息，因而有着重要价值。包含有限单元的网格能够对物理系统进行模拟并且计算局部效应的影响。因此，对于低精度求解方法不易模拟的情况，有限元方法能够有效预测其结构响应。例如，检查空心桥墩的局部变形和外壁破坏、调查爆炸荷载下桥梁上部结构桥面板的破坏源、计算局部失效引起的后张预应力分段箱梁的整体响应以及预测桥台处的爆炸响应等。

虽然非线性通用有限元方法中包含了能够预测混凝土剥落和炸穿的混凝土本构模型，但仍应谨慎对待其计算结果。这类分析往往十分复杂，且由于钢筋粘结、钢筋压屈、强度和模量变化、应变率效应、复杂裂纹扩展以及材料配比和工艺的变化等因素的不确定性，现有混凝土本构模型在描述复杂的材料动态响应与失效时仍存在困难（Department of the Army，2002）。分析这些现象需要经验丰富的专业人员来正确建立更为精细的相应模型并对计算结果加以解释(Conrath 等，1999)。

同样值得注意的是，非耦合的非线性通用有限元方法对于包含局部失效和大变形的响应预测也十分有效，但其不能解释局部失效对荷载的影响，以及荷载与响应之间的瞬态相互作用关系。响应的耦合往往不是必需的，因为忽略泄压和压力重分布的影响所得到的荷载值偏于保守，并且爆炸荷载设计中的诸多不确定因素导致分析精度得不到充分保证。

对于大多数实际设计而言，非耦合的非线性通用有限元方法足以满足其求解的最高需求；但是在局部失效可能会对荷载产生影响情况下，需要考虑耦合作用才能得到合理的结果。非耦合的非线性通用有限元方法无法确定由局部失效或大变形导致的泄压而产生的荷载变化。而在某些情况下，例如爆炸压力作用在桥面板上时，泄压会导致其他结构构件所受荷载减小，从而影响整体响应并且降低某些构件的承载极限。对于其他情况，例如爆炸压力作用在空心桥墩上时，外壁的局部破坏会导致爆炸压力进入桥墩内部，使得荷载和响应的变化更为复杂。一个最优的设计不应忽略泄压的影响，因此使用耦合分析是有必要的。

4.3.3.4 耦合分析

最高层次的响应求解方法包含了耦合的三维非线性通用有限元方法，这类有限元方法对荷载和响应均能够做出精确的预测。不同于初级方法，它们能够描述荷载和响应间相互作用随时间的变化，因此这种最高级的分析方法能够分析由于局部失效或大变形而导致的压力释放和重分布，从而模拟出真实准确的结构性能。虽然不同层次的分析都存在适用性的问题，但是耦合的三维非线性通用有限元方法适用于任何工况，因为它是目前精度最高的分析方法。但是这种方法并不总是必要的，因为较低精度的求解方法在其适用范围内一般已经能够得到可接受的精度，也就是说，合理使用该类方法时仍需注意适用性问题。

虽然一些软件宣传其对荷载和响应具有耦合分析能力，但这种耦合分析能力往往是有限的。AUTODYN（Century Dynamics，2004）、DYSMAS（U.S. Army Corps of Engineers，2006）和 LS-DYNA（LSTC，2007）是为数不多的真正能够对爆炸压力与结构响应进行耦合计算的软件。但由于所需输入的数据过多，计算精度难以得到保证。一次成功的计算需要大量的相关经验和时间投入来建立完善的结构体系模型，获取正确的失效模式并对结果做出合理解释。响应预测通常只用于研究中特定的情况，而且与非耦合通用有限元分析方法相同，耦合通用有限元分析方法不能直接得到设计所需的参数，其大量的数据输入和计算时间要求很高，不适用于确定构件尺寸的参数研究。同样需要指出的是，以上两种方法均包含能够模拟剥落和炸穿的混凝土本构模型。分析人员也应该对计算结果加以严谨的分析研究，因为混凝土固有特征的不确定性导致此类方法很难准确预测混凝土材料的动态力学行为和失效情况（Department of the Army 等，2002）。这类模拟方法应由经验丰富的业内专家来执行（Conrath 等，1999）。

由于耦合分析还存在着许多问题，且非耦合分析能够得到较为保守的合理结果，因此大多数研究和设计问题只需要采用非耦合分析（National Research Council,

1995)。耦合的三维非线性通用有限元分析方法只适用于特定工况下的调查研究，如分析已知爆炸特征和结构响应的爆炸事故，或是研究其他非耦合方法不适用的特殊设计考量。适合采用耦合方法来预测响应的情况有空心桥墩抗爆的外壁优化设计和允许桥面板发生爆炸破坏而泄压时的上部结构尺寸设计等。如前文所述，一般来说在决定是否采用这种高精度或类似大计算量的方法之前，必须要进行成本效益分析。有时使用此类方法否定部分略偏于保守的设计，可能会为整个项目省下大笔资金，这种情况下耦合方法的价值便得到了很好的体现。尽管如此，日渐复杂的分析方法也可能会产生较大的误差，只有在预测爆炸荷载和响应方面经验丰富的分析人员才能做出恰当的选择。

4.3.3.5　荷载和响应组合预测方法

大多数响应计算程序都是非耦合的，这也就意味着荷载和响应的计算是分开进行的，工程人员必须先求出结构所受爆炸荷载，输出结果后再将其输入响应分析模型。设计人员可以选择给定工况下荷载和响应组合预测的方法，但必须结合实际考虑。初步的荷载分析不便于为高级响应分析提供所需数据，而初步的响应分析又不能保证高精度、高成本的高级荷载分析能充分发挥作用。为了达到高效准确，设计人员必须考虑荷载分析方法的输出限制和响应分析方法的输入要求来选择合适的组合方法。

虽然不同荷载分析方法的输出数据各不相同，即使是在本书中所讨论的同一层次分析中也是如此，但是分析人员可以从中总结出一些一般性的结论。基于爆炸现象学（根据自由场“理想爆炸”研究中得出的经验公式和曲线）所总结的荷载预测方法通常可以获得一些结果，例如计算作用在指定区域的压力时程曲线和作用在单个结构构件上随时间变化的等效均布压力等。如前文所述，这类方法的计算结果没有考虑爆炸波的多重反射、约束爆炸以及其他重要因素对实际桥梁所受爆炸荷载的影响。考虑反射和约束作用的荷载预测方法通常能够得到用户自定义数量的“目标”所对应的荷载时程曲线，这些目标分布在三维空间内，被定义为二维平面内的独立点。应用计算流体动力学的荷载分析方法能够计算三维空间内不同二维平面上的压力时程曲线。

响应分析方法的输入要求在同一分析层次中也有不同，但与荷载分析相同的是，它也有一些一般性的结论可以帮助研究人员选择合适的荷载与响应组合分析方法。单自由度响应分析需要获取单个构件所受的一维荷载，如等效均布压力、沿构件方向的压力分布或指定点的压力曲线等。多自由度框架分析方法和三维非线性通用有限元方法则需要分析人员输入结构上一系列点的荷载曲线，而且这些荷载通常是三维空间分布的。例如，为了结合多自由度框架分析来考虑反射和约束对爆炸的影响，需要对基于经验数据的爆炸现象学分析方法做出调整，分析人员必须输入一座桥梁上每个构件、每个面上的荷载。因此当计算梁式桥桥面下方爆炸时，分析人员需要取一系列适当的点，并定义各个点上所受的单个荷载，从而记录桥墩、大梁和桥面处的荷载随时间及空间的变化。

上述讨论并没有列出所有实际情况，但指出了一个重要事实，即虽然将各个层次的荷载分析与各个层次的响应分析组合使用是具有可能性的，但是这样做并一定不合适。根据已有分析方法的特点，可以总结出一般性的设计指南来帮助设计人员选择合适的荷载和响应组合分析方法。例如，根据计算精度要求和所关心结构的几何特征，无论有没有考虑约束和反射的影响，可以较容易地从基于经验数据的爆炸现象学荷载分析方法所计算的输出数据中，提取出单自由度分析所需的荷载数据。对于多自由度框架分析或三维非线性通用有限元分析来说，应使用至少一种考虑反射和约束的荷载分析方法来进行荷载预测。

4.4 小 结

本章对爆破工程师所能使用的不同层次分析方法的功能及其局限性做了概述。并非所有层次的荷载和响应预测方法都适用于所有工况，也不是所有层次的荷载预测方法都能与所有层次的响应预测方法配合使用。工程人员应该基于可用资源、项目目标以及具体情况来谨慎选择合适的分析方法。如果方法选择不当可能会导致计算结果过于激进或过于保守，甚至得到无用的结果。本章内容可以为工程人员选择最合适的荷载和响应预测组合方法提供参考。

第 5 章　试验研究与理论分析

5.1　试 验 研 究

本章对试验研究和理论分析的结果进行介绍。试验研究共分为两个阶段：第一阶段试验重在确定爆炸荷载的分布情况（爆炸荷载是缩尺圆形和方形刚性柱上作用位置及时间的函数）；第二阶段试验测试了 1/2 缩尺钢筋混凝土柱在近区爆炸荷载作用下的响应。下文对两个阶段试验过程进行详细介绍。

5.1.1　第一阶段试验

本节总结了第一阶段缩尺刚性柱爆炸试验的结果。第一阶段试验以及数据处理都是于 2006 年 12 月在美国密西西比州维克斯堡陆军工程兵团工程研究开发中心完成的。

第一阶段试验包括 4 组爆距下 8 炮次缩尺爆炸试验，所有试验都采用相同的比例爆距。开展缩尺试验是为了确定爆炸压力在方形和圆形桥梁墩柱上引起的结构荷载。试验结果揭示了墩柱的横截面形状、爆距以及炸药与墩柱间的几何位置关系对桥梁墩柱正面、侧面和背面所受爆炸超压荷载的影响规律。基于本次试验得到的数据可以用来评估经典方法预测细长构件（如桥梁墩柱等）上爆炸荷载的准确性。在此之前，用于建立经验爆炸荷载模型的主要试验数据都来自自由场爆炸试验和大型平板抗爆试验。因此，第一阶段试验重点在于凭借有限的试验数据，分析爆炸荷载在细长构件上的分布规律。

5.1.1.1　墩柱爆炸荷载特征

在第一阶段爆炸试验中，工程研究开发中心记录了 160 个通道中的压力时程数据。图 5-1 给出了某次爆炸试验中墩柱中部正面传感器的压力时程和冲量时程曲线。每次爆炸试验都要对布置在炸药两侧的自由场压力传感器测量结果进行对比，以确保两个试件接受的爆炸能量相同。通过测量发现自由场冲量的差异在 6%～35%，这种差异在本次缩尺试验中是可以接受的。每一组数据都表明同一墩柱底部的压力和冲量比顶部的更大且到达时间更早。图 5-2 给出了同一墩柱不同高度上的压力大小及到达时间的差异，这种差异随爆距的减小愈加显著。这一结果表明当实际爆炸工况与第一阶段爆炸试验具有相同的比例爆距和爆炸高度时，剪切破坏可能是主要的响应模式。此外，鉴于墩柱底部的压力和冲量比顶部的更大，到达时间更早，且大多数严重威胁下的典型桥梁墩柱会在爆炸初期达到峰值响应，故桥面板反射的冲击波对墩柱响应不起控制作用。

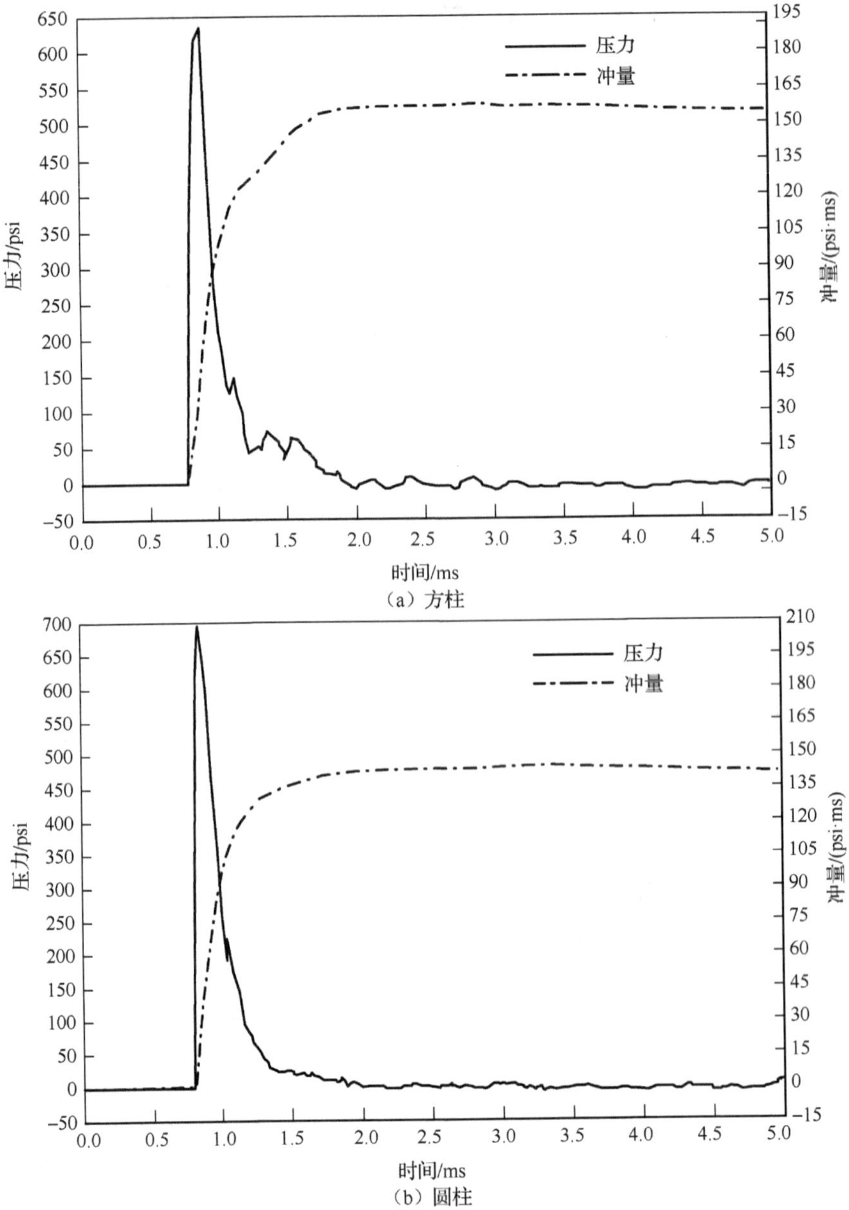

图 5-1　墩柱中部正面传感器压力时程和冲量时程曲线

比例爆距相同的情况下，与较大的实际爆距相比，较小的爆距在柱顶部产生的压力和冲量更小，墩柱上较高位置传感器具有更大的比例爆距。另外，对于给定的比例爆距，当爆距减小时，冲击波波阵面撞击墩柱较高位置传感器的角度会相应增加。对于第一阶段试验中炸药和墩柱的几何位置关系，反射超压会随着冲击波波阵面撞击墩柱角度的增加而减小，这导致墩柱顶部附近的压力和冲量会随着爆距的减小而明显减小。图 5-3 给出了比例爆距相同但实际爆距不同的两种工况下炸药与墩柱的几何位置关系，从图中可以看出 R_2'/R_1' 要明显大于 R_2/R_1 。

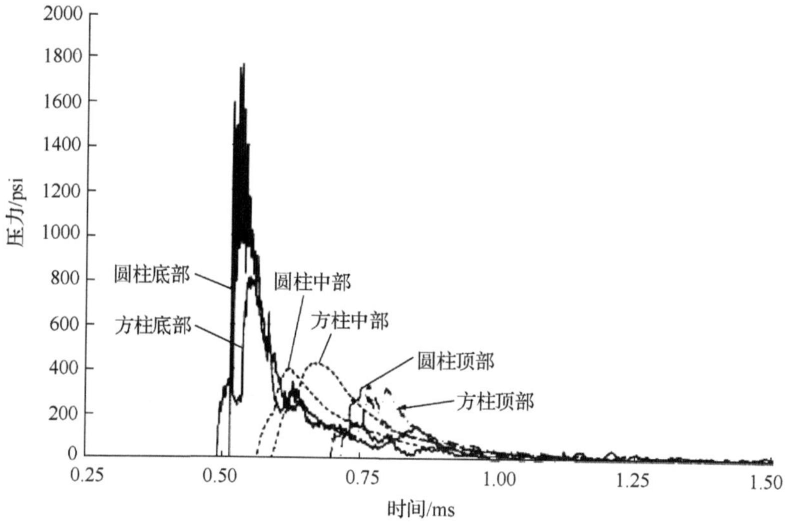

图 5-2　墩柱正面传感器压力时程曲线

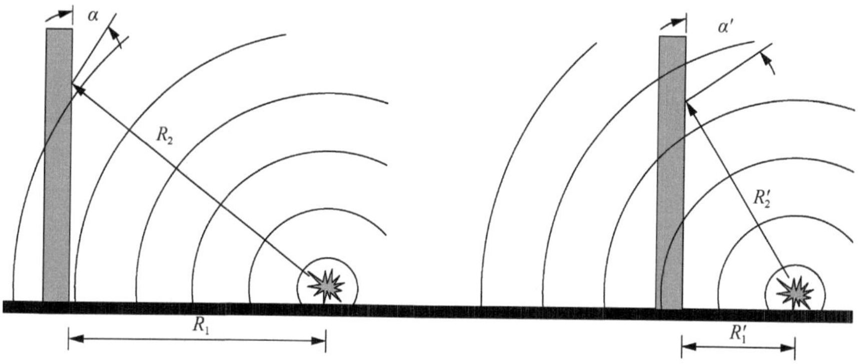

图 5-3　比例爆距相同但实际爆距不同时炸药与墩柱几何位置关系示意图

Bridge Explosive Loading（BEL）（U.S. Army Corps of Engineers，2000）和 BlastX（SAIC，2001）是两个可以预测平面结构爆炸荷载的程序。将程序计算结果与试验数据进行对比可以发现这些程序通常会高估作用在结构上的爆炸波压力和冲量值，这一点在墩柱顶部附近尤为明显。图 5-4 和图 5-5 给出了 BEL 方法预测值与第一阶段某一代表性试验中方柱正面压力和冲量测量值的对比结果。从图中可以看出，在墩柱迎爆面的高、中、低三个测量位置处，BEL 方法都高估了压力和峰值冲量，而且误差沿柱高逐渐增大。

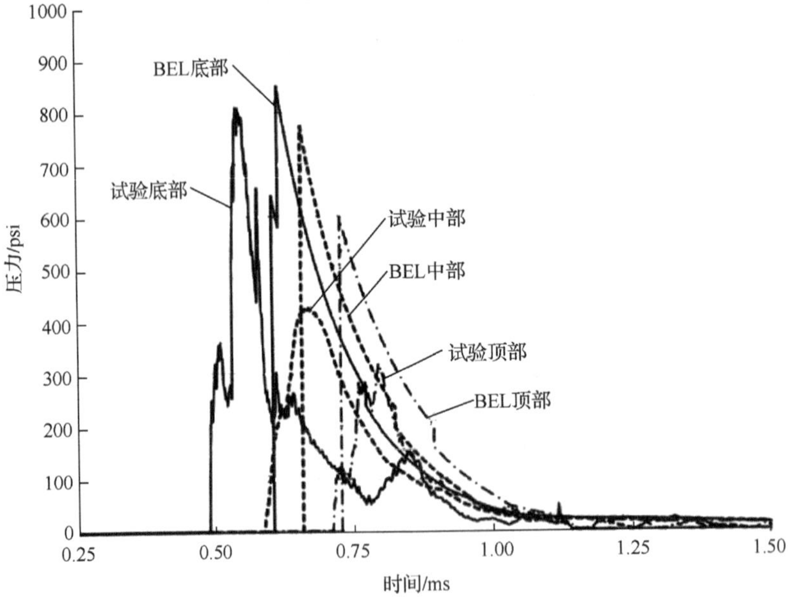

图 5-4　墩柱正面传感器所测压力值与 BEL 方法预测压力值对比曲线

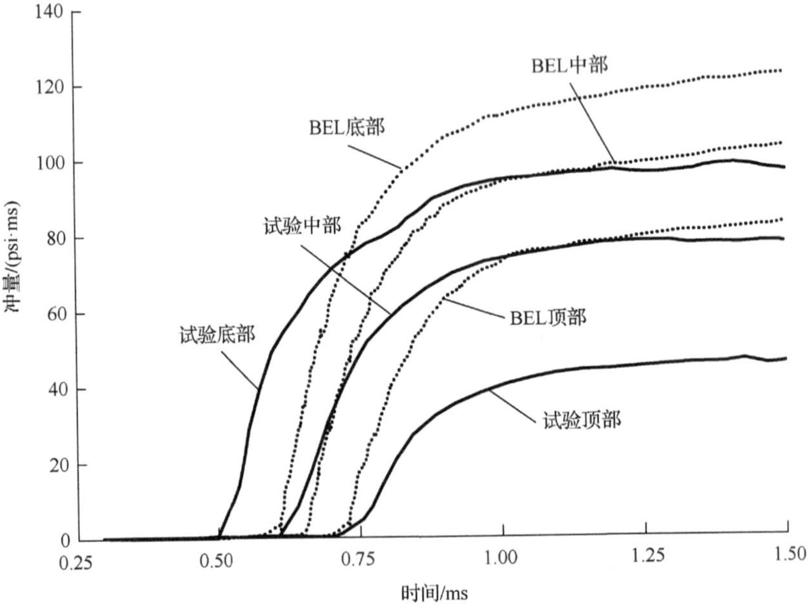

图 5-5　墩柱正面传感器所测冲量值与 BEL 方法预测净冲量值对比曲线

人们最初认为冲击波作用在柱上的响应可能与作用在墙壁上相似。然而，随着爆距的增加，BEL 和 BlastX 程序对压力和冲量的高估越来越严重，这可能证明了由于冲击波绕射导致的墩柱消波作用机理要比之前所想象的更为复杂。因为墩柱的长细比明显大于墙体，由经验方法推导出的式（2-2）（Department of the Army 等，2002）可能对这些细长构件并不适用（详见 2.2.1 节）。此外，墩柱顶部自由面上存在附加的消波作用，可能也是导致 BEL 和 BlastX 程序对压力和冲量的高估沿墩柱高度不断加剧的原因。

第一阶段刚性柱爆炸试验得到的数据证明了在确定墩柱上爆炸荷载分布时，墩柱横截面形状及与炸药间几何位置关系的重要性。图 5-6 给出了其中一次爆炸试验中圆柱和方柱的净冲量对比曲线，可以看出试验中压力和冲量在墩柱不同高度上的差异非常明显。一般情况下，作用在圆柱上的压力和冲量要比方柱上的小。在一系列具有相同比例爆距的试验中，这种差别可以在 3%～34%，且上述差异取决于实际爆距和墩柱上的不同位置。但在一些试验中，圆柱底部的压力和冲量测量值会等于或大于相应方柱上的测量值。在核对第一阶段试验数据时必须谨慎，因为缩尺爆炸试验会产生较大的相对误差，使直接对比各组试验数据变得困难。第一阶段的缩尺爆炸试验可能会放大测量位置和爆距时产生的误差，从而导致压力时程数据难以直接进行比较。上述现象值得进一步研究。

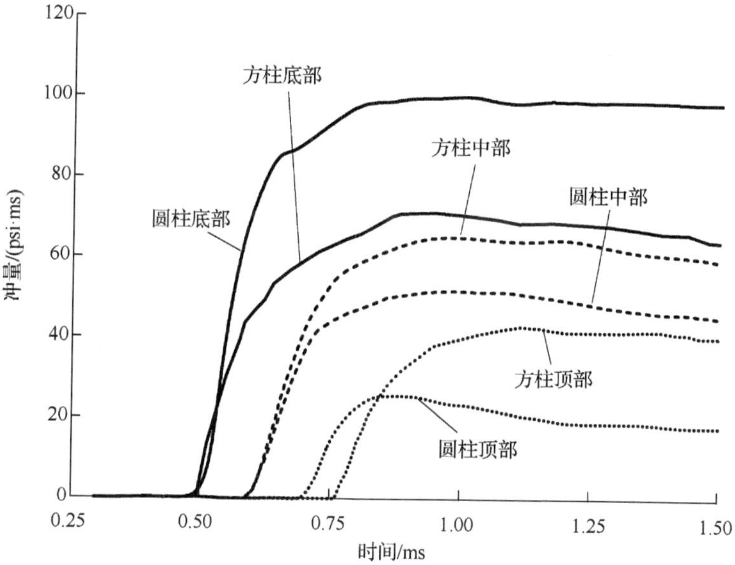

图 5-6　净冲量对比曲线

有趣的是，第一阶段爆炸试验中，圆柱背爆面上的压力和冲量通常等于或大于方柱上相应的荷载。图 5-6 给出了其中一次试验中圆柱和方柱净冲量对比情况，其中净冲量表示给定高度处墩柱迎爆面和背爆面冲量的差值。

通常情况下，第一阶段爆炸试验中圆柱上的净压力和净冲量要小于作用在方柱上的对应量值。然而，正如迎爆面的压力时程数据一样，部分试验结果表明圆柱底部的净压力和净冲量要比对应的方柱更大。最终，基于对试验所得数据和详细分析模型的研究，研究人员认为，在炸药质量和爆距一定时，若干因素影响了试验中各柱上的压力时程和冲量时程数据，如炸药到墩柱中心和边缘的距离差值、墩柱直径、圆柱周向反射超压的入射角度，以及圆柱和方柱冲击波绕射作用的时间差等。

一般来说，圆柱上的净荷载低于具有相同投影面积（即方柱边长与圆柱直径相等）的方柱。若干因素可能对圆柱和方柱在不同高度处的压力和冲量值产生影响，从而造成净荷载的差异。反射压力和反射冲量是入射角和入射峰值超压的函数，圆柱迎爆面给定位置处的入射角大于对应方柱相同位置的入射角（垂直于柱中心线的水平距离相同）。此外，圆柱周向给定位置处的入射峰值超压小于对应方柱相同位置处的入射峰值超压。这是因为在相同位置处，圆柱较方柱具有更大的爆距。入射角的增加和入射峰值超压的减小都会降低反射压力和反射冲量。因此，由于圆柱迎爆面积累的反射冲量小于方柱，故圆柱上的作用荷载较方柱小。此外，圆柱的消波机理还不明确，研究人员尚不确定冲击波在圆柱迎爆面附近的作用究竟是消除还是简单流动。考虑到圆柱没有平直边缘可以直接反射冲击波，因此可以合理假设消波引起的荷载降低在圆柱上的表现比方柱更为明显，且式（2-2）可能不适用于圆柱。最终，相对于方柱，冲击波更容易绕过圆柱，使得圆柱背爆面的合冲量大于方柱，从而进一步降低了其相对于方柱所承受的净合力。虽然以上这些因素的影响机理尚不明晰，但试验和流体动力学分析证实了圆形截面的反射压力与冲量小于对应的方形截面。

5.1.1.2　预测方柱和圆柱上荷载的方法

第一阶段爆炸试验得到的数据为作用在方柱和圆柱上的结构荷载预测方法提供了评估依据，该方法于 2005 年由 Winget 等在一篇论文中提出。第一阶段研究中得到的试验数据表明，在某些情况下，依据 Winget 等（2005）提出的方法，通过调整平面爆炸压力来预测圆形墩柱上的爆炸压力是合理且准确的。然而，由于个别难以定义的参数影响较为显著，该方法易产生不稳定甚至错误的预测结果。例如，目前的试验数据显示墩柱顶部附近的压力要明显低于上述方法的预测值。此外，目前的试验数据还表明，压力到达墩柱底部的时间比顶部更早，且底部压力比顶部大得多。前文已经解释了出现这种结果的原因，即墩柱的截面特性以及炸药与墩柱的相对几何位置关系。但是，Winget 提出的方法并没有反映出这一现象。

对于之前提出的预测结构爆炸荷载的方法，其准确性受到若干因素的影响。

Winget 等（2005）提出的方法基于 BEL 程序，得到了墩柱上不同高度处的压力时程数据，其压力值随墩柱高度变化但不随时间变化。通过这种方法产生的荷载大概率导致墩柱出现弯曲破坏，而第一阶段试验记录的压力却显示早期易出现剪切破坏。此外，随着墩柱上位置的升高，BEL 程序会越来越多地高估墩柱上的超压值，则上述方法产生的误差也会越来越大。同时，该方法对正压持续时间非常敏感。圆柱正面的反射波并非直接垂直于爆心，且如何计算圆柱的消波时间尚不明确。而且，与方柱不同，圆柱周向的有效爆距和入射角是变化的，这种差异在大型墩柱受近区爆炸作用时影响更大。虽然上述方法可以对墩柱上的超压荷载提供较好的预估，但目前的数据并不足以支撑该方法的准确性。

5.1.2 第二阶段试验

本节总结了第二阶段 1/2 缩尺钢筋混凝土桥梁墩柱爆炸试验的观察结果。第二阶段试验于 2007 年 10 月在美国得克萨斯州西南研究院的一个实验基地中完成，数据处理由美国防护工程咨询公司和得克萨斯大学奥斯汀分校的研究人员完成。

第二阶段试验共包括 10 炮次 1/2 缩尺近区爆炸试验和 6 炮次 1/2 缩尺局部破坏爆炸试验。混凝土和钢材的真实材料性能由标准测试方法测定，并基于压力和冲量数据确定等效 TNT 质量，以便对这些试验进行一致性比较。试验结果用于编制混凝土公路桥梁墩柱的设计和构造指南，并开发可以预测爆炸荷载分布和墩柱响应的分析工具。

5.1.2.1 材料性能

本次试验所使用的混凝土和钢材代表了钢筋混凝土公路桥梁墩柱施工中常用的典型材料，并基于对材料实际性能的测量进一步优化计算和分析试验数据。

1. 混凝土性能

由于美国各州所使用混凝土强度和类型不同，试验采用 AASHTO LRFD 规范中规定的参数。混凝土抗压强度为 4000psi，由美国水泥标号为 A 级的水泥和最大粒径 3/8in 的骨料构成，其中骨料粒径的要求是为了适应试件中较小的钢筋间距。

为验证混凝土墩柱强度是否达到规定值，对不同龄期混凝土进行圆柱体试验以确定其抗压强度。圆柱体抗压强度试验是基于美国材料试验学会（American Society for Testing and Materials）ASTM C39 标准试验方法，使用美国福尼（Forney）公司的通用机器对圆柱体混凝土试件进行抗压强度测试。试件尺寸为 4in×8in 的标准圆柱体试件，在测试之前装配氯丁橡胶轴承垫和钢套环。对每一个龄期的试件，至少要记录 3 个抗压承载力并取其平均值，抗压强度根据式（5-1）计算。表 5-1 列出了混凝土墩柱、基础承台和平板的抗压强度。

$$f_c' = \frac{4P}{\pi D^2} \tag{5-1}$$

式中：

f_c'——混凝土 28d 抗压强度（psi）；

P——外加荷载（lb）；

D——直径（in）。

表 5-1　混凝土抗压强度

时间/d	抗压强度/psi		
	墩柱	基础承台	平板
0	0	0	0
14	3550	3600	4000
22	3900	**4650**	**5250**
23	3850		
28	**4150**		
35	4050		
36	4100		
38	4100		
规定值	4000	4000	5000

2. 钢筋的力学性能

本试验使用的所有钢筋均无涂层。除了连续螺旋箍筋使用光圆钢筋（AASHTO，2007）外，其他钢筋均为 GR60（美标）的标准带肋钢筋。

为验证钢筋的实际屈服强度，在 600kip* 液压伺服通用试验机上进行拉伸试验。共测试了 3 种不同的钢筋，即#6 带肋钢筋、#4 光圆钢筋和#4 带肋钢筋。图 5-7 给出了每种钢筋的拉伸应力-应变曲线。#6 带肋钢筋的平均屈服强度为 65ksi，极限强度为 90ksi。对#4 光圆钢筋的测试是在供应商直接提供的螺旋箍筋平直段上进行的，其平均屈服强度为 70ksi，极限强度为 98ksi。用以制作分离式环形箍筋和普通箍筋的#4 带肋钢筋，其平均屈服强度为 50ksi，极限屈服强度为 72ksi。因此，#4 带肋钢筋的强度比规定值要低。下文所有计算均使用实际材料性能，钢筋的平

* 1kip=453.592kg。

均弹性模量均取 29000ksi。虽然图 5-7 显示光圆钢筋的弹性模量要略低于带肋钢筋，但过去的试验表明，原本弯曲的钢筋在拉伸试验中被拉直时，其弹性模量会发生轻微变化。故可以假设光圆钢筋具有与其他钢筋相同的弹性模量。

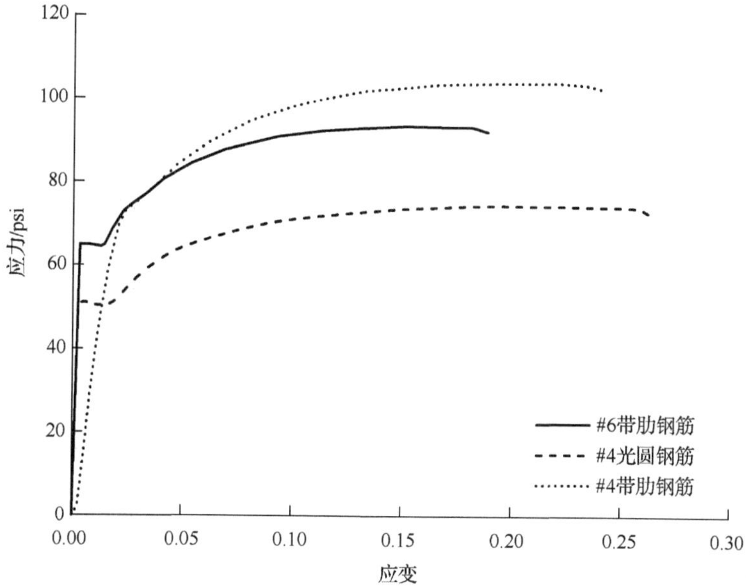

图 5-7　钢筋拉伸应力-应变曲线

3. 动态强度的增长

上文描述的材料性能是基于标准试验方法在非常缓慢的加载速率下测试得到的，适用于典型静态荷载。然而混凝土和钢筋在爆炸荷载短持时作用下均表现出了强度增强效应。美国土木工程师学会在《石油化工设施抗爆设计》(*Design of Blast Resistant Buildings in Petrochemical Facilities*)（ASCE，1997）一书中指出："这些材料在荷载作用下不可能以同样的速率响应。因此，其屈服强度会增加，而塑性变形会减少。在高应变率下，需要更强的荷载才能产生与低应变率相同的变形。"因此正如 2.2.3 节讨论的那样，为了表征这种强度的增加，利用动力提高系数表征爆炸荷载在高应变率作用下材料强度的增加。

5.1.2.2　TNT 当量

TNT 当量系数是炸药与同等能量 TNT 的质量比。大多数爆炸效应的研究利用 TNT 当量系数将普通炸药产生的能量与 TNT 产生的能量相关联。表 5-2 给出了基于自由场峰值压力和冲量的不同炸药的平均等效 TNT 当量系数（Tedesco，1999；Department of the Army，1990）。

表 5-2　自由场炸药平均等效 TNT 当量系数

炸药类型	基于压力的等效 TNT 当量系数/lb	基于冲量的等效 TNT 当量系数/lb	压力范围/psi
ANFO	0.82		1～100
Composition A-3	1.09	1.067	5～50
Composition B	1.11	0.98	5～50
	1.20	1.30	100～1000
Composition C-4	1.37	1.19	10～100
Cyclotol (70/30)	1.14	1.09	5～50
HBX-1	1.17	1.16	5～20
HBX-3	1.14	0.97	5～25
H-6	1.38	1.15	5～100
Minol Ⅱ	1.20	1.11	3～20
Octol (70/30, 75,25)	1.06		
PBX - 9404	1.13		5～30
	1.70	1.20	100～1000
PBX - 9010	1.29		5～30
PETN	1.27		5～100
Pentolite	1.42	1.00	5～100
	1.38	1.14	5～600
	1.50	1.00	100～1000
Picratol	0.90	0.93	
Tetryl	1.07		3～20
Tetrytol (Tetryl/TNT) (75/25, 70/30, 65/35)	1.06		
TNETB	1.36	1.10	5～100
TNT	1.00	1.00	
TRITONAL	1.07	0.96	5～100

资料来源：Department of the Army，1990。

注：ANFO（ammonium nitrate in fuel oil）为铵油炸药；Composition A-3 为 A-3 炸药；Composition B 为 B 炸药；Composition C-4 为 C-4 炸药；Cyclotol (70/30)为梯黑炸药 (70/30)；HBX-1（high-explosive X-1）为高能炸药-1；HBX-3（high-explosive X-3）为高能炸药-3；H-6 为 H-6 炸药；Minol Ⅱ为米诺-2 炸药；Octol (70/30, 75, 25)为奥克托尔炸药 (70/30, 75, 25)；PBX-9404（polymer bonded explosives-9404）为聚合物粘结炸药 9404；PBX-9010（polymer bonded explosives-9010)为聚合物粘结炸药 9010；PETN（pentaerythritol tetranitrate）为季戊四醇四硝酸酯；Pentolite 为彭托利特炸药；Picratol 为皮克拉托尔炸药；Tetryl 为特屈儿炸药；Tetrytol (Tetryl/TNT) (75/25, 70/30, 65/35)为特屈儿混合炸药 (Tetryl/TNT) (75/25, 70/30, 65/35)；TNETB（trinitro ethyl）为三硝基乙酯；TNT（trinitrotoluene）为三硝基甲苯；TRITONAL 为特里托纳尔炸药。

在本次试验研究中，使用硝酸铵和燃油的混合物（ANFO）作为炸药，以少量 C-4 作为导爆药确保起爆。ANFO 通常用于简易爆炸装置（IED）中，被称为肥料炸弹。从表 5-2 中可以看出 ANFO 的平均效率是 TNT 的 82%。

各近区爆炸试验中实际 TNT 当量由自由场压力和冲量的实测数据确定。虽然表 5-2 给出了适用于设计的 TNT 当量系数平均值，但实际的等效 TNT 当量系数会随着装药形状、目标位置和大气条件的变化而变化。因此，为了准确获得每次爆炸试验的 TNT 当量，需要对测得的压力和冲量进行详细研究。因为现有可以预测爆炸荷载的文献和方法均基于 TNT 当量，所以使用 TNT 当量可以确保本次试验结果可以与已有试验数据及研究项目进行对比分析。

每个近区爆炸试验都在与炸药一定距离处布置了 3 个自由场压力传感器，以测定每次试验的 TNT 当量。首先，使用压力传感器记录最大的入射冲击波超压 P_{so} 和冲量 i_s。冲量是根据压力数据由压力时程曲线下的面积计算得到的。之后，通过爆距 R（爆心到每个传感器的距离），基于 TM 5-1300《结构抗偶然性爆炸荷载作用》（*Structures to Resist the Effects of Accidental Explosions*）中的 spaghetti 图和相应方程确定炸药的质量 W，以等效 TNT 当量表征。图 2-5 举例说明了本次试验所使用的某半球形装药触地爆炸的 spaghetti 图，该图基于试验数据提供了实用的无量纲爆炸荷载参数。表 5-3 给出了 ANFO 效能系数（即每个压力和冲量对应的 ANFO 与 TNT 质量的比值），以量化两种炸药的效率。进一步对 3 个自由场位置上传感器测得效率值取平均，以确定每次爆炸试验的平均效率。从表中可以看出压力平均效能系数的范围为 72%～94%，冲量平均效能系数的范围为 40%～66%。虽然在不同的试验中使用了相同的炸药，但效率值的波动范围很大，这可能是由 ANFO 成分、起爆位置及大气条件等因素的变化而造成的。

表 5-3 ANFO 效能系数

墩柱	测点 1		测点 2		测点 3		平均值/%	
	压力	冲量	压力	冲量	压力	冲量	压力	冲量
1A1					0.84	0.43	84	43
1A2	0.93	0.38	0.76	0.54	0.78	0.48	82	47
1B	0.90	0.41	0.86	0.63	0.81	0.94	86	66
2A1	0.87	0.31	0.78	0.55	0.77	0.52	81	46
2A2	1.00	0.40	0.87	0.64	0.86	0.66	91	57
2B	1.00	0.39	0.84	0.66	0.98	0.67	94	57
2-Seismic	0.95	0.41	0.94	0.64	0.91	0.62	93	56
2-Blast	0.83	0.25	0.78	0.59	0.92	0.68	84	51
3A	0.93	0.37	0.76	0.65			85	51
3-Blast	0.75	0.26	0.69	0.54			72	40
平均值/%	91	35	81	60	86	62	85	51

由于局部破坏试验中没有布置压力传感器，因此难以确定其炸药效率值。考虑到炸药与试件相隔的距离很小，大气条件应该不会在局部破坏试验中起主要作用。此外，表 5-3 中的数据显示，随着炸药与试件的靠近，与压力相关的效能系数提高，但与冲量相关的效能系数降低。因此，由于缺少压力传感器，以及测点 1 压力和冲量分别对应的效能系数相冲突，在局部破坏试验中就假设 ANFO 的效能系数为表 5-2 所规定的 0.82。由于其效能系数受大气条件的影响较小，故认为采用上述常数值是合理的。

利用 TNT 平均等效质量和爆距，通过式（2-1）确定比例爆距 Z。比例爆距表征了爆炸荷载的强度，并使试验结果能够与之前进行的结构爆炸响应试验进行对比。

5.1.2.3　近区爆炸试验结果

实施近区爆炸试验是为了观察 8 种不同设计类型的 10 根墩柱的破坏模式（即弯曲破坏或剪切破坏），以帮助建立抗爆设计和构造指南。为了能够观察到墩柱的破坏模式，比例爆距 Z 要根据墩柱的类型发生变化。下文将给出每个近区爆炸试验的观察结果。如图 5-8 所示，高速摄像机可以捕捉到每次爆炸形成的冲击波波阵面。但每次爆炸试验产生的爆炸火球、大量灰尘和烟雾导致很难从试验录像上直接观察到墩柱的响应情况。因此，为了记录每次试验中墩柱的响应情况，需要对每根墩柱拍照并于试验后进行测量。

图 5-8　爆炸冲击波在近区爆炸试验中的传播过程

总的来说，10 根墩柱中有 7 根墩柱同时显示出剪切和弯曲开裂破坏，3 根显示出严重的剪切破坏。表 5-4 总结了每次近区爆炸试验中墩柱的设计类型、爆距和破坏程度。表面破坏是指墩柱表面开裂；轻微破坏包括混凝土表层普遍开裂和部分剥落；严重破坏是指严重变形和混凝土保护层剥落，不过此时混凝土核心区基本完好无损，并仍能承受一定的轴向荷载。本次试验中的失效破坏是指墩柱基础部分发生剪切破坏。由于保密原因，文中分别用 w 和 z 表示炸药质量参数和爆距参数。

表 5-4 近区爆炸试验

墩柱	设计类型	炸药质量 W①	爆距 R②	破坏程度
1A1	标准柱	$2.8w$	$5.8z$	表面破坏
1A2	标准柱	$2.9w$	$3.2z$	失效破坏
1B	标准柱+螺旋箍筋	$3.4w$	$2.6z$	轻微破坏
2A1	标准柱	$2.8w$	$3.9z$	表面破坏
2A2	标准柱	$3.3w$	$2.4z$	轻微破坏
2B	标准柱+螺旋箍筋	$3.4w$	$2.4z$	表面破坏
2-Seismic	抗震设计柱	$3.3w$	$2.4z$	表面破坏
2-Blast	抗爆设计柱	$9.0w$	$3.4z$	轻微破坏
3A	标准柱	$9.1w$	$3.4z$	严重破坏
3-Blast	抗爆设计柱	$8.5w$	$2.6z$	严重破坏

① w 为炸药质量参数；

② z 为爆距参数。

1. 1A1 柱

第一次近区爆炸试验于 2007 年 10 月 10 日完成。1A1 柱是直径为 18in 的标准柱，配有中心间距为 6in 的环形箍筋，在炸药质量为 $2.8w$ 和最大爆距 $5.8z$ 的工况下进行爆炸试验以确定该尺寸墩柱的破坏阈值。如图 5-9 所示，1A1 柱同时显示出剪切和弯曲开裂破坏。从图中可以看出墩柱中部出现弯曲裂缝，在基础附近出现斜向剪切裂缝。墩柱在爆炸荷载作用下由于反弹效应会产生裂缝；然而，1A1 柱迎爆面并没有出现裂缝。这说明在该试验工况下墩柱的反向动态响应不足以在其迎爆面产生张力和裂缝。总体而言，1A1 柱在本次近区爆炸试验中性能良好，仅出现表面破坏（表面开裂）。

图 5-9　近区爆炸破坏试验：1A1 柱

2. 1A2 柱

1A2 柱的设计与 1A1 柱相同，是本阶段试验中的第二根墩柱试件。以往试验研究可以为确定墩柱发生非弹性变形的起始点提供依据。由于希望了解墩柱在较大非弹性变形下的响应，结合研究分析，1A2 柱试验的爆距要比 1A1 柱小 45%。在本次试验中，炸药质量与前一次试验相近，但炸药距墩柱的距离减小至 3.2*z*，这是为了使墩柱响应超出其弹性极限。如图 5-10 所示，爆炸直接导致了 1A2 柱基础发生剪切破坏，且墩柱在距地面 21in 的高度处出现了 5in 的永久挠曲变形。此外，在墩柱底部 16in 内可以看到混凝土保护层的剥落。墩柱的脆性剪切破坏是由墩柱底部 16in 内 3 个带有标准弯钩的环形箍筋脱开所造成的。当混凝土层剥落之后，标准弯钩的锚固作用失效，导致混凝土核心区的约束失效，以及墩柱整体性的丧失。与此同时，墩柱破坏区域的扩展阻碍了其反向动态响应和迎爆面拉伸裂缝的形成。

3. 1B 柱

1B 柱是直径 18in 的标准柱，配有间距为 6in 的连续螺旋箍筋。与 1A2 柱试验相比，本次试验炸药量增加 17%至 3.4*w*，爆距减少 19%至 2.6*z*。使用比 1A2 柱试验中更强的爆炸荷载是为了评估连续螺旋箍筋相比分离式普通箍筋的优势。如图 5-11 所示，墩柱同时出现了剪切裂缝和弯曲裂缝，在整个墩柱的中部均出现弯曲裂缝，在墩柱的基础部分可以看到剪切裂缝。墩柱中部迎爆面出现弯曲裂缝很有可能是由于强烈的爆炸荷载使其产生反向的动态响应而引起。此外，试验中还观察到墩柱基础部分离爆心最近的部位有混凝土剥落现象。总体而言，1B 墩柱性能良好，存在轻微的破坏，包括较大面积分布的裂缝和部分混凝土剥落。

图 5-10　近区爆炸破坏试验：1A2 柱

图 5-11　近区爆炸破坏试验：1B 柱

4. 2A1 柱

2007 年 10 月 15 日进行了第一个直径为 30in 的墩柱抗爆试验。2A1 柱是配有中心间距为 6in 普通箍筋的标准柱，在炸药质量为 2.8w 和较大爆距 3.9z 工况下进行爆炸试验以确定该尺寸墩柱产生非弹性响应的荷载阈值。与 1A1 柱试验相比，本次试验的爆距减少了 32%。如图 5-12 所示，2A1 柱同时出现了剪切裂缝和弯曲裂缝，在墩柱中部可以看到弯曲裂缝，而斜向剪切裂缝分布在墩柱基础部分。墩柱中部正面的弯曲裂缝可以说明其产生了反向的动态响应。总体而言，该墩柱在这种比例爆距试验中性能良好，仅出现了部分混凝土保护层开裂的表面破坏。

图 5-12　近区爆炸破坏试验：2A1 柱

5. 2A2 柱

2A2 柱的构造与 2A1 柱相同，但为了研究墩柱的非弹性行为，试验时炸药质量提高 20%，爆距减小 38%，分别为 3.3w 和 2.4z。该墩柱试验时的响应与 2A1 柱相似，说明了较大直径墩柱在较强爆炸荷载作用下的适用性。从图 5-13 可以观察到，墩柱的中部存在弯曲裂缝，而斜向剪切裂缝分布在墩柱基础部分。墩柱中部迎爆面的弯曲裂缝可以说明其产生了反向动态响应。此外，试验中还观察到离爆心最近的墩柱基础部分有混凝土保护层剥落的情况。总体而言，该墩柱出现了轻微破坏，包括广泛分布的裂缝和部分混凝土剥落。

图 5-13　近区爆炸破坏试验：2A2 柱

6. 2B 柱

2B 柱是直径为 30in 的标准柱，配有间距为 6in 的连续螺旋箍筋，试验中炸药质量和爆距与 2A2 柱试验相近，分别为 3.4w 和 2.4z。如图 5-14 所示，该墩柱同时出现了剪切裂缝和弯曲裂缝，而且墩柱中部迎爆面的弯曲裂缝说明其产生了明显的反向动态响应。此外，在墩柱基础部分可以观察到斜向剪切裂缝。总体而言，2B 柱性能良好，仅出现包括混凝土保护层开裂的表面破坏。

图 5-14 近区爆炸破坏试验：2B 柱

7. 2-Seismic 柱

2-Seismic 柱是直径为 30in 的抗震设计柱，配有间距为 3.5in 的连续螺旋箍筋。本次试验中炸药质量和爆距与 2A2 柱相同，分别为 3.3*w* 和 2.4*z*。如图 5-15 所示，2-Seismic 柱同时出现了剪切裂缝和弯曲裂缝。墩柱中部迎爆面和背爆面的弯曲裂缝说明其产生了反向的动态响应。此外，墩柱基础部分可以观察到斜向的剪切裂缝。总体而言，2-Seismic 柱性能良好，仅出现以混凝土保护层开裂为主的表面破坏。

图 5-15 近区爆炸破坏试验：2-Seismic 柱

8. 2-Blast 柱

2-Blast 柱是直径为 30in 的抗爆设计柱，配有间距为 2in 的连续螺旋箍筋，与 2-Seismic 柱试验相比，本次试验中的炸药质量是其 2.7 倍，为 9.0*w*，爆距是其 1.4 倍，为 3.4*z*，使用较多的炸药是为了获得更大的爆炸荷载。因此，尽管与 2-Seismic 柱试验有相近的比例爆距，但在实际加载时，本次试验使用的炸药量要远高于 2-Seismic 柱试验，从而可以评估比例爆距作为设计参数在桥梁墩柱近区爆炸试验中的作用。如图 5-16 所示，墩柱同时出现了剪切裂缝和弯曲裂缝，其中弯曲裂缝分布在墩柱的中部，而斜向的剪切裂缝分布在墩柱基础部分。混凝土保护层剥落发生在靠近爆心一侧的墩柱基础和中部位置，这说明爆炸荷载作用下墩柱产生了反向的动态响应。总体而言，2-Blast 柱性能良好，存在轻微的破坏，包括广泛分布的裂缝和部分混凝土剥落。

图 5-16　近区爆炸破坏试验：2-Blast 柱

9. 3A 柱

3A 柱是边长为 30in 的正方形截面标准柱，配有中心间距为 6in 的普通箍筋，试验中炸药质量和爆距与 2-Blast 柱试验相近，分别为 9.1*w* 和 3.4*z*。如图 5-17 所示，3A 柱基础部分受爆炸荷载作用产生了明显的剪切变形，且墩柱在距地面 9in 高度处出现了 3in 的永久残余挠曲变形。试验中还观察到墩柱底部 17in 内的混凝土层完全剥落，墩柱中部迎爆面和背爆面出现弯曲裂缝。总体而言，虽然墩柱基础部分遭受了严重的破坏，但核心混凝土仍然保持完整。

10. 3-Blast 柱

3-Blast 柱是边长为 30in 的正方形抗爆设计柱，配有中心间距为 2in 的普通箍筋，与 3A 柱试验相比，本次试验的炸药质量减少 7%，爆距减少 24%，分别为 8.5*w* 和 2.6*z*，比例爆距相对较小。考虑到实际的炸药质量和爆距，3-Blast 柱在所有墩柱的近区爆炸试验中承受了最严重的爆炸荷载。如图 5-18 所示，3-Blast 柱的基础部分由于爆炸荷载而产生了明显的剪切变形，且墩柱在距地面 13in 的高度处出现了 6.5in 的永久残余挠曲变形。此外，还观察到墩柱底部 16in 内的混凝土保护层完全剥落，墩柱中部存在弯曲裂缝。总体而言，虽然墩柱基础部分遭受了严重破坏，包括明显的变形和混凝土保护层的剥落，但核心混凝土仍保持完整。

图 5-17　近区爆炸破坏试验：3A 柱

图 5-18　近区爆炸破坏试验：3-Blast 柱

11. 墩柱破坏情况总结

近区爆炸试验观察到 8 种设计构造的 10 根混凝土墩柱试件在不同比例爆距（即不同爆炸工况）下的破坏情况。在近区爆炸试验中，由于剧烈的爆炸荷载作用，有 3 根墩柱试件的基础部分出现了明显的剪切变形，包括 1A2 柱、3A 柱和 3-Blast 柱。剩余 7 根墩柱试件同时呈现出剪切和弯曲裂缝，与上述 3 根墩柱相比，整体响应表现出轻微的脆性。表 5-4 总结了近区爆炸试验中每种工况墩柱的设计类型、炸药质量、爆距和墩柱破坏程度。由墩柱的破坏情况可知，剪切破坏是最常见的破坏模式。然而，大多数墩柱都具有足够的剪切承载力以抵抗爆炸荷载，仅在有限区域内发生保护层剥落，基本上没有发生炸穿破坏，试件仍十分坚固。在具有相同响应时，抗爆设计柱要比轻微加固的墩柱试件承受更强的荷载作用。因此，在相同的爆炸荷载作用下，抗爆设计柱的性能要比标准柱和抗震设计柱更优异。

5.1.2.4 局部破坏试验结果

在局部破坏试验中，炸药非常接近墩柱试件或直接与试件接触。局部破坏试验的目的在于观察混凝土柱在爆炸荷载作用下的剥落和炸穿破坏模式。炸穿破坏是指沿墩柱高度某一给定横截面处的混凝土完全被炸穿（即横截面的局部丧失）。在大多数情况下，近区爆炸试验中发生表面破坏或轻微破坏的墩柱试件在局部破坏试验中重复使用。表 5-5 总结了每种工况下的墩柱设计类型、爆炸荷载情况和试件破坏程度。试验后每根墩柱试件的照片都可以说明爆炸荷载对试件造成的破坏。

表 5-5 局部破坏试验总结

墩柱	设计类型	炸药质量 W①	爆距 R②	破坏程度
2A2	标准柱	$3.7w$	$0.4z$	完全
2A1	标准柱	$1.1w$	$0.4z$	部分
1A1	标准柱	$1.1w$	$0.4z$	完全
2B	标准柱+螺旋箍筋	$1.1w$	$0.4z$	部分
2-Blast	抗爆设计柱	$0.7w$	$0.7z$	表层剥落
3A	标准柱	$0.7w$	$0.7z$	表层剥落

注：假定 ANFO 的效率值为 82%。

① w 为炸药质量参数。

② z 为爆距参数。

1. 试验 1

2A2 柱于 2007 年 10 月 17 日进行了第一次局部破坏试验。2A2 柱是直径 30in、配有中心间距 6in 的分离式环形箍筋的标准柱，该墩柱试件在近区爆炸试验中受到轻微破坏。为了开展局部破坏试验，试验的炸药质量与爆距分别为 3.7*w* 与 0.4*z*。如图 5-19 所示，2A2 柱受到完全炸穿破坏，呈现出明显的脆性特征。搭接位置上方和下方至少一个直径高度范围内的核心混凝土被完全炸穿，这直接导致了墩柱试件的失效破坏。因此，2A2 柱试验表明较大质量的炸药在离墩柱试件足够近的位置爆炸时会使其发生直接失效破坏，从而验证了并不是所有的墩柱在各种爆炸威胁工况下都可以得到有效防护的观点（Winget，2003）。

图 5-19　局部破坏试验 1：2A2 柱

2. 试验 2

第二次局部破坏试验是在 2A1 柱上进行的，该柱为直径 30in、配有中心间距为 6in 分离式环形箍筋的标准柱，其在近区爆炸试验中仅产生表面破坏。考虑到 2A2 柱在第一次局部破坏试验中的破坏情况，2A1 柱试验的炸药质量相对较小以确定局部破坏或炸穿破坏发生的阈值。如图 5-20 所示，2A1 柱截面被部分炸穿，同时可以观察到 3 根断开的环形箍筋，试件在离爆心上下至少一个直径高度的范围内有大约 70%的核心混凝土发生破坏，这也导致了混凝土柱发生明显的残余变形和破坏。

图 5-20　局部破坏试验 2：2A1 柱

3. 试验 3

第三次局部破坏试验是在 1A1 柱上进行的，该柱为直径 18in、配有中心间距为 6in 普通箍筋的标准柱，其在近区爆炸试验中仅产生表面破坏。1A1 柱试验的炸药质量和爆距与试验 2 相同。如图 5-21 所示，1A1 柱发生完全炸穿破坏，同时可以观察到爆心上下至少一个直径高度范围内的核心混凝土完全丧失，这导致了试件发生失效破坏。搭接处核心混凝土完全破碎，导致墩柱（混凝土或钢筋）在该区域的连续性遭到破坏。

图 5-21　局部破坏试验 3：1A1 柱

4. 试验 4

第四次局部破坏试验是在 2B 柱上进行的，该柱为直径 30in、配有间距 6in 的连续螺旋箍筋的标准柱，其在近区爆炸试验中仅产生表面破坏。本次局部破坏试验的炸药质量和爆距与试验 2 和试验 3 相同，分别为 1.1w 和 0.4z。如图 5-22 所示，2B 柱发生了局部炸穿破坏。同时还可以观察到，两处靠近爆心位置的螺旋箍筋发生断裂，离爆心上方至少一个直径高度范围内的核心混凝土丧失约 90%。虽然 2B 柱中使用的连续纵筋仍然保持其整体性，但其在爆心位置处发生了残余变形。

图 5-22　局部破坏试验 4：2B 柱

5. 试验 5

最后一次局部破坏试验同时在 2-Blast 柱和 3A 柱上进行。2-Blast 柱为直径 30in、配有间距 2in 连续螺旋箍筋的抗爆设计柱，其在近区爆炸试验中仅产生轻微破坏。3A 柱为边长 30in、配有中心间距 6in 分离式普通箍筋的正方形截面标准柱，其在近区爆炸试验中产生严重破坏。选择 3A 柱是为了在局部破坏试验中评估墩柱几何形状的影响。试验中炸药质量和爆距分别为 0.7w 和 0.7z。

如图 5-23 所示，2-Blast 柱受到局部爆炸破坏作用，同时可以观察到仅在墩柱试件侧面发生混凝土保护层剥落，核心混凝土保持完好。此外，局部爆炸使得柱身裂缝进一步扩大。

图 5-23　局部破坏试验 5：2-Blast 柱

图 5-24 给出了 3A 柱遭受局部破坏作用后的形态和最终位置。可以观察到，试件仅在爆心附近侧面发生表层混凝土的进一步剥落，而墩柱背爆面依然保持完整，这使得核心混凝土能够保持其完整性。此外，近区爆炸试验中产生的裂缝进一步扩大。值得注意的是，如果基础被约束的话，3A 柱应该不会倾倒。

图 5-24　局部破坏试验 6：3A 柱

6. 墩柱破坏情况总结

通过爆炸荷载作用下的局部破坏试验可以观察到混凝土柱的剥落和炸穿的破坏模式。6 根墩柱试件中只有 2 根（1A1 和 2A2）发生了完全炸穿破坏。2A1 柱和 2B 柱核心混凝土发生明显缺失，但两根墩柱试件都保持了各自的完整性。2-Blast 柱和 3A 柱仅出现表层混凝土剥落。表 5-5 对局部破坏试验进行了总结。

5.1.2.5　试验变量的讨论

本次研究共对 8 组不同设计类型的墩柱试件进行了 10 炮次 1/2 缩尺近区爆炸试验和 6 炮次 1/2 缩尺的局部破坏试验。在设计和浇筑墩柱试件时主要考虑了 5 个试验变量，包括比例爆距、墩柱截面的几何形状、箍筋数量、箍筋类型和搭接位置。本节将试验变量、试验现象和数据联合分析，以制定公路桥梁混凝土墩柱的设计和构造指南。

1. 爆距

提高钢筋混凝土桥梁墩柱抗爆性能的最佳方法之一就是增加爆距。设计过程中增加爆距会减少爆炸荷载对墩柱的影响。图 5-25 对比了两个直径 18in 的相同墩柱试件在不同爆距下的试验结果。标准柱采用标准弯钩，这种构造对墩柱试件抵抗爆炸荷载作用是不合理的。但是，当爆距足够大时，这种构造对墩柱试件损伤破坏的影响就相对较弱了。

（a）爆距较大（1A1柱）　（b）爆距较小（1A2柱）

图 5-25　爆距的重要性

如果只限制汽车炸弹与墩柱之间的距离，则一些小型炸药仍然可能直接与墩柱接触，这可能会导致墩柱出现局部破坏或核心混凝土的炸穿破坏。图 5-22 和图 5-23 所示的局部破坏试验结果表明，少量增加（英寸数量级）炸药到结构柱表面的距离可以显著提升近区爆炸荷载作用下墩柱的生存概率。除了设置物理障碍外，还可以通过增设墩柱的围护结构来增加爆距。

2. 截面几何形状

墩柱的截面几何形状影响了爆炸荷载与墩柱的相互作用。与使用相同尺寸的方柱相比，使用圆柱是减少爆炸荷载及冲量对墩柱作用的有效形式，故建议使用圆形截面墩柱。方柱存在一个可以直接朝向爆心反射超压的平面，从而产生较大的反射压力。圆柱对压力的反射效果则不如方柱明显，这是由于压力沿圆柱周向以一定的角度反射（除中心线位置外），该角度与爆心产生的冲击波及其传播方向有关。此外，与环绕并传播至圆柱后方相比，压力在方柱边缘耗散的过程更为缓慢。因此，较之尺寸相近的矩形或者方形柱，爆炸荷载与圆柱相互作用所产生的荷载响应相对较弱。如图 5-26 给出了相同比例爆距下爆炸冲击波对具有相同横截面尺寸的圆柱和方柱的作用结果。从图中可以看到，方柱在爆炸荷载作用下倾倒，而圆柱仍然保持直立，这说明在消波作用下，作用在圆柱上的荷载有所减少。所谓消波作用是指高反射压力通过从低压区向高压区传播稀疏波，从而向较低压力区域（自由边界）释放压力的过程。

如图 5-27 所示，使用圆形截面相较方形截面可以有效减少墩柱必须抵抗的净冲量。5.1.1.1 节讨论了圆柱与方柱相比承受较少冲量的相关物理现象，而且有限的试验数据表明在近区爆炸试验中的特定位置处，冲量最多可减少 34%。虽然还需要进行更多的试验来验证这些发现，但在承受相同比例爆距的爆炸威胁时，圆柱的预期破坏小于具有相同设计和构造要求的方柱。

图 5-26　冲击波在方柱和圆柱周围的消除作用（侧视图）

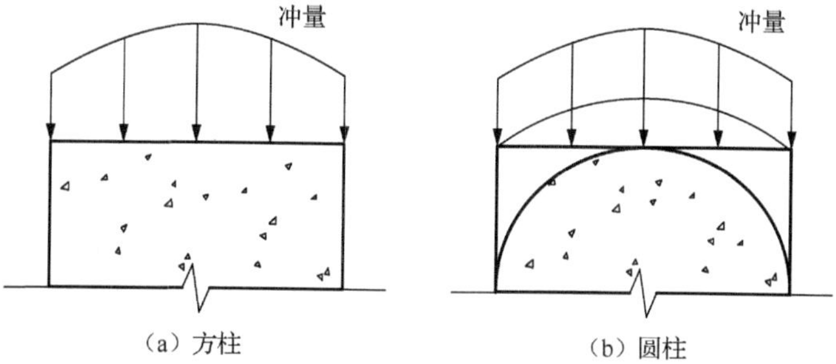

图 5-27　墩柱横截面的相对净冲量

如果增加爆距不能有效减少爆炸荷载对墩柱的影响，那么建议采用以下设计和构造要求：增加箍筋数量，使用连续螺旋箍筋或具有足够锚固力的分离式环形箍筋，并避免搭接。下面几节将详细介绍这些设计要求。

3. 箍筋数量

试验观察表明，增加体积配筋率可以提高墩柱的延性和抗剪承载力，从而对墩柱的抗爆响应产生积极影响。如图 5-28 所示，剪切破坏是爆炸荷载作用下墩柱需要关注的主要问题。为了减少剪切破坏发生的可能性，设计了抗爆柱（2-Blast 柱和 3-Blast 柱）强制形成塑性铰（弯曲破坏）。与抗震设计相似，需要考虑所有潜在的塑性铰位置以确保满足可能出现的最大剪切承载力需求。

如图 5-29 所示，在设计过程中，假设三角形荷载作用下底端固支、顶端铰支的墩柱试件在破坏前会形成两个塑性铰。通过塑性铰分析确定最大剪力 V_{base} 为

$$V_{base}=\frac{9M_p}{L} \tag{5-2}$$

式中：

M_p——塑性弯矩（kip · ft）；

L——柱高（ft）。

（a）直径为18in的圆柱1A1　（b）边长为30in的方柱3A

图 5-28　抗爆柱的剪切变形

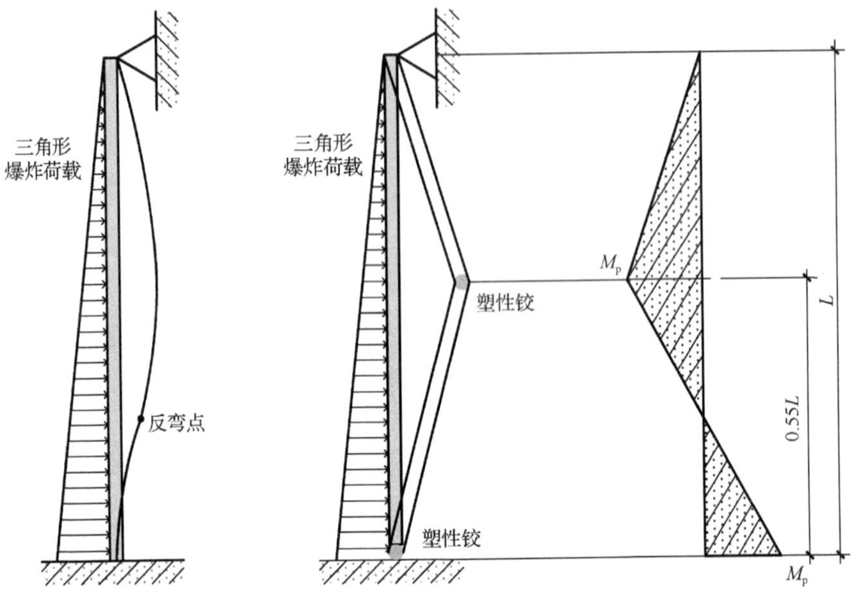

（a）挠曲形状　（b）塑性铰位置和塑性弯矩

图 5-29　抗爆柱的塑性铰分析

相比之下，一端固支、一端自由，即可随横向力产生位移的典型抗震柱（图 5-30）也将形成两个塑性铰。通过塑性铰分析得到最大剪力为

$$V_{base} = \frac{2M_p}{L} \tag{5-3}$$

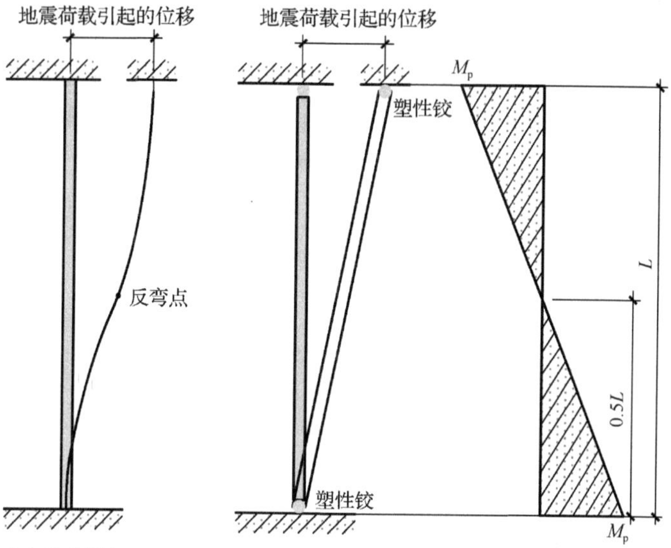

(a) 挠曲形态　(b) 塑性铰位置和塑性弯矩

图 5-30　抗震柱塑性铰分析

塑性铰分析表明，爆炸荷载作用下墩柱需要极大的抗剪承载力，可能大于地震荷载作用下墩柱抗剪承载力的 4 倍。

基于上文给出的剪力方程，联立式（5-2）、式（5-3）与 AASHTO LRFD 规范（2007）中的抗剪设计公式，并进一步基于应变率效应（ASCE，1997）进行修正，最终求解得到箍筋的间距（表 5-6）。塑性弯矩（M_p），即横截面抗弯承载力（M_N），也需要结合动力提高系数来考虑应变率对材料动态强度的影响。

表 5-6　箍筋间距

性能					间距/in	
边界条件	比例	$M_N=M_p$/（kip・ft）	$V_{u,base}$/kip	V_c/kip	$V_c=0$	$V_c>0$
底端固支、顶端铰支（抗爆）	1∶1	584	592	90	0.9	1.0
两端固支（抗震）	1∶2	584	104	90	5.0	37.8

AASHTO LRFD 规范(2007)第 5.7.4.6 节规定圆形截面标准柱的体积配箍率 ρ_s 为

$$\rho_s \geqslant 0.45\left(\frac{A_g}{A_c}-1\right)\frac{f_c'}{f_y} \tag{5-4}$$

式中：

f_c'——混凝土 28d 抗压强度（psi）；

f_y——钢筋屈服强度（psi）；

A_g——毛截面面积（in^2）；

A_c——核心混凝土面积（in^2）。

AASHTO LRFD 规范（2007）5.10.11.4.1d 节规定圆形截面抗震柱（满足 AASHTO 规范中抗震要求的柱）的体积配箍率 ρ_s 和矩形截面抗震柱的最小箍筋面积 A_{sh} 分别为

$$\rho_s \geqslant 0.12\frac{f_c'}{f_y} \tag{5-5}$$

$$A_{sh} \geqslant 0.12 s h_c \frac{f_c'}{f_y} \tag{5-6}$$

式中：

s——箍筋间距（in），不超过 4in；

h_c——受力方向截面核心区高度（in）。

式（5-4）给出了所有标准柱（A 型和 B 型）的箍筋设计，式（5-5）和式（5-6）给出了所有抗震柱和抗爆柱的箍筋设计。虽然与最初预期的不同，但需要注意的是，A 型柱不符合 AASHTO LRFD 规范（2007）第 5.7.4.6 节的构造要求，因为实际所用钢筋屈服强度（f_y=50ksi）低于设计规定的强度（60ksi）。

建议调整式（5-5）的系数至 0.18 并将其作为所有圆形抗爆柱的最小箍筋配筋率计算公式，同样调整式（5-6）的系数至 0.18 并将其作为所有矩形抗爆柱的最小箍筋面积计算公式。满足这些箍筋面积最小值要求的墩柱试件在近区爆炸试验中受到的破坏程度有轻有重（图 5-31）。然而，墩柱的核心混凝土部分仍保持完整，墩柱仍然能够承受荷载。因此，建议将抗震设计规定的横向约束提高 50%作为抗爆设计柱的设计规定，以提升墩柱横截面的延性，以及对爆炸能量的吸收和耗散能力。

（a）轻微破坏，2-Blast柱

（b）严重破坏，3-Blast柱

图 5-31　满足箍筋面积最小值要求的墩柱的破坏程度

基于试验现象和数据，推荐使用新的体积配箍率 ρ_s 和最小箍筋面积 A_{sh} 公式，分别用于爆炸荷载作用下圆柱和方柱的计算。

$$\rho_s \geqslant 0.18\frac{f_c'}{f_y} \tag{5-7}$$

$$A_{sh} \geqslant 0.18sh_c\frac{f_c'}{f_y} \tag{5-8}$$

4. 箍筋类型和分离式箍筋的搭接锚固

试验现象表明，近区爆炸试验中连续螺旋箍筋的性能要优于分离式箍筋。图 5-32 对比了两根直径均为 18in 的墩柱试件在相近的爆距下的试验结果，试验的唯一变量是箍筋类型。该图说明了使用螺旋箍筋对提升墩柱抗爆性能的优势。连续螺旋箍筋能给最易发生剪切破坏的基础部分核心混凝土提供更好的约束。因此，建议在抗爆柱上使用连续螺旋箍筋。

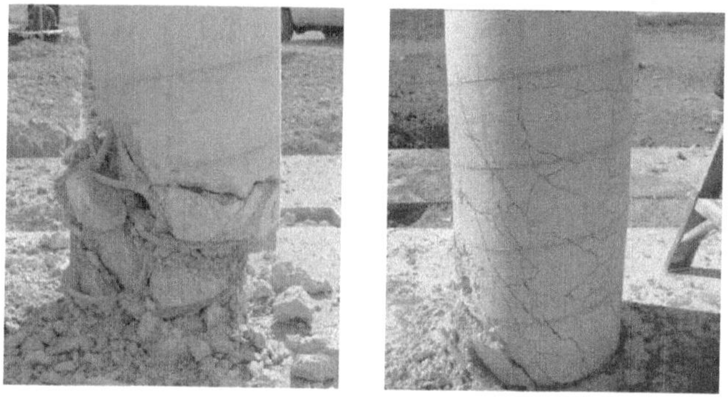

（a）分离式箍筋，1A2柱　（b）连续螺旋箍筋，1B柱

图 5-32 分离式箍筋与连续螺旋箍筋的近区爆炸

分离式箍筋的性能也可以通过加强与钢筋混凝土的锚固从而提升到连续螺旋箍筋的水平。图 5-32 中配有分离式箍筋的墩柱基础发生了剪切破坏，是由于底部的 3 条箍筋均发生脱开失效。分离式箍筋的锚固设计依据 AASHTO LRFD 规范（2007）中 5.10.2.1 节的内容，使用标准为 90° 弯折角外加 $6d_b$（d_b 是钢筋的公称直径，in）弯钩端头平直段的弯钩。5.10.2.1 节定义箍筋的标准弯钩应满足如下条件之一。

（1）#5 钢筋或更小直径：90° 弯钩，外加 $6d_b$ 弯钩端头平直段长度。

（2）#6、#7、#8 钢筋：90° 弯钩，外加 $12d_b$ 弯钩端头平直段长度。

（3）#8 钢筋或更大直径：135° 弯钩，外加 $6d_b$ 弯钩端头平直段长度。

图 5-33 所示的标准弯钩并不足以将分离式箍筋锚固在 1/2 缩尺抗爆柱的核心混凝土中。Bae 和 Bayrak（2008）开展的足尺钢筋混凝土墩柱抗震试验中，带有 135° 弯折角外加 $8d_b$ 弯钩末端平直段长度的抗震弯钩出现了脱开失效情形。AASHTO LRFD 规范（2007）的 5.10.2 节定义抗震弯钩为 135° 弯钩，外加不小于 $6d_b$ 与 3in 之间取大值的弯钩端头平直段长度。Bae 和 Bayrak（2008）指出，不同

于足尺混凝土柱，缩尺柱中的弯钩锚固位置通常会接近核心混凝土的中心。本项目中的 1/2 缩尺试验也观察到了同样的现象。Bae 和 Bayrak 为剩余的试件使用了最小末端平直段长度为 $15d_b$ 的弯钩以防止锚固失效。研究人员称，长尺寸弯钩被证明是非常有效的，在其他试验中没有再观察到 135° 钩锚的箍筋脱开。图 5-34 所示的抗爆柱也使用了带有比 AASHTO 规范要求的弯钩长度更大的分离式箍筋，且没有产生任何锚固脱开的问题。但是，试件的浇筑是具有挑战性的。图 5-34 中方柱配有较多的 135° 弯钩，外加一端 $20d_b$ 弯钩端头平直段长度的箍筋，且弯钩在每个间隔上方向相反。为避免锚固失效并提升抗爆柱（以及抗震柱）的性能，推荐使用比现行规范更大的弯钩长度。考虑爆炸荷载的影响，适当的锚固弯钩应当由 135° 弯钩，外加不小于 $20d_b$ 与 10in 之间取大值的弯钩端头平直段长度构成。

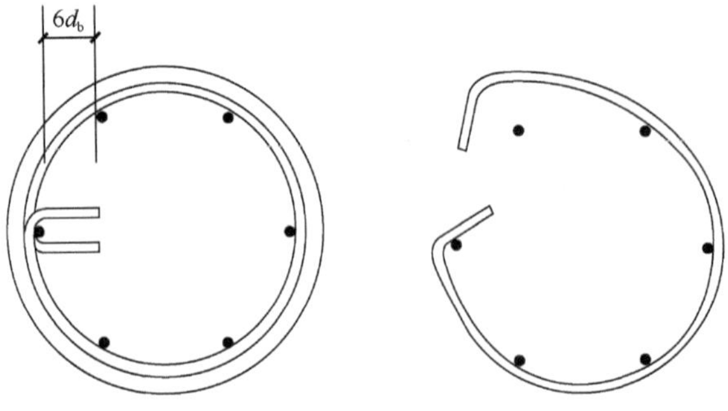

（a）试验前　　（b）锚固失效

图 5-33　带有标准弯钩的分离式箍筋 1A2 号柱

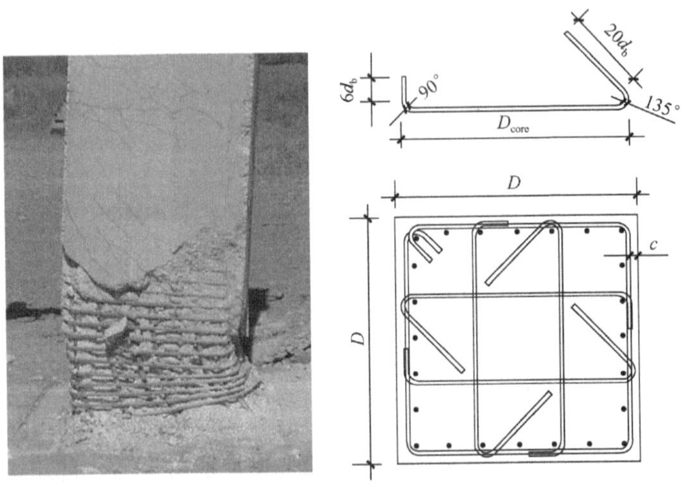

（a）3号爆炸柱　　（b）箍筋

注：D_{core} 为柱心混凝土直径或宽度（in）；c 为混凝土保护层厚度（in）；d_b 为钢筋的公称直径（in）；D 为柱宽度（in）。

图 5-34　充分锚固的分离式箍筋

5. 纵筋搭接位置

如果搭接位置位于爆心或爆心附近，那么在较小爆距的情况下搭接位置处很有可能发生炸穿破坏。炸穿破坏是指沿墩柱高度某一给定横截面处的混凝土完全被炸穿（即横截面的局部丧失）。由于试验收集数据有限，能够反应纵筋搭接性能影响的具体试验现象尚无法给出，还需要开展进一步工作以研究爆心附近纵筋搭接的抗爆性能。

5.2 理论分析

采用荷载和响应分析模型对第一阶段和第二阶段试验开展理论和参数研究。本节将对理论分析结果进行介绍。

如图 5-35 所示，试验现象表明在没有足够的抗剪钢筋情况下，早期的直剪破坏是墩柱试件主要的破坏模式。可采用单自由度分析方法确定墩柱试件所需的抗剪钢筋以使其发生弯曲破坏。下文介绍了近区爆炸试验的应变数据及其处理过程。应变数据主要用来确定各近区爆炸试验中的实际边界条件和荷载分布。

图 5-35　直剪破坏

5.2.1 应变数据

应变数据采集于各近区爆炸试验中的 6 个不同位置。手动将应变数据中的所有异常值剔除以确定最大应变及其发生时间。这里可通过两种方式确定异常值：

应变值超过应变量程（30000με），或与极限值相差不足两个单位。其他筛选数据的方法，如 Matlab 的低通滤波器（Mathworks，2008）和 DPLOT（HydeSoft，2008）等软件方法也可用来帮助平滑数据，然而这些方法过度改变了数据，可能会忽略多个峰值。因此，如图 5-36 所示，就应变时程曲线的最大应变值而言，手动筛选的数据是比较合理的。

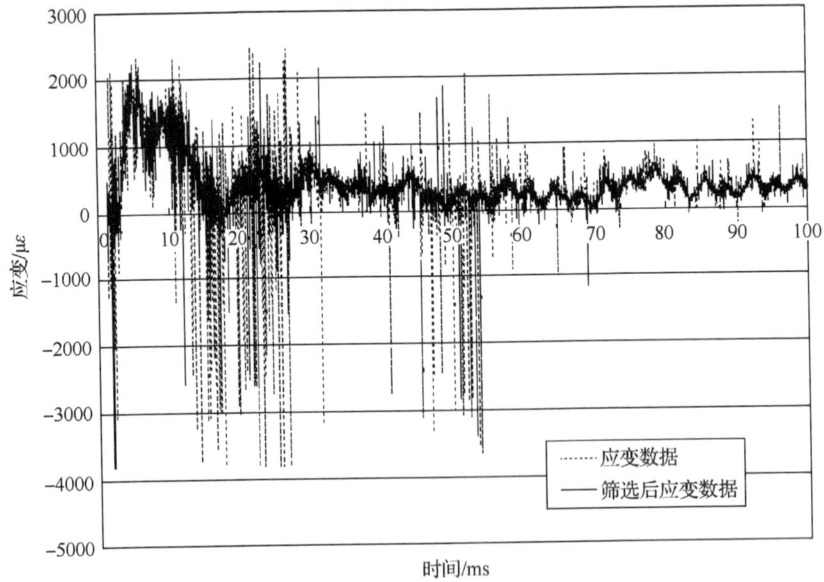

图 5-36　筛选后的纵筋（弯曲）应变数据

为了检查手动筛选数据所获得的最大值，项目研究人员计算了最大弯曲响应可能发生的时间。很明显在这些时间段内缺乏试验数据，说明大部分应变片在弯曲响应之前过早失效。试件 1A1、2A1、2A2 和 2B 的应变片有效工作时间较长，这些试件在计算的弯曲响应时间内有持续的采集读数，因此能够为弯曲响应的评估提供充足的数据。临近冲击波到达时，试件还未有足够的时间对冲击荷载做出响应，就已经呈现出比较强烈的早期响应，这些早期响应最有可能是测量导线对通过墩柱的初始冲击波的响应。对所有测量位置而言，早期的峰值应变几乎是相同的，因为应变测量导线成束穿过墩柱基础，所以当冲击波经过导线束时它们同时响应。因此，早期响应本质上是冲击波传播到达的时间标志，不能用于确定峰值应变。

4 组近区爆炸试验（1A1、2A1、2A2、2B）的弯曲应变数据可用来评估实际的边界条件和荷载分布。筛选后的纵筋（弯曲）应变数据如图 5-37 所示，为了更好地显示数据的变化趋势，将移动平均值超过 5 个单位的数据在图中表现出来。如图 5-38 所示，其他 6 组试验经历了早期测量失效，均在数据初始收集阶段记录到不足 1ms 的峰值。大多数早期测量失效的墩柱均在基础部分出现了剪切破坏。因此在剪切破坏发生之前，在大约 1ms 内的数据采集阶段是不可能发生弯曲响应的。

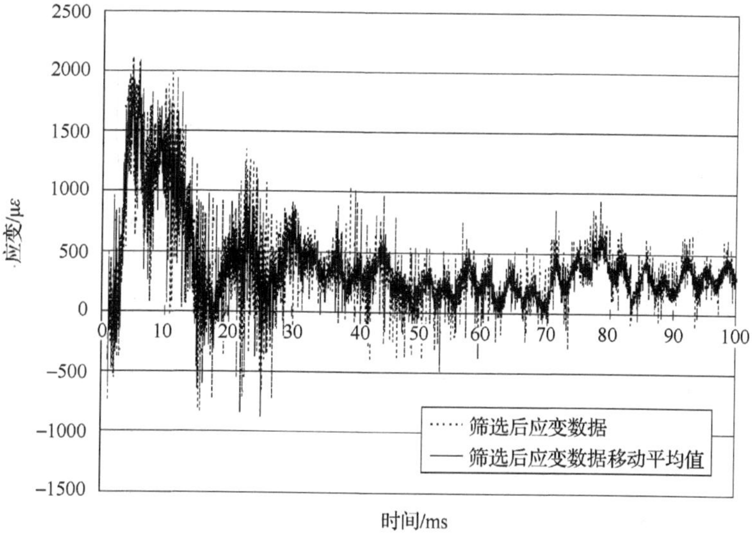

图 5-37 纵筋（弯曲）应变数据

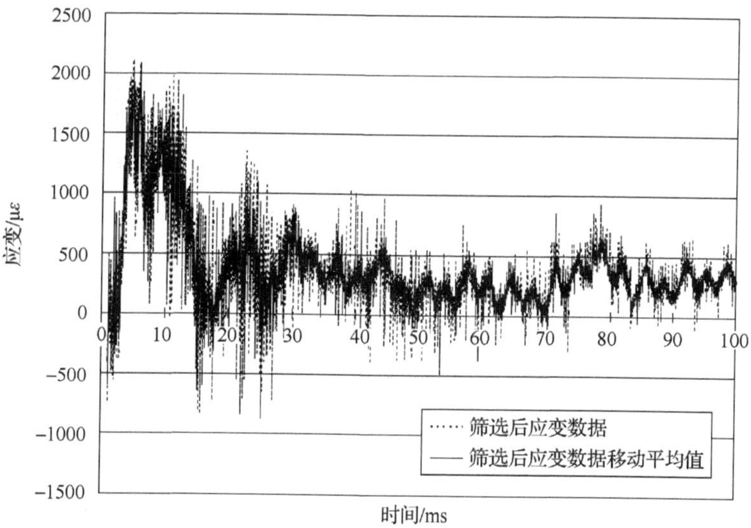

图 5-38 纵筋（弯曲）应变数据：早期测量失效

5.2.2 实际边界条件

在完成单自由度分析以确定每个墩柱试件的抗剪性能之前，基于试验数据评估墩柱试件在爆炸试验中的实际边界条件。设计上假定每个墩柱试件的边界条件为底端固支、顶端铰支。为验证试验中的实际边界条件，使用 4 组近区爆炸（1A1、2A1、2A2、2B）试验的弯曲应变数据进行分析。

通过纵筋应变片上的数据记录得到峰值弯曲应变。同时，使用混凝土截面分析软件 Response 1990（Collins 和 Bentz，1990）得到墩柱试件的弯矩-曲率图，其结果取决于墩柱形状、横截面尺寸和箍筋数量。实际材料性能乘以基于应变率效应的动力提高系数得到弯矩-曲率图。从弯矩-曲率图中可得到试件峰值弯曲应变对应的弯矩及塑性弯矩承载力。

墩柱最初设计使用底端固支、顶端铰支作为边界条件，但是测量得到的应变数据并不支持这种假设。图 5-39 给出了底端固支、顶端铰支及简支墩柱在线性荷载作用下对应的弯矩图。所有测量的弯曲应变峰值都是正的，因此只产生正弯矩。然而，底端固支、顶端铰支的墩柱试件却在固定端产生了一个负弯矩（即墩柱的背面受压）。基于这些数据可得出结论：底端固支、顶端铰支的设计假设在实际过程中没有得到足够的固定端约束。由于只得到了部分约束，基础处仍能发生转动，墩柱实际上是简支的。尽管如此，仍旧选用底端固支、顶端铰支的假设来进行分析。这种假设极大地简化了响应分析并与数据记录吻合良好。对于每一根墩柱试件，弯矩图的形状都是基于应变片的位置和应变测量值在弯矩-曲率图中所对应的弯矩而近似得到的。

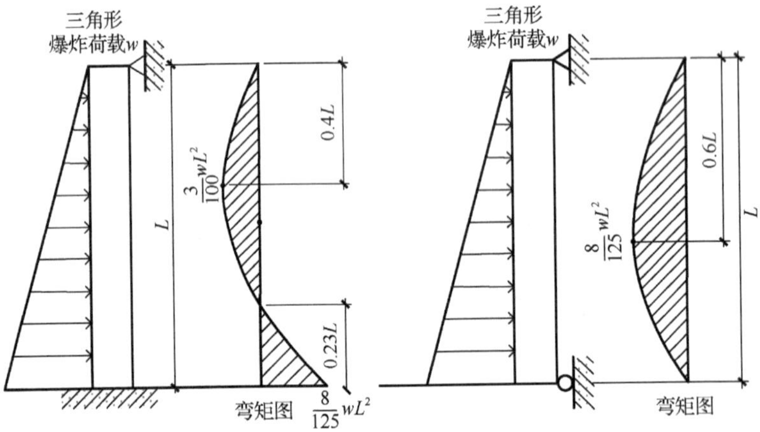

（a）底端固支、顶端铰支　　（b）简支

图 5-39　弯矩图与边界条件

5.2.3　实际荷载分布

试验数据也用以确定爆炸试验中各墩柱试件所受到的实际荷载分布。如 5.2.2 节所述，墩柱试件的边界条件可近似为简支。使用 4 组近区爆炸试验（1A1、2A1、2A2、2B）的弯曲应变数据来确定近似的荷载分布。假设静态荷载作用下的变形是该墩柱经历动态响应时的主要挠曲形状（Biggs，1964）。根据 Biggs 的理论，与静态荷载作用相对应的振型应该是非弹性响应构件的控制形态，对于该研究项目所有参与测试的墩柱试件而言，这个假设是正确的。

为验证爆炸波传播所产生的实际荷载分布，对每根墩柱试件分别使用均匀分布和三角形荷载进行分析。图 5-40 给出了每种荷载分布下简支墩柱的挠曲形状和最大弯矩，从图中可以发现荷载分布类型影响最大弯矩的位置。最大弯矩的大小假设与弯矩-曲率图中的塑性弯矩或弯矩承载力相同。基于应变片位置和假定的弯矩图计算得到每个应变片处的弯矩。比较各边界条件和荷载分布下计算弯矩和试验弯矩的百分比差值以确定最佳的匹配数据。

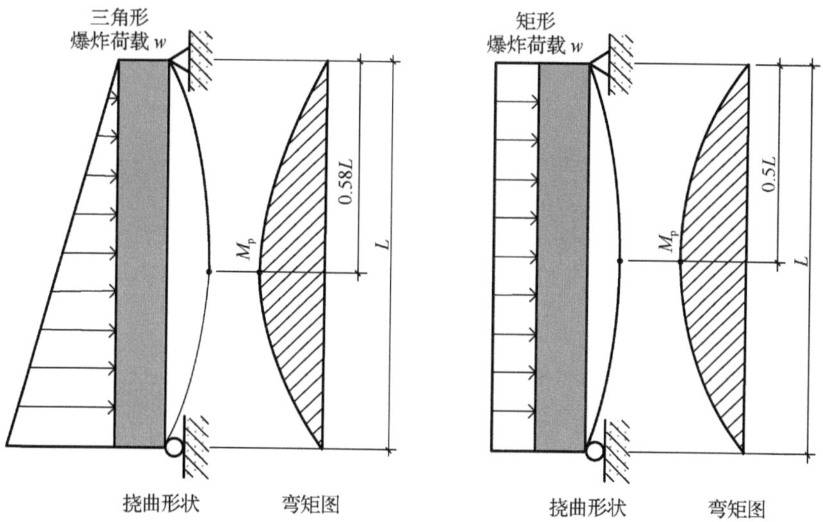

（a）三角形分布　　（b）均匀分布

图 5-40 爆炸荷载分布

总而言之，简支最能代表本次试验的边界条件。荷载分布取决于比例爆距：对于较大比例爆距试验［$Z \geqslant 2.0\text{ft}/\text{lb}^{1/3}$，1A1 墩柱］，均布荷载最接近真实的爆炸荷载分布；而对于较小比例爆距试验（2A1、2A2 和 2B 墩柱），荷载在 $0 \sim w_o$（施加于某一构件的假定爆炸荷载最大允许量）沿墩柱高度呈线性分布能够比均布荷载更好地近似爆炸荷载分布。

5.3 小　　结

本章介绍了理论和试验研究的主要成果。给出了方形和圆形截面桥梁墩柱上爆炸荷载的变化情况，并与基于经验公式和现有软件得到的预测结果进行了对比。

总的来说，墩柱受到的实际爆炸冲击波超压和冲量小于现有预测方法得到的结果，尤其对于墩柱顶部更加明显。此外，试验数据表明，细长构件周向的消波效应是一个复杂的过程，需要开展进一步研究。

本章同时给出了第二阶段试验的结果。基于近区爆炸和局部破坏爆炸试验结果，阐述了每个试验变量的影响，同时描述了试验后试件的破坏情况。此外，本章还给出了近区爆炸试验弯曲应变数据，并基于此确定了试验中实际的边界条件和荷载分布。基于试验结果和分析研究，下一章将给出钢筋混凝土公路桥梁墩柱的抗爆设计和构造指南。

第 6 章　设计和构造指南

6.1　概　　述

第一阶段试验方案包含 4 组爆距下共 8 炮次缩尺爆炸试验。试验现象揭示了截面形状、比例爆距以及炸药和墩柱间相对位置关系对桥梁墩柱正面、侧面和背面爆炸超压的影响。第二阶段试验方案包含 8 组针对不同墩柱设计共 10 炮次 1/2 缩尺小爆距爆炸试验和 6 炮次 1/2 缩尺局部破坏爆炸试验。墩柱试件的浇筑主要考虑了比例爆距、几何形状、箍筋数量、箍筋类型和搭接位置 5 个主要变量。充分依据试验现象、试验数据和相应的理论模型给出以下设计和构造建议。

6.2　桥梁风险评估

AASHTO LRFD 规范 2.7 节主要介绍风险评估和设计需求。在完成桥梁的风险评估时，应当考虑桥梁的类型、几何形状及其重要性。

2.7　桥梁安全

2.7.1　概述

在新建桥梁的规划和现有桥梁修复期间，应对桥梁的重要性进行评估。评估需要考虑桥梁破坏对社会和经济的影响、备用路线的可行性以及关闭桥梁对该地区安全和防护的影响。

对于重要桥梁，应进行正规的易损性研究，并考虑将降低易损性的措施纳入设计规范。

C2.7.1

本文撰写时（2008 年冬），还没有用以评估桥梁对于一个地区社会和经济、防护和安全重要性的统一做法，统一的确定桥梁安全优先级的程序的制定工作尚在进行中。

在没有统一程序的情况下，美国一些州制定了本州确定桥梁优先级的安全优先级的流程，这些方法尽管类似，但在细节上仍有所不同。另外，美国一些州的交通运输部门也开发了评估桥梁重要性的程序，以协助桥梁的震后修复。桥梁重要性评估程序可以在安全考量方面协同使用。

有关安全策略和风险防控指南可以在以下文献中找到：《针对关键目标识别与防护的高速公路易损性评估指南》（*A Guide to Highway Vulnerability Assessment for Critical Asset Identification and Protection*）（2002），《桥梁和隧道安全建议》（*Recommendations for Bridge and Tunnel Security*）（2003），《重要桥梁设施抗恐怖袭击设计》（*Design of Critical Bridges for Security against Terrorist Attacks*）（2003），《保护公共交通和行人免受恐怖活动：最佳安全做法案例研究与袭击事件年表》（*Protecting Public Surface Transportation and Patrons from Terrorist Activities: Case Studies of Best Security Practices and a Chronology of Attacks*）（2001），《地面交通安全改善：研究和发展策略》（*Improving Surface Transportation Security: A Research and Development Strategy*）（1999），《CE 397：结构抗爆设计》（*CE 397: Blast-Resistant Structural Design*）（2009）。

2.7.2　设计需求

桥梁管理者应在安全分析中为桥梁所受威胁的规模和区域建立相关联系。这些标准应考虑结构的类型、几何形状和重要性。标准还应设定威胁分级，并定义每一等级威胁所对应的结构性能。

基于给定的设计威胁程度来确定设计要求，同时应考虑对应结构的性能水平。根据设计要求，桥梁管理者负责制定并批准设计方案。

C2.7.2

保护桥梁免受任何潜在的威胁是不现实的。最具威胁的工况应基于桥梁结构系统、几何形状和对应的易损性来确定。最有可能的攻击情形是在最短的时间内发动袭击，袭击方案和实施简单直接，且有极大的概率导致破坏最大化。

桥梁结构可接受的损伤程度应与袭击规模的大小成正比。例如，在小规模袭击下应当预测结构出现线性响应或局部损伤；而在较大规模袭击下，某些构件出现的显著永久性变形、损伤或部分破坏应是可以接受的。

在确定用于设计需求的分析水平时，应考虑威胁程度和桥梁的重要性。简略的方法可以用于受威胁程度和重要性较低的桥梁，然而对于受威胁程度高的重要桥梁则应当进行更加精确的分析。

6.3　爆炸荷载规范

完成风险和易损性评估后，应当基于适当的爆炸荷载对桥梁构件进行设计。以下章节定义了重要的爆炸荷载变量。

3.15 爆炸荷载

3.15.1 前言

当桥梁或者桥梁构件已确定需进行抗蓄意或偶然性爆炸冲击设计时，以下几点需要注意:

- 炸药的 TNT 当量;
- 炸药形状;
- 炸药类型;
- 爆炸距离;
- 炸药位置;
- 可能的运输方式和对应容量（例如，最大装药量取决于运输工具的类型，如汽车、卡车、船舶等）;
- 运载工具爆炸后形成的破片。

C3.15.1

爆炸冲击荷载强度由炸药的 TNT 当量、形状、类型和爆炸位置等共同决定。为便于对比，所有炸药质量均转换为等效 TNT 炸药质量。

爆距指炸药中心与目标之间的距离。由于爆炸波在大气中耗散，爆距的增加会导致目标所受的峰值压力呈立方指数下降（例如，对于给定质量的炸药，爆距增加 1 倍将会导致峰值应力下降至 1/8）。爆炸的位置影响地面反射超压或者周围建筑反射超压的增强效应。此外，最靠近爆炸中心的构件破片飞溅所能造成的毁伤程度同样由爆炸位置决定。

有关爆炸荷载的分析和结构响应的信息可参考以下文献:《结构动力学导论》(*Introduction to Structural Dynamics*)(1964),《爆炸危险性评估》(*Explosion Hazard and Evaluation*)(1983),《结构抗偶然性爆炸荷载作用》(*Structures to Resist the Effects of Accidental Explosions*)(TM 5-1300)(Department of the Army，1990),《工程结构爆炸荷载确定方法》(*Explosive Loading of Engineering Structures*)(1997),《常规武器防护设计基础》(*Fundamentals of Protective Design for Conventional Weapons*)(TM 5-855-1)(Department of the Army，1986)。

AASHTO LRFD 规范 3.4.1 节认定爆炸荷载为极端事件。常规水流引起的桥梁冲刷只需与爆炸荷载结合考虑即可。

2.6.4.4.2 桥梁冲刷

根据第 3.7.5 节的要求，对桥梁基础附近的冲刷情况进行了调查。

当爆炸荷载作用时，只需考虑常规水流引起的冲刷。

C2.6.4.4.2

美国和其他地区大多数桥梁失效是由冲刷引起的。

在爆炸荷载作用的同时发生由结构设计或阻截洪水引发的冲刷，其可能性非常小。因此，研究爆炸荷载效应时只需考虑常规水流所带来的桥梁冲刷即可。

6.4 桥梁墩柱设计与构造指南

6.4.1 综述

完成风险评估后，可以划分钢筋混凝土桥梁墩柱的抗爆设防等级。AASHTO LRFD 规范 4.7.6.2 节依据比例爆距 Z 划分抗爆设防等级。下面将进一步阐述每个等级的设计与构造指南。

4.7.6.2　下部结构抗爆设防等级

为进行爆炸荷载作用下的下部结构构件设计，基于比例爆距 Z，将下部结构划分为抗爆设计 A、B、C 三类，如下所述：

- 对于 A 类抗爆设计：$Z>3$；
- 对于 B 类抗爆设计：$1.5<Z\leqslant 3$；
- 对于 C 类抗爆设计：$Z\leqslant 1.5$。

$$Z=\frac{R}{W_{\mathrm{TNT}}^{1/3}}$$

式中：

Z——比例爆距（$\mathrm{ft/lb^{1/3}}$）；

R——爆距（ft）；

W_{TNT}——等效 TNT 炸药质量（lb）。

爆炸荷载作用下箍筋的构造应当满足以下条件：

- 对于 A 类抗爆设计：没有超出其他荷载的额外要求。
- 对于 B 类抗爆设计：地震分区为 3 区和 4 区（此处为美国标准，美国依据地面运动发生的概率将不同区域划分为 0～4 等不同级别，数字越大，表示地震频率越高。该分级制度目前已淘汰）的所有规定，如 5.10.11.4.1c，5.10.11.4.1d 和 5.10.11.4.1e 节所示，5.10.2.3 节的规定同样适用。
- 对于 C 类抗爆设计：地震分区为 3 区和 4 区的所有规定，如 5.10.11.4.1c，5.10.11.4.1d 和 5.10.11.4.1e 节所示，且根据 5.10.12.3 节对此进行修正，5.10.2.3 节的规定同样适用。

C4.7.6.2

比例爆距 Z 的值表征爆炸荷载强度的大小。一般来说，这个参数的值越高，爆炸荷载的预期强度就越低，对于桥梁墩柱的构造要求也越低。

因此，通过物理措施增加爆距是理想的设防措施。

如规范 2.7.2 节所述，桥梁管理者应根据威胁规模和区域建立相关标准用于桥梁安全分析。这些标准应当考虑到桥梁结构的类型、几何形状和重要性程度。

TNT 当量系数是炸药与同等爆炸能量 TNT 的质量比。在大多数爆炸效应的研究中使用 TNT 当量将普通炸药的爆炸能量与 TNT 的爆炸能量对应起来。《结构动力学：理论与方法》（*Structural Dynamics: Theory and Approach*）（Tedesco，1999）或《结构抗偶然性爆炸荷载作用》（*Structures to Resist the Effects of Accidental Explosions*）（Department of the Army，1990）都提供了自由场条件下不同炸药的平均等效当量表。

C 类抗爆设计中的测试墩柱因比例爆距不同受到了不同程度的损伤（Williamson，2009）。试验表明，比例爆距较小的墩柱遭受的爆炸荷载更大，从而出现塑性铰、混凝土保护层的脱落甚至是墩柱截面的完全炸穿等破坏现象。通常，在 $Z < 0.5$ 时，需要注意控制局部破坏诸如炸穿等现象（Williamson，2009）。C 类抗爆设计中具有较大比例爆距的墩柱同时发生了剪切破坏和弯曲开裂。A 类和 B 类抗爆设计较之 C 类抗爆设计，其墩柱承受相对较小的爆炸荷载，对于抗爆设计的要求相对更低，在这种情况下，满足较低的构造要求即可使结构的性能达到合格标准。

4.7.6.3　墩柱抗爆设计

假如墩柱满足 4.7.6.2 节关于 A 类和 B 类抗爆设计的规定，那么设计和构造方面不需要考虑爆炸荷载具体的大小和分布，5.10.12 节的构造要求同样适用。

假如墩柱的设计和构造满足 4.7.6.2 节中规定的 C 类抗爆设计，那么其箍筋在设计和构造上应能够承受墩柱塑性分析中的剪力和弯矩，同时应具有足够的抗剪性能以确保挠度控制在安全范围内。

C4.7.6.3

强烈爆炸荷载会引发墩柱的塑性破坏机制，因此，对墩柱构件进行塑性分析是合理的。

基于静态荷载分析得到的基础剪力，考虑到应变率效应，可以通过修正剪力设计方程确定箍筋间距（ASCE，1997）并解决空间布置问题。塑性弯矩（M_p），即横截面抗弯承载力（M_N），也需要结合动力提高系数来考虑应变率效应影响下的材料动态强度。动力提高系数可以在《结构抗偶然性爆炸荷载作用》（*Structures to Resist the Effects of Accidental Explosions*）（Department of the Army，1990）和《石油化工设施抗爆设计》（*Design of Blast Resistant Buildings in Petrochemical Facilities*）[American Society of Civil Engineers（ASCE）Task Committee on Blast-Resistant Design，1997] 等文献中找到。

墩柱的最大抗剪承载力依赖于边界条件和荷载分布形式。应基于所讨论墩柱的几何尺寸及其与相邻构件的连接情况确定其边界条件。爆炸荷载分布则由比例爆距和墩柱横截面决定。

在确定墩柱抗剪需求时应当考虑预期的破坏机制和荷载分布。

随着结构要求不断提高以及威胁形势日益严峻，为使桥梁墩柱获得完善的构造，故划分设防等级。设置足够的比例爆距来降低设计风险是提高设防等级和构造要求的安全替代方案。一般来说，较大的比例爆距对应较低强度的爆炸荷载，因此对于构造要求也比较低。

试验中的所有墩柱均属于 C 类抗爆设计，因比例爆距不同受到了不同程度的损伤破坏。试验表明，比例爆距较小的墩柱遭受的爆炸荷载更大，从而出现塑性铰、混凝土保护层的脱落甚至墩柱截面的完全炸穿等破坏现象，而 C 类抗爆设计中具有较大比例爆距的墩柱同时发生了剪切破坏和弯曲开裂。A 类和 B 类抗爆设计较之 C 类抗爆设计，其墩柱承受较小的爆炸荷载，对于抗爆设计的要求相对更低。

6.4.2　A 类抗爆设计

A 类抗爆设计中，高速公路桥梁墩柱不需要针对抗爆设计进行任何修正，在常规荷载预期下遵循《AASHTO LRFD 桥梁设计规范》(*AASHTO LRFD Bridge Design Specifications*)（2007）中的相关设计和构造要求即可。因此，A 类抗爆设计中的桥梁墩柱可以不考虑爆炸荷载。

5.10.12.2　A 类抗爆设计

A 类抗爆设计中的墩柱设计和构造不需要考虑爆炸荷载的影响，如 4.7.6.2 节所述。

C5.10.12.2

由于 A 类抗爆设计中的桥梁墩柱承受较小的爆炸荷载，此类墩柱即使没有直接考虑抗爆要求，其设计与构造也能满足其荷载对性能的需求。

6.4.3　B 类抗爆设计

B 类抗爆设计中的高速公路桥梁墩柱遵循《AASHTO LRFD 桥梁设计规范》（2007）中的抗震设计和构造要求，但存在差异。美国加利福尼亚州交通局（California Department of Transportation）的《抗震设计规范》(*Seismic Design Criteria*)（2006）和《桥梁设计规范》(*Bridge Design Specifications*)（2003）也给出了相关的设计和构造要求。B 类抗爆设计与上述文献的差异主要体现在：第一，当使用分离式箍筋（见第 5 章）时，弯钩端头平直段长度的要求更为严格，具体要求为 135° 弯钩，外加不小于 $15d_b$ 和 7.5in 之间取大值的端头平直段长度；第二，考虑到潜在爆炸点的不确定性，塑性铰区域的箍筋构造需沿高度方向遍及整个墩柱。这两处差异均在规范 5.10.2.3 节的设计指南中有所提及。

在 Bae 和 Bayrak（2008）对足尺混凝土桥梁墩柱所做的地震荷载试验中，首次试验采用 135° 弯钩，外加 $8d_b$ 端头平直段长度的抗震弯钩，发生脱开破坏；后使用端头平直段更长的弯钩，其性能表现十分优异。爆炸和地震荷载都是引起结构动力响应和非弹性行为的动力荷载。为了形成塑性铰和有利的破坏形态（弯曲），深入墩柱核心混凝土的足量锚固必须沿高度方向布设于整个墩柱。

6.4.4　C 类抗爆设计

C 类抗爆设计中的高速公路桥梁墩柱至少应当满足 B 类抗爆设计要求。为进一步提升墩柱的抗爆性能，下文给出了更加严格的设计和构造要求，实施时应按照有效性高低遵循以下顺序：爆距、墩柱几何形状、构造和设计（箍筋数量、箍筋与锚固的类型以及纵筋搭接位置）。

6.4.4.1　爆距

提高钢筋混凝土公路桥梁墩柱抗爆性能最好的方法之一是通过设置护栏、安全围栏和车辆栏障等物理障碍增加爆距。如果能有效限制接近墩柱的途径，则能够增加设计爆距，降低爆炸荷载对墩柱及对应设防等级的影响。

如果只限制运载工具与目标的距离，那么小部分炸药还是有可能直接接触到墩柱，从而导致局部损伤或核心混凝土的炸穿破坏。局部破坏试验结果表明，近区爆炸情况下仅仅增加几英寸的爆距便能大幅提高墩柱的生存概率。除物理障碍外，还可以通过增设建筑部件的形式在墩柱表面添加额外的保护层来增加爆距。

6.4.4.2　墩柱几何形状

以下关于横截面形状和尺寸的建议可以改善钢筋混凝土桥梁墩柱的抗爆性能。

1. 横截面形状

由于截面形状会影响爆炸荷载与墩柱的相互作用，实际工程中应选择合适的抗爆柱截面形状以尽量降低爆炸荷载作用的强度。与同样尺寸的方形柱或矩形柱相比，使用圆形截面墩柱能够有效降低超压和冲量，在较小比例爆距下冲量的降幅甚至可以达到 34%（见第 5 章）。因此，正如 AASHTO LRFD 规范 2.7.3 节所述，推荐使用圆形截面柱。

2.7.3　构件几何形状选择

实际工程中应选择合适的构件截面形状以尽量降低爆炸荷载的影响。

C2.7.3

当构件的迎爆面宽度及爆炸工况相同（即拥有相同的炸药装量和爆距）时，爆炸荷载的强度会因构件横截面形状的不同而不同（Williamson，2009）。例如，当迎爆面宽度相同时，作用在方形和矩形截面墩柱上的爆炸压力要比作用在圆形截面墩柱上的高。且在较小比例爆距下爆炸冲量的降幅甚至可以达到 34%。因此，选择合适的构件横截面形状能够有效降低爆炸荷载作用的强度从而减少构件损伤。

2. 横截面尺寸

横截面尺寸同样影响冲击波的传播和构件的开裂破坏模式。图 6-1 给出了两个直径和爆距不同但构造一致的墩柱试件，试验中 2A2 号试件装药量与 1A2 号试件接近，但爆距略小于 1A2 号试件，尽管如此，试验结果表明 2A2 号试件较 1A2 号试件损伤更小。因此，增加墩柱直径可以提升其抗剪能力并降低不利构造的影响。为提高墩柱的抗爆性能，建议其横截面直径最少为 30in。

（a）1A2（直径18in）　（b）2A2（直径30in）

图 6-1　横截面尺寸重要性

6.4.4.3　构造和设计

如果不能通过增加爆距的方法有效降低爆炸荷载效应，那么推荐以下的设计和构造规定：增加箍筋数量，使用螺旋箍筋或充分锚固的分离式环形箍筋，避免搭接。下文给出了这些设计规定的具体要求。

1. 箍筋数量

试验结果表明，增加体积配筋率能够提高墩柱的延性和抗剪能力从而提高其抗爆性能。直剪破坏是抗爆墩柱需要考虑的一个重要问题，需要足够的抗剪承载力来确保墩柱的延性失效模式（见第 5 章）。因此，为满足 C 类抗爆设计的高抗剪要求，需要使用比抗震设计更加严格的箍筋设计（见第 5 章）。

推荐使用式（6-1）计算圆形截面抗爆墩柱的体积配箍率 ρ_s，使用式（6-2）计算矩形截面抗爆墩柱的最小箍筋面积 A_{sh}。满足以上要求的墩柱在近区爆炸试验中受到的破坏有轻有重，然而核心混凝土部分仍保持完整，墩柱仍然能够承受荷载。基本上，与抗震设计相比，建议墩柱的抗爆设计增加 50%的约束以提升横截面的延性和耗能能力。

$$\rho_s \geqslant 0.18\frac{f_c'}{f_y} \tag{6-1}$$

$$A_{sh} \geqslant 0.18sh_c\frac{f_c'}{f_y} \tag{6-2}$$

式中：

f_c'——混凝土 28d 抗压强度（psi）；

f_y——钢筋屈服强度（psi）；

s——箍筋间距（in），不超过 4in；

h_c——受力方向截面核心区高度（in）。

考虑到潜在爆炸点的不确定性，满足最小箍筋量的箍筋应当沿高度方向布设于整个墩柱。AASHTO LRFD 规范 5.10.12.3 节给出了最小配箍率的规定。

5.10.12.3　B 类和 C 类抗爆设计

当墩柱的设计和构造适用于 B 类和 C 类抗爆设计时，如 4.7.6.2 节所述，箍筋必须满足地震分区为 3 区和 4 区的所有要求，如 5.10.11.4.1c、5.10.11.4.1d 和 5.10.11.4.1e 节所示，须特别注意以下要求。

- 5.10.2.3 节的要求也同样适用。
- 中部塑性铰长度应是 5.10.11.4.1c 规定的端部塑性铰长度的 2 倍。

此外，对于 C 类抗爆设计的桥梁墩柱：

- 对于圆形截面墩柱，式（5.10.11.4.1d-1）给出的螺旋箍筋或抗震箍筋的体积配箍率 ρ_s 应当提高 50%。
- 对于矩形截面墩柱，式（5.10.11.4.1d-2）和式（5.10.11.4.1d-3）给出的箍筋毛截面面积 A_{sh} 应当提高 50%。

C5.10.12.3

在地震分区为 3 区和 4 区的地域，假定塑性铰在桥墩承台之上、盖梁之下形成，5.10.11.4.1c 节中的端部长度便是基于此得出的。

对于承受爆炸荷载的桥梁，墩柱很有可能形成中部塑性铰。假定塑性铰区域在中部，其两侧的延伸长度等于其任一端部长度。这一假定认为最大弯矩点到塑性铰端的长度与荷载的类型及塑性铰的位置无关。中部塑性铰的理论位置可基于塑性分析计算得到。

中部塑性铰的真实位置是很难确定的，因为爆炸荷载随时间和墩柱上作用位置的不同而变化。因此，如 5.10.12.3 节所述，大多数情况下应当在整个墩柱高度范围内都布置附加箍筋。

提高约束钢筋最小量是为了提高墩柱的延性和塑性铰区域的耗能能力。

2. 箍筋与锚固的类型

试验现象表明近区爆炸情况下连续螺旋箍筋要比分离式箍筋性能更优异。在最容易发生剪切破坏的基础部分布置连续箍筋能够对核心混凝土形成更好的约束。因此，对于抗爆墩柱更推荐使用连续螺旋箍筋。

深入核心混凝土的足量锚固可以提升分离式箍筋的性能。为了避免锚固失效并提高爆炸荷载（及地震荷载）作用下分离式普通箍筋的性能，推荐使用比现有规定更长的弯钩。基于抗爆考虑，合适的锚固弯钩应当由 135° 弯钩，外加不小于 $20d_b$ 和 10in 之间取大值的端头平直段长度组成。图 6-2 给出了各种设计类型中的锚固形式。

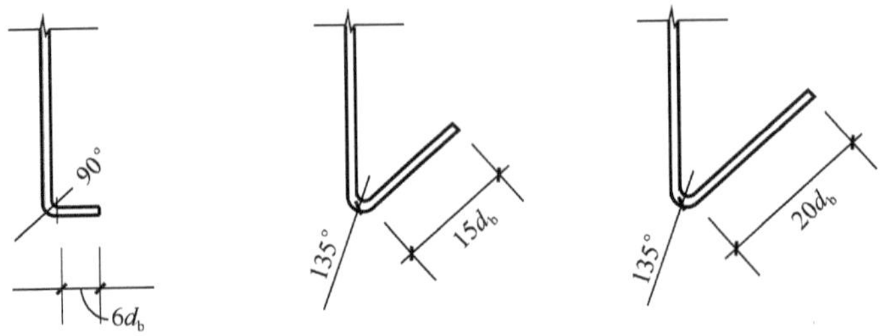

（a）A类抗爆设计　（b）B类抗爆设计　（c）C类抗爆设计

图 6-2　分离式箍筋锚固形式

5.10.2.3　抗爆墩柱弯钩

如果墩柱满足 4.7.6.2 节关于 B 类和 C 类抗爆设计的要求，那么如 5.10.11.4.1c 节和 5.10.12.3 节所述，箍筋应具有 135° 弯钩，且弯钩端头平直段长度不小于以下条件。

- 对于 B 类抗爆设计的桥墩设计和构造：$15d_b$ 或 7.5in 之间取大值。
- 对于 C 类抗爆设计的桥墩设计和构造：$20d_b$ 或 10in 之间取大值。

假如墩柱的设计和构造适用于 B 类和 C 类抗爆设计，那么箍筋弯钩的位置应当在设计中详细给出。

C5.10.2.3

墩柱的 1/2 缩尺爆炸试验表明：90° 弯钩，外加 $6d_b$ 端头平直段长度的箍筋，其抗爆性能无法满足要求。如图 6-3 所示，弯钩的变形导致核心混凝土破坏并造成墩柱严重毁伤。

Bae 和 Bayrak 的足尺墩柱试验（2008）中出现了 135° 弯钩，外加 $8d_b$ 端头平直段长度的分离式抗震箍筋脱开失效的情况。爆炸荷载和地震荷载都是引起结构动态响应和非弹性行为的动态荷载，为了形成塑性铰和有利的破坏形态（弯曲），深入核心混凝土的足量锚固必须沿高度方向遍及整个墩柱。足尺墩柱采用 135° 弯钩，外加不小于 $15d_b$ 和 7.5in 之间取大值的端头平直段长度时，在抗震试验中表现优异（Bae 和 Bayrak，2008）。B 类抗爆等级的墩柱设计和构造规定使用这种弯钩。

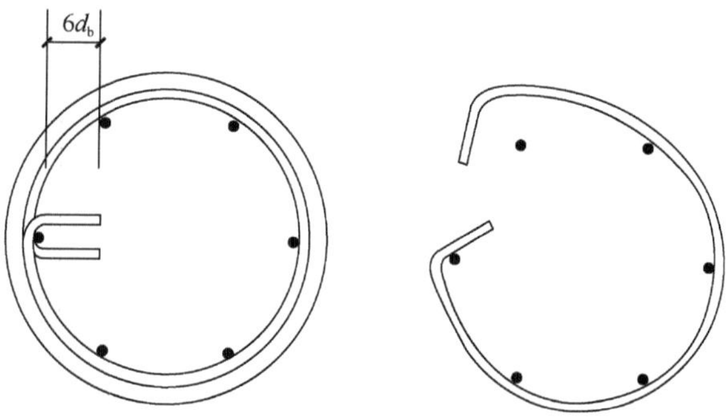

（a）　（b）

图 6-3　爆炸荷载时带有标准弯钩的分离式箍筋发生不可接受的破坏（锚固失效）

方形墩柱采用 135° 弯钩，外加不小于 $20d_b$ 和 7.5in 之间取大值的端头平直段长度时，在剧烈爆炸试验中性能优异（Williamson，2009）。核心混凝土仍保持完整，且墩柱在经受剧烈爆炸作用后仍能够承受荷载。本文在所有 C 类抗爆设计中扩展了加长平直段长度的应用（从抗震设计到抗爆设计）。

对于所有 B 类和 C 类抗爆设计中的桥梁墩柱，如 C5.10.12.3 节所建议，整个墩柱高度上均应采用更严格的构造措施。

仍需进一步研究评估焊接箍筋和其他箍筋布局的性能。

3. 纵筋搭接位置

如果纵筋搭接位置在爆心或爆心附近，那么搭接位置处很有可能发生炸穿破坏。炸穿破坏是指沿墩柱高度某一给定横截面处的混凝土完全被炸穿（即局部横截面的缺失）。局部破坏试验表明使用搭接的墩柱试件在柱体大部区域发生显著破坏甚至墩柱失效，其主要原因是搭接位置处发生炸穿破坏导致试件失去连续性；而没有使用搭接的墩柱在爆心上下约一个直径范围内产生了局部破坏。因此，在远离爆心处布置搭接有助于减少局部破坏。但是，墩柱的功能也取决于箍筋的类型和数量、保护层厚度以及横截面的大小。目前仍缺乏试验数据以确定爆炸毁伤中的墩柱性能。

为了提升 C 类抗爆设计中墩柱的抗爆性能，在可行的情况下应尽量避免纵筋的搭接；如果无法避免，则搭接的位置应当遵循 AASHTO LRFD 规范 5.12.13.4 节的准则。

5.12.13.4 B 类和 C 类抗爆设计中墩柱纵筋的搭接

5.10.11.4.1f 节的规定同样适用。

如 4.7.6.2 节所述，当墩柱的设计和构造适用于 B 类和 C 类抗爆设计时，墩柱在爆炸荷载下纵筋搭接的全长应当满足以下要求。

- 5.10.11.4.1c 节中规定位于端部塑性铰区域之外。
- 5.10.11.4.1c 节中规定位于中部塑性铰区域之外并向两侧延伸一个端部长度。
- 位于墩柱附近地面 12in 以上（双层桥情况下要求高于下层桥面）。

C5.12.13.4

如果搭接位置在爆心或爆心附近，则很有可能在搭接处发生炸穿破坏。墩柱 1/2 缩尺局部破坏试验（Williamson，2009）表明，在底座上方 1/4 柱身高度处进行搭接的墩柱，其柱体大部分区域发生严重的局部破坏甚至墩柱失效，其主要原因是搭接位置处钢筋和混凝土剥离。没有使用搭接的墩柱在爆心上下约一个直径范围内产生了局部破坏。本文撰写时（2008 年冬），还没有充分的试验数据能够确定损伤状态下墩柱的承载力。

考虑到卡车炸弹通常高于地面（桥面）6in，因此要求搭接位置高于地面 12in（双层桥情况下要求高于下层桥面）。上述规定的意义在于使搭接位置远离塑性铰区域和爆心以使爆炸局部破坏最小化。爆心附近搭接的性能还需要进一步研究确定。

6.5 墩柱分析指南

当爆炸荷载适用于 C 类抗爆设计时，应当进行动态分析。

4.7.6 爆炸效应分析

4.7.6.1 概述

对桥梁构件进行爆炸荷载分析应当基于爆炸压力对结构的动态效应进行，等效静载分析的结果不适用于此目的。

C4.7.6.1

抗爆设计中桥梁构件应当考虑局部剥落和炸穿破坏模式。制定这些规范时可获得的数据（2008 年冬）并不足以得出预估墩柱剥落和炸穿破坏范围的公式。但是，对于一些使用美国陆军部设计指南（Department of the Army，1990）的构件，其剥落和炸穿破坏是可以预估的。

考虑到可能的袭击工况和相关爆炸载荷的不确定性，设计中不能使用等效静力荷载。此外，爆炸荷载的高幅值、短持时的特性也要求在结构构件分析中考虑惯性效应。因此，当开展爆炸荷载作用下的结构构件设计时，等效静力分析是不可接受的。结构的抗爆设计资料可以在以下文献中找到:《石油化工设施抗爆设计》

（*Design of Blast Resistant Buildings in Petrochemical Facilities*）[American Society of Civil Engineers（ASCE）Task Committee on Blast-Resistant Design，1997]，《结构抗偶然性爆炸荷载作用》（*Structures to Resist the Effects of Accidental Explosions*）（Department of the Army，1990），《结构安全设计：实践》（*Structural Design of Physical Security: State of Practice*）（1999），《结构动力学导论》（*Introduction to Structural Dynamics*）（1964），《混凝土和爆炸效应》（*Concrete and Blast Effects*）（1998）。

4.7.6.3 节概述了运用单自由度法对近区爆炸墩柱抗弯性能分析研究的过程。

4.7.6.3　高速公路桥梁墩柱的爆炸分析程序

为评估墩柱的抗爆性能，应开展转角和弯曲延性比的抗弯计算分析。

可以使用基于比例爆距的等效爆炸荷载来替代精确的爆炸荷载进行分析，诸如 BEL 或 BlastX 等软件可用于确定均布压力和冲量下的等效爆炸荷载。为了计算转角和弯曲延性比，应使用等效荷载开展单自由度分析。设计界限如下：

$$\theta \leqslant 1.0^\circ$$

$$\mu \leqslant 15$$

式中：

θ ——支撑转角（°）；

μ ——延性比。

这些设计界限可以确保墩柱的破坏受到控制，使其在经历极端爆炸荷载后仍能继续工作。

C4.7.6.3

这种分析使用弯曲响应作为剪切响应的一个指标，而不是直接计算剪力。UFC 3-340-01 的抗剪承载力计算方法所得结果并不一定代表其真实抗剪性能（Williamson，2009）。剪力检验应直接依据弯曲分析得到的设计界限。

转角和弯曲延性比的设计界限是基于大型试验（Williamson，2009）中发生轻度到中度损伤而没有显著剪切损伤破坏的墩柱来确定。这些界限有助于确保近区爆炸造成的巨大剪切荷载不会导致剪切破坏的发生（Williamson，2009）。增加柱的横截面尺寸和纵筋数量可以提高墩柱的抗弯性能。

一般来说，高速公路桥梁墩柱的爆炸分析分为以下步骤。

（1）基于爆距和装药量（参考 2.7.2 节和 3.15.1 节）确定设计威胁等级并计算比例爆距和设计类别（参考 4.7.6.2 节）。

（2）根据步骤（1）中基于设计装药量和爆距确定的设计类别细化墩柱构造，如果有必要还需要进行步骤（3）～（5）中的动态分析。4.7.6.2 节为每一种设计类别提供了设计和构造指南。

（3）使用步骤（1）中的装药量和爆距，运用合理的荷载预测方法确定等效均布压力和冲量。荷载预测应考虑由于墩柱正面和地面/桥面反射引起的压力及冲量的增加，BEL 和 BlastX 是两个适用于荷载预测的软件。

（4）确定墩柱的质量，使用均布荷载计算墩柱每个响应阶段的最大弯曲抗力和刚度以建立抗力曲线，且确保抗力曲线的边界条件应与实际结构相一致。如果实际结构中精确的边界条件无法确定（例如，如果边界既不是铰支，也不是固支，而是有一些不确定的约束），则分别对两种边界条件进行分析形成上限与下限，为设计提供足够的响应预测范围。

（5）首先使用适当的荷载-质量系数计算墩柱的等效荷载、质量和刚度，然后采用单自由度分析方法确定墩柱的峰值位移和支撑转角。均布荷载下墩柱的荷载-质量系数如下。

简支：

$$K_{\text{LM.elastic}} = 0.78$$
$$K_{\text{LM.plastic}} = 0.66$$

底端固支、顶端铰支：

$$K_{\text{LM.elastic}} = 0.77$$
$$K_{\text{LM.elastic-plastic}} = 0.79$$
$$K_{\text{LM.plastic}} = 0.67$$

两端固支：

$$K_{\text{LM.elastic}} = 0.77$$
$$K_{\text{LM.elastic-plastic}} = 0.79$$
$$K_{\text{LM.plastic}} = 0.66$$

式中：

$K_{\text{LM.elastic}}$——构件处于弹性阶段的荷载质量转换系数；

$K_{\text{LM.elastic-plastic}}$——构件处于弹塑性阶段的荷载质量转换系数；

$K_{\text{LM.plastic}}$——构件处于塑性阶段的荷载质量转换系数。

三角形荷载，其大小等于步骤（3）计算的峰值压力，且三角形荷载的曲线图应当保持总冲量不变。因此，三角形荷载持续时间应等于 0.5×冲量/峰值压力。

（6）对计算得到的峰值位移和支撑转角与 4.7.6.3 节规定的构件延性和支撑转角界限进行对比，如果有必要可重新设计。

单自由度分析程序的更多细节可以在 Biggs 的《结构动力学导论》(*Introduction to Structural Dynamics*)（1964）、Tedesco 的《结构动力学：理论与方法》(*Structural Dynamics: Theory and Approach*)（1999）以及美国陆军部的《结构抗偶然性爆炸荷载作用》(*Structures to Resist the Effects of Accidental Explosions*)（TM 5-1300）（1990）中找到。考虑到爆炸荷载的不确定性，抗爆设计中没有特别规定荷载系数。

但是，在极端荷载情况下，应使用动力提高系数和强度提高系数从而更好地预估实际设计强度并降低设计保守性。动力提高系数和强度提高系数参考《石油化工设施抗爆设计》(*Design of Blast Resistant Buildings in Petrochemical Facilities*)(ASCE，1997)和美国陆军部的《结构抗偶然性爆炸荷载作用》(*Structures to Resist the Effects of Accidental Explosions*)(TM 5-1300)(1990)。此外，单自由度分析程序并没有要求使用等效均布压力。如果荷载模型可以用来预测墩柱上的非均布荷载，那么设计者可以选择使用这种更精确的荷载分布来代替等效均布压力。但是，这也要求设计者需要使用该荷载分布来计算每个响应阶段的刚度、最大阻力和荷载-质量系数。上面引用的 3 篇参考文献提供了使用特定荷载分布来计算这些参数所必需的信息。

第 8 章中的设计范例提供了评估桥梁抗爆性能所需要进行的计算步骤细节。

6.6　小　　结

基于试验现象和数据，本章给出了钢筋混凝土高速公路桥梁墩柱的抗爆设计和构造指南。本章以 AASHTO LRFD 规范（2007）的形式编写，以便于桥梁工程师能够直接使用本研究的相关结论。下一章对爆炸荷载作用下墩柱的理论分析模型进行总结。

第7章 分析准则

7.1 概 述

前面章节已经提到各类加载和响应分析技术的优势、性能、局限以及应用情况。本章介绍桥梁墩柱在爆炸荷载下的简化分析技术和精细化有限元模型的应用情况。对于研究桥梁墩柱在爆炸荷载下复杂响应的工程师来说，尽管本章的分析过程提供了一个初步方法，但不应将其视为结构承受爆炸荷载时的通用解析模型。推荐的做法是，让兼有爆炸力学和结构响应计算两方面经验的分析人员来预测爆炸荷载下的结构响应。

7.2 简化分析准则

抗爆设计通常采用基于单自由度体系（SDOF）分析的设计步骤。尽管工程师们逐渐意识到设计时需要采用复杂有限元分析，但是由于爆炸荷载的诸多不确定性，比如准确的装药量、炸药形状、炸药材料类型以及爆炸距离等，大部分设计方案难以采用此类精细化分析方法。此外，抗爆设计中通常允许构件出现较大的非线性行为以耗散爆炸释放的能量，且在构件经历巨大的非弹性变形时，单自由度分析结果是可以接受的（Department of the Army，1990）。关于单自由度体系设计流程的理论背景及选用理由可见4.2节和相关的公开文献，例如《结构动力学：理论与方法》（*Structural Dynamics: Theory and Approach*）（Tedesco，1999）以及《结构动力学导论》（*Introduction to Structural Dynamics*）（John Biggs，1964）。同时，美国国防技术手册TM 5-1300《结构抗偶然性爆炸荷载作用》（*Structures to Resist the Effects of Accidental Explosions*）（Department of the Army，1990）给出了建筑构件抗爆设计的常用流程。本节给出的钢筋混凝土桥梁墩柱设计流程严格遵循被广泛接受和认可的TM 5-1300中的相关规定，并根据本研究中的试验成果对桥梁墩柱进行有针对性的考量。

桥梁墩柱设计应采用单自由度体系分析模型，该模型前期所需计算的柱体基本力学参数包括塑性弯矩M_p、构件总质量M和惯性矩I_z。基于对材料真实强度的推测以及应变率效应所导致的强度提高，在计算塑性弯矩承载力时，所使用的材料强度应分别使用强度提高系数和动力提高系数进行修正。动力提高系数是材料特性，应该在计算截面承载力之前计入。表7-1给出了混凝土材料常见的强度提高系数（SIF），表7-2给出了混凝土和钢筋常见的动力提高系数。相对于常规设计流程，提高材料强度似乎有悖于直觉。然而，典型的桥梁结构在使用年限内并不会考虑爆炸荷载的重复作用，在结构遭遇爆炸荷载时，优先考虑为人员提供安全出口以保证生命安全，在桥梁墩柱设计中主要表现为给驾驶员和行人创造逃生条件，必要时可以牺牲结构的完整性。因此，桥梁墩柱的抗爆设计应使用全部的承载力以抵抗极端荷载的破坏。

表 7-1 混凝土材料常见的强度提高系数

材料	SIF
结构（$f_y \leqslant 50$ksi）	1.10
钢筋（$f_y \leqslant 60$ksi）	1.10
冷弯型钢	1.21
混凝土①	1.00

资料来源：American Society of Civil Engineers (ASCE) Task Committee on Blast-Resistant Design，1997。

① 抗压试验的结果通常超过混凝土标准强度，可以用来代替上述系数。由于混凝土强度对剪力设计的影响比对弯曲承载力的影响更大，因此有一定的保守性。TM 5-1300 规定 SIF 取 1.10。

表 7-2 混凝土和钢筋常见的动力提高系数

应力类型	远区设计①			近区设计②		
	加固钢筋		混凝土	加固钢筋		混凝土
	f_{dy}/f_y	f_{du}/f_u	f'_{dc}/f'_c	f_{dy}/f_y	f_{du}/f_u	f'_{dc}/f'_c
弯曲	1.17	1.05	1.19	1.23	1.05	1.25
斜拉	1.00	1.00	1.00	1.10	1.00	1.00
直剪	1.10	1.00	1.10	1.10	1.00	1.10
粘结	1.17	1.05	1.00	1.23	1.05	1.00
压缩	1.10	1.00	1.12	1.13	1.00	1.16

资料来源：Department of the Army，1990。

注：f_{dy} 为钢筋动态屈服强度，f_y 为钢筋屈服强度；f_{du} 为钢筋动态极限强度，f_u 为钢筋极限强度；f'_{dc} 为混凝土动态抗压强度，f'_c 为混凝土 28d 抗压强度。

① 远区设计范围：$Z \geqslant 2.5\text{ft/lb}^{1/3}$；

② 近区设计范围：$Z < 1.0\text{ft/lb}^{1/3}$。

基于单自由度的设计流程要求工程师对爆炸荷载的大小、分布以及作用在构件上的爆炸荷载时程曲线做出预测。现有的荷载预测技术，如 TM 5-1300 中的图表或经验公式以及基于第一性原理和经验数据开发的结构荷载预测软件，如 ConWep、BlastX 和 BEL 等，都是很有效的手段。尽管在常规设计时考虑到极端荷载的不确定性，保守地使用了荷载系数，但在桥梁墩柱的抗爆设计中不应使用上述系数。无论选择何种荷载预测技术，预测结果应该是一个仅随时间变化的分布荷载，且在预期荷载随时间和位置变化时仍能与其大致相符。图 7-1 给出了某假定等效单自由度体系桥梁墩柱所受爆炸荷载形状的示意图。这一假定的荷载分布在开展塑性破坏分析计算构件最大抗力和各响应阶段塑性铰位置时十分必要。图 2-16 呈现了两端固支梁在均布爆炸荷载作用下的三个响应阶段，塑性铰的位置可以为各响应阶段在假定爆炸荷载作用下确定挠曲线提供边界条件。基于上述挠曲线可以计算出相应的等效荷载、等效质量和系统刚度，使单自由度体系在各相应阶段与真实体系等效。图 7-2 给出了简支梁弹性响应阶段中等效单自由度体系和真实体系之间的关系示意图。基于假定荷载在构件最大挠度点处发生单位位移时所做的功计算等效荷载，等效质量表征构件在最大挠度处发生单位位移时，沿构件长度分布的质量在系统上引起的惯性。尽管本节旨在描述桥梁墩柱抗爆设计流程，但并不针对单自由度分析流程进行详细介绍。Biggs 所著《结构动力学导论》（*Introduction to Structural Dynamics*）（1964）和 TM 5-1300《结构抗偶然性爆炸荷载作用》（*Structures to Resist the Effects of Accidental Explosions*）（Department of the Army，1990）均给出相关的转换系数图表，可以快速地将常规荷载情况下的总荷载和总质量转换为等效单自由度体系中的等效荷载和等效质量，并给出了其他荷载情况下计算这些等效系数所需的边界条件和公式。在该分析与设计流程中确定等效系统特性时，应假定荷载集中分布，不随其在构件上的位置而变化。结构系统上的真实情况并非如此，冲击波沿构件长度方向传播，荷载在不同时刻作用在构件的不同位置。分析单自由度体系时，虽然在技术层面上可以通过更新不同时刻的等效荷载和等效质量系数来改变荷载沿构件长度方向的分布，但由于荷载的不确定性，这种复杂的操作并不适用于此类分析，且作者认为目前还没有单自由度体系分析软件具有这种功能。另外，正如前文所述，在合理选择假定荷载分布的情况下，目前的分析流程对建筑构件的分析结果与试验数据吻合良好。

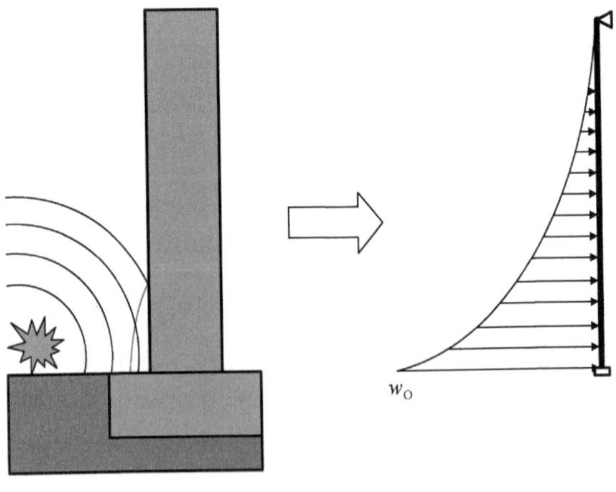

图 7-1　假定等效单自由度体系桥梁墩柱所受爆炸荷载形状示意图

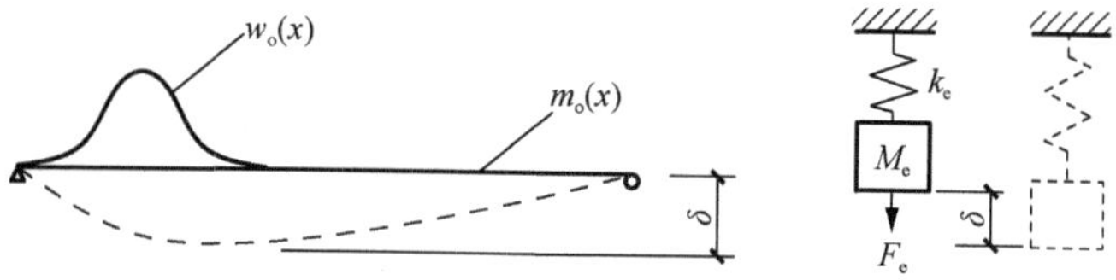

注：$w_o(x)$为施加于某一构件的假定爆炸荷载分布；F_e为等效荷载；$m_o(x)$为单位长度质量；M_e为等效质量；δ为构件最大挠度；k_e为等效刚度。

图 7-2　等效单自由度体系与真实体系关系示意图

当确定等效单自由度体系的参数后，就需要利用单自由度分析来确定桥梁墩柱的最大挠度和最大支撑转角。有不少易于操作的软件可满足这一需求，若无法获取合适的软件，桥梁设计者可能需要利用结构力学基本原理来开发一个单自由度分析工具。无论是选用既有软件还是开发新的分析工具，单自由度分析结果都需要与延性比和极限转角做对比。基于本项目的试验研究，合理的混凝土桥梁墩柱抗爆设计准则应将最大支撑转角定为1°，最大延性比定为15，这与TM 5-1300《结构抗偶然性爆炸荷载作用》（*Structures to Resist the Effects of Accidental Explosions*）（Department of the Army，1990）中对建筑构件的设计指标相同。如果延性比或支座转角的单自由度分析结果超过允许值，设计人员需要对构件设计进行调整并重新分析。

直剪和斜剪对抗爆设计而言都很重要，桥梁墩柱的设计应结合箍筋和纵筋的销栓作用，保证其具有足够的承载力，防止剪切破坏并促使弯曲成为主导的响应模式。本研究中桥梁墩柱和建筑物柱体抗爆设计之间一个重要且显著的区别就是柱体基础部分斜剪和直剪的处理方式。在本书提出的桥梁墩柱设计流程中，箍筋的设计要求和弯曲响应极限都是为了保证相应的剪切变形保持在可接受的范围内。因此，抗爆桥梁墩柱基础部分的直剪设计是默认包含在单自由度设计流程中的，且其使用的检验流程与抗爆建筑柱不同。此外，前文提出的设计准则概述了最小允许体积配筋率的规定，在第6章和第8章中可以找到设计流程的细节及实施办法，并且分别提供了规范形式的设计准则和详细的设计范例。与前文提到的抗弯承载力计算一样，抗剪设计需要考虑材料强度提高系数、动力提高系数以及空载系数。

本节给出的简化设计和分析流程基于被广泛接受和认可的TM 5-1300《结构抗偶然性爆炸荷载作用》（*Structures to Resist the Effects of Accidental Explosions*）（Department of the Army，1990），并且通过本项目中针对桥梁墩柱的试验研究进行了进一步修正。因此，该流程应遵循以最小成本开展合适且保守的设计，如第5章所述，在桥梁墩柱设计时推荐使用合适的简化分析流程。关于这一流程的更多信息及其在建筑构件方面的应用可以在其他资料中找到，包括《结构动力学：理论与方法》（*Structural Dynamics: Theory and Approach*）（Tedesco，1999）和《结构动力学导论》（*Introduction to Structural Dynamics*）（Biggs，1964）。

7.3　基于计算流体动力学的空气爆炸模型

基于计算流体动力学的有限元程序是在复杂设计工况、问题研究和事后评估中对爆炸荷载效应进行估计的有效手段，因为它可以涵盖简化分析程序所不能捕获的现象，包括复杂几何形状中的多次反射、局部构件失效以及爆炸荷载与结构响应的耦合等。尽管一些爆炸模型的有限元程序拥有易于操作的图形用户界面（GUI），许多通用的有限元程序还是需要用户手动定义许多参数，包括几何参数、材料特性及网格划分等。虽然这些程序能对大多数复杂空气爆炸工况给出可信的结果，但也有可能产生较大的误差甚至错误的结果。网格划分对这些模型非常重要，部分参数将严重影响荷载预测的结果，如炸药和空气的材料特性、爆炸区域的单元尺寸和形状、空气网格的密度和形状等。成功建立基于流体动力学的空气爆炸模型要求分析人员了解理论冲击物理学、爆炸下真实的物理行为以及所选择有限元程序的优缺点。

具有计算流体动力学功能的各种通用有限元程序以不同的方式实现高爆炸药的爆炸过程，即使在相同的有限元程序中也存在多种方法。在所研究场景下选择最合适的方法时，参考所选软件的用户手册是十分重要的。大多数方法要求对炸药和空气分别定义，并且至少有两个分别定义的方法。一个区分炸药和空气的方法是对两种不同材料单元进行分区，每个区域的单元以它们所代表的材料定义其特性，区域间的边界处共用节点；另一个方法是体积分数法，要求使用者对不同的材料建立独立的网格，并对其中的体积进行定义。如果操作正确，两个方法的计算结果是相似的，因为在整个分析过程中，定义炸药和空气所使用的任意拉格朗日-欧拉（ALE）单元允许整个分析过程中每个单元内存在多种材料。使用这种分析技术时，通用有限元程序通常要求用户允许同一种单元内的 ALE 网格包含多种流体的定义。无论选择何种方法分离材料，高效可靠的分析均对炸药和空气区域有不同的网格要求，下文会做进一步描述。

与所有的有限元分析一样，网格的形状和尺寸很大程度上会影响结果的保真度。已有文献证明了网格尺寸对有限元分析结果的影响，本次研究所完成的工作再次印证了这一点的重要性。随着空气网格越来越精细，超压和冲量的预测精度得到了显著提升（Cendon 等，2004；Knight 等，2004；Luccioni 等，2006），空气爆炸模型的整体网格在单元不够精细时会生成较低的超压和冲量，影响结果的准确性。因此，分析人员应该坚持始终进行网格尺寸效应研究，对比预测和试验结果以确定所考虑方案的最小网格密度。此外，网格尺寸的准确性非常重要，尤其在爆炸区域。炸药网格应尽量均匀，网格尺寸应尽可能统一，同时，爆炸区域每边应保证不少于 16 个单元以确保炸药彻底燃烧（Alia 和 Souli，2006）。分析人员应该避免在爆炸区域使用圆柱形和球形的网格（即楔形或圆锥形单元与四边形单元的组合）。此类网格中最靠近原点的单元其边长不成比例，与在爆炸区域仅使用四边形单元所得的模型相比，分析会花费更大计算成本，得到的峰值超压和冲量也较低。

计算流体动力学分析经常利用“追踪器”，在分析中的作用相当于压力传感器，用来追踪整个分析过程中的应力变化，并且其周围的网格尺寸和精细度会在很大程度上影响计算结果。因此，除了爆炸区域和模型整体的网格要求，目标周围区域也需要足够精细的网格来捕捉结构的消波效应和冲击波反射。在会反射爆炸波的目标区域，如果网格划分过大，该区域的“追踪器”可能会检测到很不准确的压力-时程关系，因为网格无法有效地追踪到两个位置之间的压力差。例如，目标上不同位置处本应有不同的消波时间和入射角，但如果一个目标上“追踪器”周围的网格尺寸过大，两个不同位置的“追踪器”可能会因驻留在同一个单元内而记录为同一个压力-时程曲线。事实上，诸如位于相同爆距的方柱和圆柱，当柱子表面单元边长比柱子宽度大（即柱子前表面完全在一个单元宽度之内）时，数值模拟无法区分两者之间的区别。因此，当“追踪器”存在时，一个空气爆炸模型的目标区域需要非常精细的网格划分，沿着目标的宽度和长度需要有多个单元来准确捕捉消波效应和目标表面的压力差。

网格尺寸影响爆炸模拟精度，而网格形状也起着重要作用。冲击波波阵面预期传播形状的均匀网格划分要优于其他离散化划分，因为它能够使垂直于波传播方向的压力保持平衡。因此，球形网格最适合球形装药爆炸，同样，柱形网格最适合柱形装药爆炸。非均匀的网格划分会使压力难以在垂直于波阵面的方向达到平衡，单元之间可能会形成压力差。如图 7-3 和图 7-4 所示，这两种数值模拟使用两种不同的网格划分对同一爆炸工况进行模拟。图 7-3 中的网格划分是均匀圆柱形网格上的对称楔形部分，图 7-4 中的划分同样是对称楔形，但目标区域附近网格逐渐精细（图中未标出目标）。图例中不同的颜色代表不同的压力水平，与地形图相似。图中右上区域标尺的单位为 Mbar*。图 7-3 显示的是一个球形爆炸波，该模型垂直于波传播方向的压力是平衡的。图 7-4 显示了垂直于波传播方向爆炸波的畸变，通过波阵面的颜色变化可以看出该畸变非常明显。精细网格区域表示高压在单元密集区域的集中。这种压力差是由非均匀网格划分引起的，因为均匀扩张的波阵面必须在不均匀的单元宽度中传播流动，故粗网格区域便会损失压力从而无法得到精确的结果。因此，如图 7-4 所示，爆炸波的畸变会发生在没有使用均匀网格的模型中，且与均匀网格相比，具有不同单元尺寸的网格在计算爆炸压力和能

* 1Mbar=10^{11}Pa。

量时，其精确度有所下降，至少在位置变化时，不同单元尺寸模型的计算结果会具有相对的不准确性，在某些情况下，还会给出关于整个模型的不准确结果。此外，除了爆炸区域外部的空气网格几何形状应遵循上述原则，爆炸区域内的单元也一样。因此，不论空气网格是柱形或球形的，爆炸区域只应使用具有相似尺寸的四边形单元。

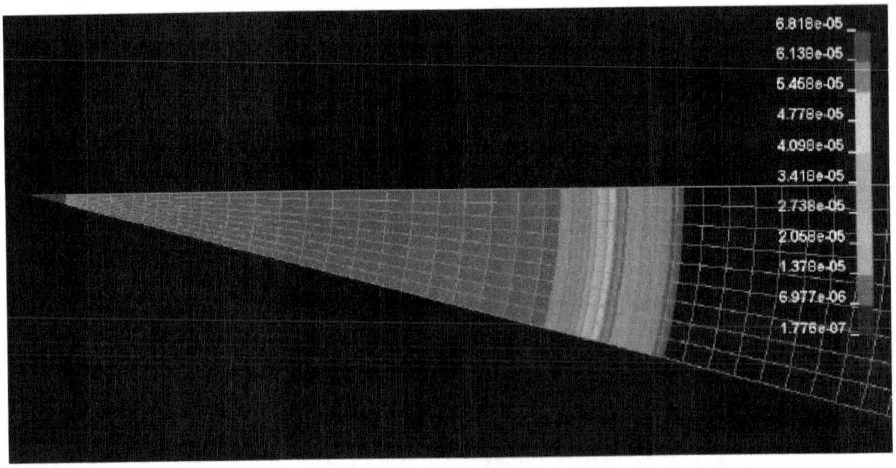

图 7-3　均匀网格下的爆炸压力等值面（单位：Mbar）

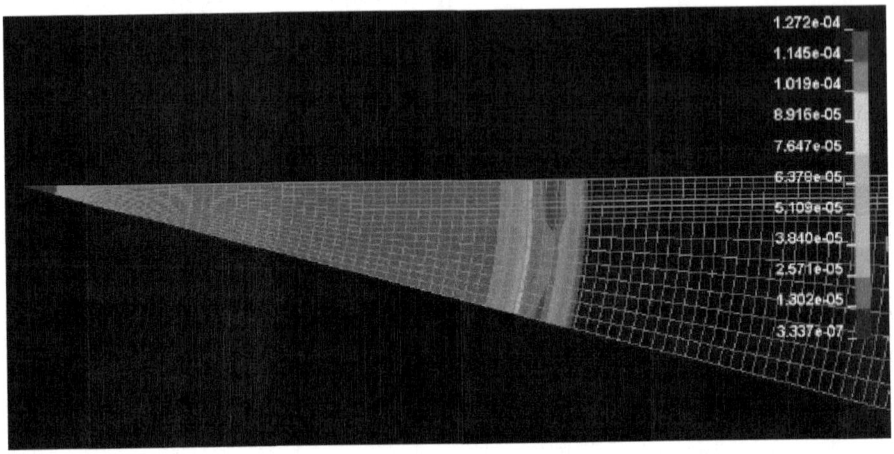

图 7-4　非均匀网格下的爆炸压力等值面（单位：Mbar）

时间步长的确定是分析人员必须重点考虑的另一个重要参数。本书的研究结果未反映持续降低时间步长会提高模型的精确性；有文献中指出，虽然降低了计算效率，但较小的时间步长能够得出比较大的时间步长更为精确的计算结果（Knight 等，2004）。分析人员应开展研究以确定某一问题分析中时间步长的敏感性，并采用最优的时间步长。

在进行足够精细的网格划分的同时避免建立成本高昂的几何模型，这样的策略是存在的，例如自适应网格，可以自动在波阵面周围等高压梯度区域缩小。虽然通过在重点计算区域将粗网格自动划分为精细网格，从而避免了高计算成本的网格形状，自适应网格算法仍会在分析时大大加长计算时间。因此，在选用精细度合适的网格时，使用较粗的网格划分或是选择网格细化，这之间存在效率的权衡，合理的选择取决于所研究模型的具体细节。对称是另一种在获得足够网格精度的同时不提高计算成本的方法，空气爆炸模型中的对称方法适用于立方形、圆柱形或球形，图 7-3 给出了一个圆柱形对称的例子。无论选择什么网格形状和尺寸，分析人员都应该将对称方法作为减小计算成本的有效手段。尽管对称方法已在任何可能的情况下被广泛采用，但真实的场景中并不存在完美的反射表面，对于在可变形表面或其附近的爆炸工况，采用对称方法得出的分析结果与实际情况吻合得并不好（如地面）。

术语“爆燃”通常指针对高爆材料燃烧产生高压气体爆轰产物的分析模拟过程。尽管爆燃建模技术随有限元程序的选择而变化，一般的实现过程都包括某些通用的数学公式，这些公式本质上是将高速燃烧的炸药材料转化为爆燃气体产物的压力、体积和密度等。爆燃是自由场空气爆炸数值模拟中计算量最大的部分，因为爆炸区域需要十分精细的网格来保证结果的准确性，一个减少模型计算成本的方法是在分析过程中避免对爆炸材料的反复燃烧。为此，在某些情况下，可以使用一种模型模拟炸药的燃烧，并将冲击波阵面重新映射到独立的网格中。尽管这种方法可能会花费分析人员更多的准备时间，但能避免对爆炸模拟的重新计算。

尽管上述准则会提高爆炸有限元模拟的计算效率和准确性，但从高水平分析中获得可靠的荷载预测仍具有挑战性。其中，重现试验结果尤其具有挑战性，因为很多情况下难以获得准确的大气条件、装药特性和压力传感器位置。此外，一些程序计算中存在固有缺陷，且简化假设造成的计算误差会在大量时间步长的重复计算中不断叠加。因此，在认可任何有限元分析计算出的结构荷载之前，分析人员应检查模型中几个不同位置处的自由场超压，将之与经过验证的经验数据相对比，从而验证采用有限元程序进行流体动力学计算的准确性。分析人员应根据需要调整模型变量以反映实际情况，且克服某些缺陷和计算误差。作为最后手段，可以通过人为调整装药特性校准模型以匹配试验结果。只有充分掌握爆炸理论及其实际性能的分析人员才可以尝试这种方法，且对结果的解释应格外谨慎。虽然调整后的装药参数可以在给定位置和时间准确地对压力时程曲线进行部分或全部重现，但改变模型的输入参数可能会影响模型其他位置的计算结果，结构模型中的净荷载可能无法反映实际情况，同样也不能达到开展理论研究的目的。

7.4 混凝土模型

大部分有限元程序中都存在几种模拟混凝土材料行为的方法，每种方法的模拟结果取决于材料模型的准确性，以及对有限元程序使用和分析人员的经验等。有限元分析的混凝土本构模型应至少使用含有两个材料本构模型不变量的关系式和非线性状态方程来表征混凝土的非线性硬化和软化行为特性，而在条件允许时，使用含有三个不变量的关系式可以更好地描述混凝土的体积膨胀（Magallanes，2008）。此外，以往的研究表明，常应力实体单元可以在静态和冲击问题中给出较好的计算结果（Schwer 和 Malvar，2005；Gokani，2006）。不论如何构建混凝土模型和选择单元，分析人员应通过对比单元应力分析结果和有关所选混凝土已知的理论或试验结果，来验证模型的保真度（Magallanes，2008）。在采用分析结果之前，钢筋混凝土结构整体模型的计算结果应与试验结果保持良好的吻合性。

大多数混凝土结构包含钢筋，有限元模型应明确包含混凝土和钢筋。模型应采用具有同阶位移函数的实体单元和梁单元。例如，当混凝土模型采用常应力实体单元时，钢筋宜采用桁架单元，因为此两种单元的位移函数都是线性的，可以保证沿公共单元边缘处的位移一致。模拟钢筋最简单的方法是在公共节点处将钢筋单元与混凝土单元相绑定。尽管该方法简化了实际情况，忽略了钢筋单元和混凝土单元间潜在的相对滑移，但因为可以在适当时间内提供合理的结果，分析人员通常会选择这一方法，但这一简化方法在某些情况下可能不适用。在考虑钢筋滑移和屈曲等行为时，模型可以采用梁单元定义钢筋或使用弹簧连接钢筋单元与混凝土单元。尽管考虑这些特性更能代表真实的响应，但准确度的提升也会大幅增加时间与计算成本。在某些情况下，严重的剥落和炸穿破坏会减小构件的横截面面积，导致钢筋的抗弯性能对结构响应产生显著影响，则有限元模型应使用梁单元而不是桁架单元来对钢筋建模。一般情况下，分析人员应首先尝试采用桁架单元来进行分析，以评估截面损失和钢筋抗弯性能的重要性。

预测材料在空气爆炸下的响应时，与混凝土材料一样，所有的钢材料参数应考虑应变率效应，主要有两种方式。其中的一种方式，如 2.2.4 节所述，通过采用表 7-2 给出的动力提高系数来提高钢筋的屈服强度和极限强度，从而考虑钢筋应变率效应。设计中经常使用这一方法，因为在大多数空气爆炸工况下，这一方法可以快速简洁且保守地计算材料参数；但其无法对同一时间步中的构件应力，以及考虑应变率效应的材料参数进行精确对比。因此，在某些情况下，简单地采用动力提高系数可能并不合适。试验研究表明：真实的材料性能会因应变率的变化而显著改变，并随应变率的增大而持续增大（Department of the Army，1990；Tedesco，1999），包含单元侵蚀（即失效单元的移除）的有限元分析需要每一个时间步内准确的材料应力状态来对每一个单元进行充分的评估。因为在分析过程中，构件应力和真实材料性能都发生了较大变化，采用恒定的动力提高系数会导致某些单元提前或推迟侵蚀。大部分通用有限元软件包含适用于钢筋应变率的相关材料定义，其中两个是 Johnson-Cook 和 Cowper-Symonds 关系式（LSTC，2007）。已有部分学者开展了上述关系式在分析结构抗爆炸和冲击荷载时的应用研究（Karagiozova 和 Jones，2000；Raftenberg，1997；Rusinek，2008；Rushton 等，2008；Turhan 等，2008）。

7.5 耦合分析

耦合分析十分复杂，涉及欧拉网格和拉格朗日网格的相互作用，且结果会随用户输入的参数发生大幅变化。为了进行耦合分析，在将流体从拉格朗日网格分离之前，用户必须使用与欧拉网格（通常是流体）重叠（但不连接）的拉格朗日网格（通常是结构）建立模型。在模拟过程中，当欧拉网格中的流体（如空气爆炸冲击波阵面通过空气传播）穿透拉格朗日结构表面时，有限元程序会将流体移动返回至拉格朗日结构表面，并对流体施加一个与拉格朗日结构表面正交的作用力。由于某些程序代码允许建立多孔表面结构的模型，因此，用户定义的罚函数因子或罚函数曲线便会控制穿透拉格朗日网格表面流体的量，同时它们还会定义流体穿透深度与施加在流体上的合力之间的关系。这一概念与胡克定律类似，其中力等于刚度与位移的乘积。耦合表面的刚度可以是常数或线性变化的，用户可以通过调整罚函数因子或罚函数曲线来增加或减小耦合表面的“刚度”，因此分析结果会根据用户输入的参数发生很大的变化。例如，如果分析人员将罚函数因子设置得过高，耦合表面将会过于“刚性”，携带大量动量的冲击波波阵面将会从拉格朗日网格表面反弹（Knight 等，2004）；如果罚函数因子设置得过低，将会导致大量流体穿透耦合表面。分析人员负责确定适当的罚函数因子或罚函数曲线，许多模型也需要通过试验数据进行校准。这些问题十分复杂，要求分析人员经验丰富且试验数据真实可靠，因此除非结构响应会显著改变波阵面的流动，否则不建议使用此类模型。关于耦合分析的详细信息超出了本书的讨论范围，因为本书的目的并不是为这类分析提供有限元建模教程。如果需要更多的详细信息，读者可以查阅研究文献和所用软件的用户手册。

7.6 小结

本章概述了预测桥梁墩柱上的爆炸荷载及其响应的已有方法。单自由度体系分析方法对于研究此类问题很有价值，它在荷载具有不确定性的情况下仍能得到可接受范围内的计算精度，因此爆破工程师广泛采用此类方法。尽管这些简化方法通常精确且实用，但并不总是最合适的，分析人员仍希望使用更加先进的计算方法。如前文所述，几种通用有限元软件包具有开展高水平空气爆炸和结构响应分析的能力，它们在爆炸模型的建立、材料本构模型的利用以及分析方法上有所不同。因此，尽管上述章节给出了使用有限元程序开展爆炸模型建立、爆炸波传播研究和结构响应分析的一般原则，分析人员也应熟练掌握所使用软件的处理能力、使用要求和限制。配合丰富的专业知识和经验，通用有限元软件是高水平设计或研究中预测爆炸荷载和响应的重要工具。适用的荷载工况包括：复杂的几何形状、结构因局部破坏而泄压导致的荷载大幅度减小，以及已知炸药质量、爆炸特性和结构参数的情况。局部破坏（即剥落或炸穿破坏）可能会影响荷载或结构的整体响应，但这是可以接受的。

第8章 设计范例

8.1 概 述

本章主要阐述钢筋混凝土公路桥梁墩柱抗爆设计流程。每一个设计范例都结合了第 6 章中的规范设计指南和第 7 章中的简化分析指南，每一种设计类型给出一个墩柱作为设计范例。

8.2 范 例

本章选用标准柱的设计和材料特性，阐述所推荐的典型公路桥梁墩柱抗爆的分析和设计要求，其中分析和设计要求根据设计威胁（比例爆距）以及 A、B 和 C 三类设计类型而变化。

A 类墩柱工况应对的威胁较轻微，不要求对抵抗爆炸荷载进行额外的校验。在设计 B 类和 C 类墩柱时，设计要求包括对最小横向配筋率、纵向搭接位置以及箍筋锚固类型进行额外的校验。此外，C 类墩柱设计要求使用单自由度分析方法对抗弯承载力进行校验。基于大尺寸墩柱，在本研究项目第二阶段的测试中，抗弯分析规定了延性比和弯曲转角的设计极限。特别地，设计极限的确定参考具有轻度到中度损坏而没有显著剪切破坏的柱。假设墩柱开始发生由剪切控制的响应，它应该具有远远超过设计极限的残余抗剪承载力。如果不能满足这些设计极限，可以通过增大柱的尺寸（直径或宽度）和增加纵向钢筋来提高柱的性能。

C 类墩柱的分析流程以弯曲响应作为剪切变形的指标，代替了直接计算。第二阶段测试发现抗直剪能力（按照通用法规 UFC3-340-01）并不是剪切性能的必要指标，因此，设计规范和抗弯分析中的抗剪承载力验证分别是通过最小配箍率和设计抗弯极限实现的。这些设计极限能够确保近区爆炸造成的强烈剪切作用不会在柱基处形成剪切破坏。

本章范例中的柱假定为底端固支、顶端铰支。真实的边界条件取决于柱子的构造及其与盖梁和上部结构的连接方式。因此，设计时使用预设边界条件，而设计威胁工况确定了爆炸相对于桥梁的方向。如果不能设定合适的边界条件，应该假定并调整端部约束以使相关的响应达到最大值。在计算设计范例的弯曲变形时，由于设计由最大变形控制，可以保守地将边界条件假定为简支。

8.2.1　范例 1：C 类柱设计

设计范例 1 阐述了 C 类型的钢筋混凝土桥梁墩柱的设计流程（图 8-1）。这一范例所示墩柱必须满足所有的分析和设计要求。范例详细展开了本书所推荐的 AASHTO LRFD 规范中，近距离爆炸荷载下的混凝土公路桥梁墩柱的设计流程。当需设防的墩柱处于非地震设防区域时，按照以下方法设计。

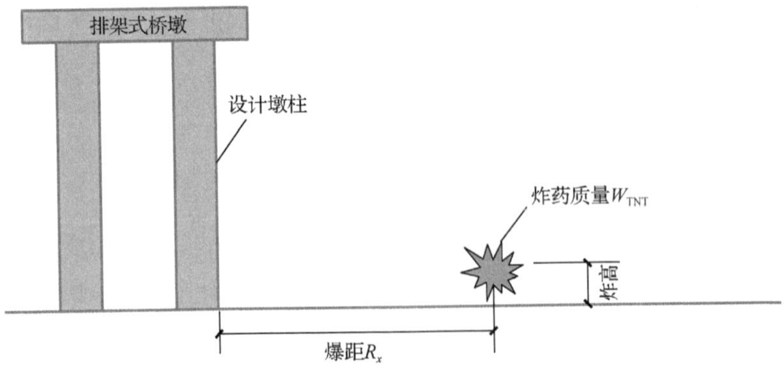

图 8-1　设计范例桥梁墩柱

8.2.1.1　范例 1 设计过程

1. 给定条件

1）设计威胁

依据 AASHTO LRFD 规范 2.7.2 节和 3.15.1 节确定设计威胁。

（1）近地面半球形装药爆炸。

（2）爆距：$R_x = 6\text{ft}$。

（3）炸药质量：$W_{TNT} = 160\text{lb TNT}$。

2）墩柱参数

（1）非地震设防区域。

（2）排架式桥墩的外侧墩柱。

（3）支撑条件：底端固支、顶端铰支。

（4）柱体横截面形状：圆形（依据 AASHTO LRFD 规范 2.7.3 节确定）。

（5）柱高（两个支撑之间距离）：$L_0 = 18\text{ft}$。

3）材料特性

（1）混凝土强度：$f_c' = 4000\text{psi}$。

（2）混凝土密度：$\gamma_c = 150\text{pcf}^*$。

（3）混凝土养护龄期：C_{age}为 2 个月。

（4）钢筋：GR60（美标）钢筋，钢筋弹性模量$E_s = 29000\text{ksi}$，钢筋屈服强度$f_y = 60\text{ksi}$。

4）动力提高系数和材料提高系数

依据 AASHTO LRFD 规范 C4.7.6.3 节确定动力提高系数和材料提高系数。

（1）强度提高系数（混凝土和钢筋）：$K_E = 1.10$。

（2）龄期提高系数：

$$K_A = \begin{cases} 1.15 & C_{age} \geqslant 6 \\ 1.10 & 0 \leqslant C_{age} < 6 \end{cases}$$

结论：$K_A = 1.1$。

（3）动力提高系数（应力类型——弯曲）。

① 钢筋：$\text{DIF}_{\text{fl.st}} = 1.17$。

② 混凝土：$\text{DIF}_{\text{fl.con}} = 1.19$。

（4）弯曲响应下动态极限压应力。

① 钢筋：$f_{\text{dy.fl}} = f_y K_E \text{DIF}_{\text{fl.st}} = 77.2\text{ksi}$。

② 混凝土：$f'_{\text{dc.fl}} = f'_c K_A K_E \text{DIF}_{\text{fl.con}} = 5759.6\text{psi}$。

2. 设计类型确定

依据 AASHTO LRFD 规范 4.7.6.2 节确定设计类型。

（1）比例爆距：$Z = \dfrac{R_x}{W_{\text{TNT}}^{1/3}} = 1.1\text{ft/lb}^{1/3}$。

（2）设计类型：

$$\text{设计类型} = \begin{cases} \text{A类柱} & Z > 3 \\ \text{B类柱} & 1.5 < Z \leqslant 3 \\ \text{C类柱} & 0.5 < Z \leqslant 1.5 \\ \text{不推荐} & Z \leqslant 0.5 \end{cases}$$

结论：设计类型为 C 类柱。

3. 参数确定

根据 AASHTO LRFD 规范 4.7.6.2 节要求，C 类柱的设计须遵循该规范 5.10.11.4.1c～e 节、5.10.12.3 节及 5.10.2.3 节规定的构造和设计要求。

1）墩柱参数

（1）墩柱直径：D=36in。

* 1pcf=16.018kg/m^3。

（2）混凝土保护层：保护层厚度=2in。

（3）纵向钢筋面积：#9 钢箍，直径 $d_{\text{l.b}}=1.128\text{in}$，纵向钢筋面积 $A_{\text{s}}=10\times1\text{in}^2=10\text{in}^2$。

（4）横向钢筋类型：#6 钢箍，直径 $d_{\text{v.b}}=0.75\text{in}$，环形箍筋。

（5）横向钢筋间距：$S_{\text{cc}}=4\text{in}$。

（6）抗剪钢筋面积：$A_{\text{v.bar}}=0.44\text{in}^2$。

2）横截面参数

（1）墩柱毛截面面积：$A_{\text{g}}=\pi\left(\dfrac{D}{2}\right)^2=1017.9\text{in}^2$。

（2）墩柱核心混凝土面积：$A_{\text{c}}=\pi\left(\dfrac{D-2\times\text{保护层厚度}}{2}\right)^2=804.2\text{in}^2$。

（3）截面有效直径：$d_{\text{eff}}=0.8D=28.8\text{in}$。

（4）纵向配筋率：$\rho_{\text{L}}=\dfrac{A_{\text{s}}}{A_{\text{g}}}=0.982\%$。

（5）体积配箍率：$\rho_{\text{s}}=\dfrac{4A_{\text{v.bar}}}{S_{\text{cc}}(D-2\times\text{保护层面积})}=1.375\%$。

3）墩柱抗弯承载力

依据 AASHTO LRFD 规范 5.8.2.9 节确定墩柱抗弯承载力。

（1）纵筋包络区域直径：$D_{\text{r}}=D-2\times\text{保护层厚度}-2\times d_{\text{v.b}}-d_{\text{l.b}}=29.4\text{in}$。

（2）有效力臂：$d_{\text{v}}=\max\left[0.72D,\ 0.9\left(\dfrac{D}{2}+\dfrac{D_{\text{r}}}{\pi}\right)\right]=25.9\text{in}$。

（3）抗弯承载力：$M_{\text{N}}=\left(\dfrac{A_{\text{s}}}{2}\right)f_{\text{dy.fl}}d_{\text{v}}=834\text{kip}\cdot\text{ft}$。

4. 设计和构造要求检查

依据 AASHTO LRFD 规范检查设计和构造是否符合要求。

1）最小体积配箍率

依据 AASHTO LRFD 规范 5.10.12.3 节确定最小体积配箍率。

$$\rho_{\text{s,min}}=\begin{cases}0.45\left(\dfrac{A_{\text{g}}}{A_{\text{c}}}-1\right)\dfrac{f_{\text{c}}'}{f_{\text{y}}} & \text{A类柱}\\ 0.12\dfrac{f_{\text{c}}'}{f_{\text{y}}} & \text{B类柱}\\ 1.5\left(0.12\dfrac{f_{\text{c}}'}{f_{\text{y}}}\right) & \text{C类柱}\end{cases}$$

条件：$\rho_{s,min}=1.2\%$。

$$\text{配筋率校验}=\begin{cases}\text{横向配筋率合格} & \rho_s \geqslant \rho_{s,min}\\ \text{增加横向配筋} & \rho_s < \rho_{s,min}\end{cases}$$

结论：配筋率校验为横向配筋率合格。

2）纵向搭接要求

依据 AASHTO LRFD 规范 5.12.13.4 节确定纵向搭接要求。

（1）端部长度。

依据 AASHTO LRFD 规范 5.10.11.4.1c 节确定端部长度。

$$\text{端部长度}=\max\left(D,\ \frac{1}{6}L_0,\ 18\text{in}\right)=36\text{in}。$$

（2）地面或下层桥面上方最小纵向搭接长度。

$$\text{最小纵向搭接长度}=\begin{cases}\text{无特殊要求} & \text{A类柱}\\ \text{端部长度} & \text{B类柱}\\ \max(12\text{ft, 端部长度}) & \text{C类柱}\end{cases}$$

结论：最小纵向搭接长度=12ft。

3）横向配筋要求

根据 AASHTO LRFD 规范 5.10.2.3 节，横向配筋应该包括锚固充分的连续螺旋箍筋或分离式环形箍筋。

分离式环形箍筋的锚固类型有如下三类，如图 8-2 所示。

$$\text{锚固类型}=\begin{cases}\text{普通弯钩} & \text{A类柱}\\ \text{抗震弯钩} & \text{B类柱}\\ \text{抗爆弯钩} & \text{C类柱}\end{cases}$$

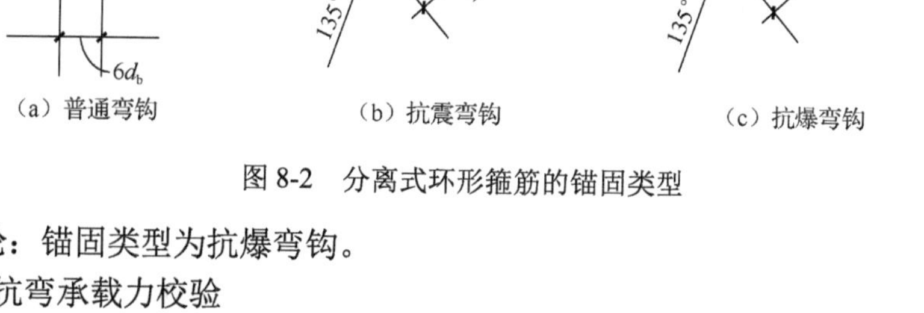

（a）普通弯钩　（b）抗震弯钩　（c）抗爆弯钩

图 8-2 分离式环形箍筋的锚固类型

结论：锚固类型为抗爆弯钩。

4）抗弯承载力校验

抗弯承载力校验依据 AASHTO LRFD 规范 4.7.6.3 节执行。

（1）使用 BEL 确定给定威胁工况的等效均布压力、等效冲量和作用时间。

① BEL 分析假设：

- 空气自由场爆炸；
- 不使用 BlastX；
- 目标尺寸等于墩柱尺寸；
- 炸药位于地面；
- 目标有顶部和底部支撑。

② BEL 等效均布压力：$P_{BEL}=1784psi$。

③ BEL 等效冲量：$I_{BEL}=466.5psi \cdot ms$。

④ BEL 作用时间：$t_{BEL}=\dfrac{2I_{BEL}}{P_{BEL}}=0.523ms$。

（2）使用单自由度分析（SBEDS）确定转角和延性。

墩柱被设计成独立不耦合的构件。

① SBEDS 假设：

- 混凝土梁-柱分析；
- 底端固支、顶端铰支，均布荷载，仅发生弯曲响应；
- 墩柱间距=有效直径；
- 使用 BEL 算得的等效均布压力和作用时间；
- 2%阻尼；
- 使用材料动力强度。

② SBEDS 支座转角：$\theta_{SBEDS}=0.14°$。

$$\text{转角校验}=\begin{cases}\text{转角合格} & \theta_{SBEDS}\leqslant 1.0°\\ \text{增加墩柱尺寸} & \theta_{SBEDS}>1.0°\end{cases}$$

结论：转角校验为转角合格。

③ SBEDS 延性比：$\mu_{SBEDS}=1.6$。

$$\text{延性比校验}=\begin{cases}\text{延性比合格} & \mu_{SBEDS}\leqslant 15\\ \text{增加纵筋面积} & \mu_{SBEDS}>15\end{cases}$$

结论：延性比校验为延性比合格。

8.2.1.2 范例 1 设计总结

1）设计威胁

爆距：$R_x=6ft$。

炸药质量：$W_{TNT}=160lb\ TNT$。

比例爆距：$Z=1.1ft/lb^{1/3}$。

设计类型：C 类柱。

2）墩柱参数

非地震设防区域。

支撑条件：底端固支、顶端铰支。

柱体横截面形状：圆形（依据 AASHTO LRFD 规范 2.7.3 节确定）。

柱高：$L_0 = 18\text{ft}$。

墩柱直径：D=36in。

混凝土保护层：保护层厚度=2in。

3）材料特性

混凝土强度：$f_c' = 4000\text{psi}$。

钢筋屈服强度：$f_y = 60\text{ksi}$。

4）纵向配筋

纵向配筋：10#9 钢筋。

纵向配筋率：$\rho_L = 0.982\%$。

最小纵向搭接：搭接长度=12ft。

5）横向配筋

横向配筋类型：#6 钢筋，环形箍筋。

锚固类型：抗爆弯钩。

横向箍筋间距：$S_{cc} = 4\text{in}$。

体积配箍率：$\rho_s = 1.375\%$。

配筋率校验：横向配筋率合格。

6）抗弯承载力校验

转角校验：转角合格。

延性比校验：延性比合格。

8.2.2 范例 2：C 类柱设计

设计范例 2 考虑了范例 1 中钢筋混凝土桥梁墩柱在更严重的 C 类设计威胁下的响应。在假定条件下，重新设计墩柱以满足较大装药量下所有的分析和设计要求。首先，范例详细展开了本书所推荐的 AASHTO LRFD 规范中，近距离爆炸荷载下的混凝土公路桥梁墩柱的设计流程。然后，对设计范例 1 中的墩柱进行了更大威胁下的重新设计。

8.2.2.1 范例 2 设计过程（一）

1. 给定条件

1）设计威胁

依据 AASHTO LRFD 规范 2.7.2 节和 3.15.1 节确定设计威胁。

（1）近地面半球形装药爆炸。

（2）爆距：$R_x = 15\text{ft}$。

（3）炸药质量：$W_{\text{TNT}} = 5000\text{lb TNT}$。

2）墩柱参数

（1）非地震设防区域。

（2）排架式桥墩的外侧墩柱。

（3）支撑条件：底端固支、顶端铰支。

（4）柱体横截面形状：圆形（依据 AASHTO LRFD 规范 2.7.3 节确定）。

（5）柱高（两个支撑之间距离）：$L_0 = 18\text{ft}$。

3）材料特性

（1）混凝土强度：$f_c' = 4000\text{psi}$。

（2）混凝土密度：$\gamma_c = 150\text{pcf}$。

（3）混凝土养护龄期：C_{age} 为 2 个月。

（4）钢筋：GR60（美标）钢筋，钢筋弹性模量 $E_s = 29000\text{ksi}$，屈服强度 $f_y = 60\text{ksi}$。

4）动力提高系数和材料提高系数

依据 AASHTO LRFD 规范 C4.7.6.3 节确定动力提高系数和材料提高系数。

（1）强度提高系数（混凝土和钢筋）：$K_E = 1.10$。

（2）龄期提高系数：

$$K_A = \begin{cases} 1.15 & C_{\text{age}} \geqslant 6 \\ 1.10 & 0 \leqslant C_{\text{age}} < 6 \end{cases}$$

结论：$K_A = 1.1$。

（3）动力提高系数（应力类型——弯曲）。

① 钢筋：$\text{DIF}_{\text{fl.st}} = 1.17$。

② 混凝土：$\text{DIF}_{\text{fl.con}} = 1.19$。

（4）弯曲响应下动态极限压应力：

① 钢筋：$f_{\text{dy.fl}} = f_y K_E \text{DIF}_{\text{fl.st}} = 77.2\text{ksi}$。

② 混凝土：$f_{\text{dc.fl}}' = f_c' K_A K_E \text{DIF}_{\text{fl.con}} = 5759.6\text{psi}$。

2. 设计类型确定

依据 AASHTO LRFD 规范 4.7.6.2 节确定设计类型。

（1）比例爆距：$Z = \dfrac{R_x}{W_{\text{TNT}}^{1/3}} = 0.88\text{ft/lb}^{1/3}$。

（2）设计类型：

$$设计类型=\begin{cases}\text{A类柱} & Z>3\\ \text{B类柱} & 1.5<Z\leqslant 3\\ \text{C类柱} & 0.5<Z\leqslant 1.5\\ \text{不推荐} & Z\leqslant 0.5\end{cases}$$

结论：设计类型为 C 类柱。

3. 参数确定

根据 AASHTO LRFD 规范 4.7.6.2 节要求，C 类柱的设计须遵循该规范 5.10.11.4.1c～e 节、5.10.12.3 节及 5.10.2.3 节规定的构造和设计要求。

1）墩柱参数

（1）墩柱直径：D=36in。

（2）混凝土保护层：保护层厚度=2in。

（3）纵向钢筋面积：10#9 钢筋，$d_{\mathrm{l.b}}=1.128\mathrm{in}$，$A_{\mathrm{s}}=10\times 1\mathrm{in}^2=10\mathrm{in}^2$。

（4）横向钢筋类型：#6 钢筋，$d_{\mathrm{v.b}}=0.75\mathrm{in}$，环形箍筋。

（5）横向钢筋间距：$S_{\mathrm{cc}}=4\mathrm{in}$。

（6）抗剪钢筋面积：$A_{\mathrm{v.bar}}=0.44\mathrm{in}^2$。

2）横截面参数

（1）墩柱毛截面面积：$A_{\mathrm{g}}=\pi\left(\dfrac{D}{2}\right)^2=1017.9\mathrm{in}^2$。

（2）墩柱核心混凝土面积：$A_{\mathrm{c}}=\pi\left(\dfrac{D-2\times 保护层厚度}{2}\right)^2=804.2\mathrm{in}^2$。

（3）截面有效直径：$d_{\mathrm{eff}}=0.8D=28.8\mathrm{in}$。

（4）纵向配筋率：$\rho_{\mathrm{L}}=\dfrac{A_{\mathrm{s}}}{A_{\mathrm{g}}}=0.982\%$。

（5）体积配箍率：$\rho_{\mathrm{s}}=\dfrac{4A_{\mathrm{v.bar}}}{S_{\mathrm{cc}}(D-2\times 保护层面积)}=1.375\%$。

3）墩柱抗弯承载力

依据 AASHTO LRFD 规范 5.8.2.9 节确定墩柱抗弯承载力。

（1）纵筋包络区域直径：$D_{\mathrm{r}}=D-2\times 保护层厚度-2\times d_{\mathrm{v.b}}-d_{\mathrm{l.b}}=29.4\mathrm{in}$。

（2）有效力臂：$d_{\mathrm{v}}=\max\left[0.72D,\ 0.9\left(\dfrac{D}{2}+\dfrac{D_{\mathrm{r}}}{\pi}\right)\right]=25.9\mathrm{in}$。

（3）抗弯承载力：$M_{\mathrm{N}}=\left(\dfrac{A_{\mathrm{s}}}{2}\right)f_{\mathrm{dy.fl}}d_{\mathrm{v}}=834\mathrm{kip}\cdot\mathrm{ft}$。

4. 设计和构造要求检查

依据 AASHTO LRFD 规范检查设计和构造是否符合要求。

1）最小配箍率

依据 AASHTO LRFD 规范 5.10.12.3 节确定最小体积配箍率。

$$\rho_{s,\min}=\begin{cases}0.45\left(\dfrac{A_g}{A_c}-1\right)\dfrac{f_c'}{f_y} & \text{A类柱}\\[2ex] 0.12\dfrac{f_c'}{f_y} & \text{B类柱}\\[2ex] 1.5\left(0.12\dfrac{f_c'}{f_y}\right) & \text{C类柱}\end{cases}$$

条件：$\rho_{s,\min}=1.2\%$。

$$\text{配筋率校验}=\begin{cases}\text{横向配筋率合格} & \rho_s\geqslant\rho_{s,\min}\\ \text{增加横向配筋} & \rho_s<\rho_{s,\min}\end{cases}$$

结论：配筋率校验为横向配筋率合格。

2）纵向搭接要求

依据 AASHTO LRFD 规范 5.12.13.4 节确定纵向搭接要求。

（1）端部长度：

依据 AASHTO LRFD 规范 5.10.11.4.1c 节确定端部长度。

$$\text{端部长度}=\max\left(D,\ \frac{1}{6}L_0,\ 18\text{in}\right)=36\text{in}。$$

（2）地面或下层桥面上方最小纵向搭接高度：

$$\text{最小纵向搭接长度}=\begin{cases}\text{无特殊要求} & \text{A类柱}\\ \text{端部长度} & \text{B类柱}\\ \max(12\text{ft},\ \text{端部长度}) & \text{C类柱}\end{cases}$$

结论：最小纵向搭接长度=12ft。

3）横向配筋要求

根据 AASHTO LRFD 规范 5.10.2.3 节，横向配筋应该包括锚固充分的连续螺旋箍筋或分离式环形箍筋。

分离式环形箍筋的锚固类型有如下三类。

$$\text{锚固类型}=\begin{cases}\text{普通弯钩} & \text{A类柱}\\ \text{抗震弯钩} & \text{B类柱}\\ \text{抗爆弯钩} & \text{C类柱}\end{cases}$$

结论：锚固类型为抗爆弯钩。

4）抗弯承载力校验

抗弯承载力校验依据 AASHTO LRFD 规范 4.7.6.3 节执行。

（1）使用 BEL 确定给定威胁工况的等效均布压力、等效冲量和作用时间。

① BEL 分析假设：

- 空气自由场爆炸；
- 不使用 BlastX；
- 目标尺寸等于墩柱尺寸；
- 炸药位于地面；
- 目标有顶部和底部支撑。

② BEL 等效均布压力：$P_{\text{BEL}} = 6816\text{psi}$。

③ BEL 等效冲量：$I_{\text{BEL}} = 4789\text{psi}\cdot\text{ms}$。

④ BEL 作用时间：$t_{\text{BEL}} = \dfrac{2I_{\text{BEL}}}{P_{\text{BEL}}} = 1.405\text{ms}$。

（2）使用单自由度分析（SBEDS）确定转角和延性。

墩柱被设计成独立不耦合的构件。

① SBEDS 假设：

- 混凝土梁-柱分析；
- 底端固支、顶端铰支，均布荷载，仅发生弯曲响应；
- 墩柱间距=有效直径；
- 使用 BEL 算得的等效均布压力和作用时间；
- 2%阻尼；
- 使用材料动力强度。

② SBEDS 支座转角：$\theta_{\text{SBEDS}} = 9.71^\circ$。

$$\text{转角校验} = \begin{cases} \text{转角合格} & \theta_{\text{SBEDS}} \leqslant 1.0^\circ \\ \text{增加墩柱尺寸} & \theta_{\text{SBEDS}} > 1.0^\circ \end{cases}$$

结论：转角校验为增加墩柱尺寸。

③ SBEDS 延性比：$\mu_{\text{SBEDS}} = 108$。

$$\text{延性比校验} = \begin{cases} \text{延性比合格} & \mu_{\text{SBEDS}} \leqslant 15 \\ \text{增加纵筋面积} & \mu_{\text{SBEDS}} > 15 \end{cases}$$

结论：延性比校验为增加纵筋面积。

8.2.2.2　范例 2 设计过程（二）

对设计范例 1 中的墩柱进行了更大威胁下的重新设计。以下仅列出重新设计中发生变化的量值。

1）墩柱参数

（1）墩柱直径：D=60in。

（2） 纵向配筋面积：26#14 钢筋，$d_{\mathrm{l.b}}=1.693\mathrm{in}$，$A_{\mathrm{s}}=26\times2.25\mathrm{in}^2=58.50\mathrm{in}^2$。

2）横截面参数

（1）墩柱毛截面面积：$A_{\mathrm{g}}=\pi\left(\dfrac{D}{2}\right)^2=2827.4\mathrm{in}^2$。

（2）墩柱核心区面积：$A_{\mathrm{c}}=\pi\left(\dfrac{D-2\times保护层厚度}{2}\right)^2=2463\mathrm{in}^2$。

（3）截面有效直径：$d_{\mathrm{eff}}=0.8D=48\mathrm{in}$。

（4）纵向配筋率：$\rho_{\mathrm{L}}=\dfrac{A_{\mathrm{s}}}{A_{\mathrm{g}}}=2.07\%$。

3）确定墩柱抗弯承载力

依据 AASHTO LRFD 规范 5.8.2.9 节确定墩柱抗弯承载力。

（1）纵筋包络区域直径：$D_{\mathrm{r}}=D-2\times保护层厚度-2\times d_{\mathrm{v.b}}-d_{\mathrm{l.b}}=52.8\mathrm{in}$。

（2）有效力臂：$d_{\mathrm{v}}=\max\left[0.72D,\ 0.9\left(\dfrac{D}{2}+\dfrac{D_{\mathrm{r}}}{\pi}\right)\right]=43.2\mathrm{in}$。

（3）抗弯承载力：$M_{\mathrm{N}}=\left(\dfrac{A_{\mathrm{s}}}{2}\right)f_{\mathrm{dy.fl}}d_{\mathrm{v}}=8131\mathrm{kip}\cdot\mathrm{ft}$。

4）抗弯承载力校验

依据 AASHTO LRFD 规范 4.7.6.3 节做抗弯承载力校验。

（1）使用 BEL 确定给定威胁工况的等效均布压力、等效冲量和作用时间。

① BEL 等效均布压力：$P_{\mathrm{BEL}}=6774\mathrm{psi}$。

② BEL 等效冲量：$I_{\mathrm{BEL}}=4752\mathrm{psi}\cdot\mathrm{ms}$。

③ BEL 作用时间：$t_{\mathrm{BEL}}=\dfrac{2I_{\mathrm{BEL}}}{P_{\mathrm{BEL}}}=1.403\mathrm{ms}$。

（2）使用单自由度分析（SBEDS）确定转角和延性。

① SBEDS 支座转角：$\theta_{\mathrm{SBEDS}}=1.0^\circ$。

$$转角校验=\begin{cases}转角合格 & \theta_{\mathrm{SBEDS}}\leqslant1.0^\circ\\ 增加墩柱尺寸 & \theta_{\mathrm{SBEDS}}>1.0^\circ\end{cases}$$

结论：转角校验为转角合格。

② SBEDS 延性比：$\mu_{\mathrm{SBEDS}}=10.51$。

$$延性比校验=\begin{cases}延性比合格 & \mu_{\mathrm{SBEDS}}\leqslant15\\ 增加纵筋面积 & \mu_{\mathrm{SBEDS}}>15\end{cases}$$

结论：延性比校验为延性比合格。

5）重新校验横向配筋率

横向钢筋类型：#7 钢筋，$d_{v.b}=0.875\text{in}$，螺旋箍筋。

横向钢筋间距：$S_{cc}=3.5\text{in}$。

抗剪钢筋面积：$A_{v.bar}=0.6\text{in}^2$。

体积配箍率：$\rho_s=\dfrac{4A_{v.bar}}{S_{cc}(D-2\times\text{保护层面积})}=1.224\%$。

6）检查 AASHTO LRFD 规范设计和构造要求

依据 AASHTO LRFD 规范 5.10.12.3 节确定最小体积配箍率。

$$\rho_{s,\min}=\begin{cases}0.45\left(\dfrac{A_g}{A_c}-1\right)\dfrac{f'_c}{f_y} & \text{A类柱}\\ 0.12\dfrac{f'_c}{f_y} & \text{B类柱}\\ 1.5\left(0.12\dfrac{f'_c}{f_y}\right) & \text{C类柱}\end{cases}$$

条件：$\rho_{s,\min}=1.2\%$。

$$\text{配筋率校验}=\begin{cases}\text{横向配筋率合格} & \rho_s\geqslant\rho_{s,\min}\\ \text{增加横向配筋} & \rho_s<\rho_{s,\min}\end{cases}$$

结论：配筋率校验为横向配筋率合格。

8.2.2.3 范例 2 设计总结

1）设计威胁

爆距：$R_x=15\text{ft}$。

炸药质量：W_{TNT}=5000lb TNT。

比例爆距：$Z=0.88\text{ft/lb}^{1/3}$。

设计类型：C 类柱。

2）墩柱参数

非地震设防区域。

支撑条件：底端固支、顶端铰支。

柱体横截面形状：圆形（依据 AASHTO LRFD 规范 2.7.3 节确定）。

柱高：$L_0=18\text{ft}$。

墩柱直径：D=60in。

混凝土保护层：保护层厚度=2in。

3）材料特性

混凝土强度：$f_c' = 4000\text{psi}$。

钢筋屈服应力：$f_y = 60\text{ksi}$。

4）纵向配筋

纵向配筋面积：26#14 钢筋。

纵向配筋率：$\rho_L = 2.07\%$。

最小纵向搭接：搭接长度 = 12ft。

5）横向配筋

横向配筋类型：#7 钢筋，螺旋箍筋。

锚固类型：抗爆弯钩。

横向箍筋间距：$S_{cc} = 3.5\text{in}$。

体积配箍率：$\rho_s = 1.224\%$。

配筋率校验：横向配筋率合格。

6）抗弯承载力校验

支座转角校验：转角合格。

延性比校验：延性比合格。

8.2.3 范例 3：B 类柱设计

设计范例 3 阐述了针对 B 类型墩柱在设计上的调整。该情况下，墩柱的设计必须满足当前 AASHTO LRFD 规范抗震设计要求以及相关抗爆设计规定。下面仅给出墩柱在抗爆炸荷载下的设计步骤，抗震设计则需要单独进行校验。B 类柱在爆炸荷载下不需要进行单自由度体系分析。需要注意的是，应计算柱的抗弯承载力以得到动力提高系数和材料提高系数，尽管这个值适用于估算柱的抗爆承载力，但不适用于设计受地震荷载控制的柱子。范例详细展开了本书所推荐的 AASHTO LRFD 规范中，近区爆炸荷载下的混凝土公路桥梁墩柱的设计流程。当需要设防的墩柱处于高地震风险地区时，按照以下方法进行设计。

8.2.3.1　范例 3 设计过程

1. 给定条件

1）设计威胁

依据 AASHTO LRFD 规范 2.7.2 节和 3.15.1 节确定设计威胁。

（1）近地面半球形装药爆炸。

（2）爆距：$R_x = 10\text{ft}$。

（3）炸药质量：$W_{\mathrm{TNT}}=275\mathrm{lb\ TNT}$。

2）墩柱参数

（1）高地震风险地区。

（2）排架式桥墩的外侧墩柱。

（3）支撑条件：底端固支、顶端铰支。

（4）柱体横截面形状：圆形（依据 AASHTO LRFD 规范 2.7.3 节确定）。

（5）柱高（两个支撑之间距离）：$L_0=24\mathrm{ft}$。

3）材料特性

（1）混凝土强度：$f_{\mathrm{c}}'=4000\mathrm{psi}$。

（2）混凝土密度：$\gamma_{\mathrm{c}}=150\mathrm{pcf}$。

（3）混凝土养护龄期：C_{age} 为 2 个月。

（4）钢筋：GR60（美标）钢筋，钢筋弹性模量 $E_{\mathrm{s}}=29000\mathrm{ksi}$，钢筋屈服强度 $f_{\mathrm{y}}=60\mathrm{ksi}$。

4）动力提高系数和材料提高系数

依据 AASHTO LRFD 规范 C4.7.6.3 节确定动力提高系数和材料提高系数。

（1）强度提高系数（混凝土和钢筋）：$K_{\mathrm{E}}=1.10$。

（2）龄期提高系数：

$$K_{\mathrm{A}}=\begin{cases}1.15 & C_{\mathrm{age}}\geqslant 6\\ 1.10 & 0\leqslant C_{\mathrm{age}}<6\end{cases}$$

结论：$K_{\mathrm{A}}=1.1$。

（3）动力提高系数（应力类型——弯曲）：

① 钢筋：$\mathrm{DIF}_{\mathrm{fl.st}}=1.17$。

② 混凝土：$\mathrm{DIF}_{\mathrm{fl.con}}=1.19$。

（4）弯曲响应下动态极限压应力：

① 钢筋：$f_{\mathrm{dy.fl}}=f_{\mathrm{y}}K_{\mathrm{E}}\mathrm{DIF}_{\mathrm{fl.st}}=77.2\mathrm{ksi}$。

② 混凝土：$f_{\mathrm{dc.fl}}'=f_{\mathrm{c}}'K_{\mathrm{A}}K_{\mathrm{E}}\mathrm{DIF}_{\mathrm{fl.con}}=5759.6\mathrm{psi}$。

2. 设计类型确定

依据 AASHTO LRFD 规范 4.7.6.2 节确定设计类型。

（1）比例爆距：$Z=\dfrac{R_x}{W_{\mathrm{TNT}}^{1/3}}=1.54\mathrm{ft/lb^{1/3}}$。

（2）设计类型：

$$\text{设计类型}=\begin{cases}\text{A类柱} & Z>3\\ \text{B类柱} & 1.5<Z\leqslant 3\\ \text{C类柱} & 0.5<Z\leqslant 1.5\\ \text{不推荐} & Z\leqslant 0.5\end{cases}$$

结论：设计类型为 B 类柱。

3. 参数确定

根据 AASHTO LRFD 规范 4.7.6.2 节要求，B 类柱的设计需要遵循该规范 5.10.11.4.1c～e 节及 5.10.2.3 节规定的构造和设计要求。

1）墩柱参数

（1）墩柱直径：D=36in。

（2）混凝土保护层：保护层厚度=2in。

（3）纵向钢筋面积：12#9 钢筋，$d_{\text{l.b}}=1.128\text{in}$，$A_{\text{s}}=12\times 1\text{in}^2=12\text{in}^2$。

（4）横向钢筋类型：#6 钢筋，$d_{\text{v.b}}=0.75\text{in}$，螺旋箍筋。

（5）横向钢筋间距：$S_{\text{cc}}=6\text{in}$。

（6）抗剪钢筋面积：$A_{\text{v.bar}}=0.44\text{in}^2$。

2）横截面参数

（1）墩柱毛截面面积：$A_{\text{g}}=\pi\left(\dfrac{D}{2}\right)^2=1017.9\text{in}^2$。

（2）墩柱核心混凝土面积：$A_{\text{c}}=\pi\left(\dfrac{D-2\times\text{保护层厚度}}{2}\right)^2=804.2\text{in}^2$。

（3）截面有效直径：$d_{\text{eff}}=0.8D=28.8\text{in}$。

（4）纵向配筋率：$\rho_{\text{L}}=\dfrac{A_{\text{s}}}{A_{\text{g}}}=1.18\%$。

（5）体积配箍率：$\rho_{\text{s}}=\dfrac{4A_{\text{v.bar}}}{S_{\text{cc}}(D-2\times\text{保护层面积})}=0.917\%$。

3）墩柱抗弯承载力

依据 AASHTO LRFD 规范 5.8.2.9 节确定墩柱抗弯承载力。

（1）纵筋包络区域直径：$D_{\text{r}}=D-2\times\text{保护层厚度}-2\times d_{\text{v.b}}-d_{\text{l.b}}=29.4\text{in}$。

（2）有效力臂：$d_{\text{v}}=\max\left[0.72D,\ 0.9\left(\dfrac{D}{2}+\dfrac{D_{\text{r}}}{\pi}\right)\right]=25.9\text{in}$。

（3）抗弯承载力：$M_{\text{N}}=\left(\dfrac{A_{\text{s}}}{2}\right)f_{\text{dy.fl}}d_{\text{v}}=1001\text{kip}\cdot\text{ft}$。

4. 设计和构造要求检查

依据 AASHTO LRFD 规范检查设计和构造是否符合要求。

1）最小体积配箍率

依据 AASHTO LRFD 规范 5.10.12.3 节确定最小体积配箍率。

$$\rho_{\mathrm{s,min}}=\begin{cases}0.45\left(\dfrac{A_{\mathrm{g}}}{A_{\mathrm{c}}}-1\right)\dfrac{f_{\mathrm{c}}'}{f_{\mathrm{y}}} & \text{A类柱}\\ 0.12\dfrac{f_{\mathrm{c}}'}{f_{\mathrm{y}}} & \text{B类柱}\\ 1.5\left(0.12\dfrac{f_{\mathrm{c}}'}{f_{\mathrm{y}}}\right) & \text{C类柱}\end{cases}$$

条件：$\rho_{\mathrm{s,min}}=0.8\%$。

$$\text{配筋率校验}=\begin{cases}\text{横向配筋率合格} & \rho_{\mathrm{s}}\geqslant\rho_{\mathrm{s,min}}\\ \text{增加横向配筋} & \rho_{\mathrm{s}}<\rho_{\mathrm{s,min}}\end{cases}$$

结论：配筋率校验为横向配筋率合格。

2）纵向搭接要求

依据 AASHTO LRFD 规范 5.12.13.4 节确定纵向搭接要求。

（1）端部长度。

依据 AASHTO LRFD 规范 5.10.11.4.1c 节确定端部长度。

$$\text{端部长度}=\max\left(D,\ \frac{1}{6}L_0,\ 18\mathrm{in}\right)=48\mathrm{in}。$$

（2）地面或下层桥面上方最小纵向搭接高度。

$$\text{最小纵向搭接长度}=\begin{cases}\text{无特殊要求} & \text{A类柱}\\ \text{端部长度} & \text{B类柱}\\ \max(12\mathrm{ft},\ \text{端部长度}) & \text{C类柱}\end{cases}$$

结论：最小纵向搭接长度=4ft。

3）横向配筋要求

根据 AASHTO LRFD 规范 5.10.2.3 节，横向配筋应该包括锚固充分的连续螺旋箍筋或分离式环形箍筋。

分离式环形箍筋的锚固类型有如下三类。

$$\text{锚固类型}=\begin{cases}\text{普通弯钩} & \text{A类柱}\\ \text{抗震弯钩} & \text{B类柱}\\ \text{抗爆弯钩} & \text{C类柱}\end{cases}$$

结论：锚固类型为抗爆弯钩。

8.2.3.2　范例 3 设计总结

1）设计威胁

爆距：$R_x = 10\text{ft}$。

炸药质量：$W_{\text{TNT}} = 275\text{lb TNT}$。

比例爆距：$Z = 1.54\text{ft/lb}^{1/3}$。

设计类型：B 类柱。

2）墩柱参数

高地震风险区。

支撑条件：底端固支、顶端铰支。

柱体横截面形状：圆形（依据 AASHTO LRFD 规范 2.7.3 节确定）。

柱高：$L_0 = 24\text{ft}$。

墩柱直径：D=36in。

混凝土保护层：保护层厚度=2in。

3）材料特性

混凝土强度：$f_c' = 4000\text{psi}$。

钢筋屈服强度：$f_y = 60\text{ksi}$。

4）纵向配筋

纵向配筋面积：12#9 钢筋。

纵向配筋率：$\rho_L = 1.18\%$。

最小纵向搭接：搭接长度=4ft。

5）横向配筋

横向配筋类型：#6 钢筋，螺旋箍筋。

锚固类型：抗爆弯钩。

横向箍筋间距：$S_{cc} = 6\text{in}$。

体积配箍率：$\rho_s = 0.917\%$。

配筋率校验：横向配筋率合格。

6）抗弯承载力校验

B 类柱无须进行单自由度体系分析。

8.2.4　范例 4：A 类柱设计

设计范例 4 阐述了不需要特殊设计要求和分析指导的 A 类柱设计。对于给定的设计威胁工况，按照 AASHTO LRFD 规范（2007）设计墩柱已经足够。范例详细展开了本书所推荐的 AASHTO LRFD 规范中，近距离爆炸荷载下的混凝土公路桥梁墩柱的设计流程。当需设防的墩柱处于非地震设防区域时，按照以下方法设计。

8.2.4.1 范例 4 设计过程

1. 给定条件

1）设计威胁

依据 AASHTO LRFD 规范 2.7.2 节和 3.15.1 节确定设计威胁。

（1）近地面半球形装药爆炸。

（2）爆距：$R_x = 15\text{ft}$。

（3）炸药质量：$W_{\text{TNT}} = 100\text{lb TNT}$。

2）墩柱参数

（1）非地震设防区域。

（2）排架式桥墩的外侧墩柱。

（3）支撑条件：底端固支、顶端铰支。

（4）柱体横截面形状：圆形（依据 AASHTO LRFD 规范 2.7.3 节确定）。

（5）柱高（两个支撑之间距离）：$L_0 = 18\text{ft}$。

3）材料特性

（1）混凝土强度：$f_c' = 4000\text{psi}$。

（2）混凝土密度：$\gamma_c = 150\text{pcf}$。

（3）混凝土养护龄期：C_{age} 为 2 个月。

（4）钢筋：GR60（美标）钢筋，钢筋弹性模量 $E_s = 29000\text{ksi}$，钢筋屈服强度 $f_y = 60\text{ksi}$。

4）动力提高系数和材料提高系数

依据 AASHTO LRFD 规范 C4.7.6.3 节确定动力提高系数和材料提高系数。

（1）强度提高系数（混凝土和钢筋）：$K_E = 1.10$。

（2）龄期提高系数：

$$K_A = \begin{cases} 1.15 & C_{\text{age}} \geqslant 6 \\ 1.10 & 0 \leqslant C_{\text{age}} < 6 \end{cases}$$

结论：$K_A = 1.1$。

（3）动力提高系数（应力类型——弯曲）。

① 钢筋：$\text{DIF}_{\text{fl.st}} = 1.17$。

② 混凝土：$\text{DIF}_{\text{fl.con}} = 1.19$。

（4）弯曲响应下动态极限压应力：

① 钢筋：$f_{\text{dy.fl}} = f_{\text{y}} K_{\text{E}} \text{DIF}_{\text{fl.st}} = 77.2\text{ksi}$。

② 混凝土：$f'_{\text{dc.fl}} = f'_{\text{c}} K_{\text{A}} K_{\text{E}} \text{DIF}_{\text{fl.con}} = 5759.6\text{psi}$。

2. 设计类型确定

依据 AASHTO LRFD 规范 4.7.6.2 节确定设计类型。

（1）比例爆距：$Z = \dfrac{R_x}{W_{\text{TNT}}^{1/3}} = 3.23\text{ft/lb}^{1/3}$。

（2）设计类型：

$$\text{设计类型} = \begin{cases} \text{A类柱} & Z > 3 \\ \text{B类柱} & 1.5 < Z \leqslant 3 \\ \text{C类柱} & 0.5 < Z \leqslant 1.5 \\ \text{不推荐} & Z \leqslant 0.5 \end{cases}$$

结论：设计类型为 A 类柱。

3. 参数确定

根据 AASHTO LRFD 规范 4.7.6.2 节要求，A 类柱的设计无须遵循任何特殊抗爆设计要求。

1）墩柱参数

（1）墩柱直径：D=36in。

（2）混凝土保护层：保护层厚度=2in。

（3）纵向钢筋面积：10#9 钢筋，$d_{\text{l.b}} = 1.128\text{in}$，$A_{\text{s}} = 10 \times 1\text{in}^2 = 10\text{in}^2$。

（4）横向钢筋类型：#6 钢筋，$d_{\text{v.b}} = 0.75\text{in}$，环形箍筋。

（5）横向钢筋间距：$S_{\text{cc}} = 6\text{in}$。

（6）抗剪钢筋面积：$A_{\text{v.bar}} = 0.44\text{in}^2$。

2）横截面参数

（1）墩柱毛截面面积：$A_{\text{g}} = \pi\left(\dfrac{D}{2}\right)^2 = 1017.9\text{in}^2$。

（2）墩柱核心混凝土面积：$A_{\text{c}} = \pi\left(\dfrac{D - 2\times\text{保护层厚度}}{2}\right)^2 = 804.2\text{in}^2$。

（3）截面有效直径：$d_{\text{eff}} = 0.8D = 28.8\text{in}$。

（4）纵向配筋率：$\rho_{\text{L}} = \dfrac{A_{\text{s}}}{A_{\text{g}}} = 0.982\%$。

（5）体积配箍率：$\rho_{\text{s}} = \dfrac{4A_{\text{v.bar}}}{S_{\text{cc}}(D - 2\times\text{保护层面积})} = 0.917\%$。

3）墩柱抗弯承载力

依据 AASHTO LRFD 规范 5.8.2.9 节确定墩柱抗弯承载力。

（1）纵筋包络区域直径：$D_{\mathrm{r}} = D - 2\times$保护层厚度$- 2\times d_{\mathrm{v.b}} - d_{\mathrm{l.b}} = 29.4\mathrm{in}$。

（2）有效力臂：$d_{\mathrm{v}} = \max\left[0.72D,\ 0.9\left(\dfrac{D}{2}+\dfrac{D_{\mathrm{r}}}{\pi}\right)\right] = 25.9\mathrm{in}$。

（3）抗弯承载力：$M_{\mathrm{N}} = \left(\dfrac{A_{\mathrm{s}}}{2}\right) f_{\mathrm{dy.fl}} d_{\mathrm{v}} = 834\mathrm{kip}\cdot\mathrm{ft}$。

4. 设计和构造要求检查

依据 AASHTO LRFD 规范检查设计和构造是否符合要求。

1）最小体积配箍率

依据 AASHTO LRFD 规范 5.10.12.3 节确定最小体积配箍率。

$$\rho_{\mathrm{s,min}} = \begin{cases} 0.45\left(\dfrac{A_{\mathrm{g}}}{A_{\mathrm{c}}}-1\right)\dfrac{f_{\mathrm{c}}'}{f_{\mathrm{y}}} & \text{A类柱} \\ 0.12\dfrac{f_{\mathrm{c}}'}{f_{\mathrm{y}}} & \text{B类柱} \\ 1.5\left(0.12\dfrac{f_{\mathrm{c}}'}{f_{\mathrm{y}}}\right) & \text{C类柱} \end{cases}$$

条件：$\rho_{\mathrm{s,min}} = 0.797\%$。

$$\text{配筋率校验} = \begin{cases} \text{横向配筋率合格} & \rho_{\mathrm{s}} \geqslant \rho_{\mathrm{s,min}} \\ \text{增加横向配筋} & \rho_{\mathrm{s}} < \rho_{\mathrm{s,min}} \end{cases}$$

结论：配筋率校验为横向配筋率合格。

2）纵向搭接要求

依据 AASHTO LRFD 规范 5.12.13.4 节确定纵向搭接要求。

（1）端部长度。

$$\text{端部长度} = \max\left(D,\ \frac{1}{6}L_0,\ 18\mathrm{in}\right) = 36\mathrm{in}。$$

（2）地面或下层桥面上方最小纵向搭接长度。

$$\text{最小纵向搭接长度} = \begin{cases} \text{无特殊要求} & \text{A类柱} \\ \text{端部长度} & \text{B类柱} \\ \max(12\mathrm{ft},\ \text{端部长度}) & \text{C类柱} \end{cases}$$

结论：最小纵向搭接长度为无特殊要求。

3）横向配筋要求

根据 AASHTO LRFD 规范 5.10.2.3 节，横向配筋应该包括锚固充分的连续螺旋箍筋或分离式环形箍筋。

分离式环形箍筋的锚固类型有如下三类。

$$\text{锚固类型}=\begin{cases}\text{普通弯钩} & \text{A类柱}\\ \text{抗震弯钩} & \text{B类柱}\\ \text{抗爆弯钩} & \text{C类柱}\end{cases}$$

结论：锚固类型为普通弯钩。

8.2.4.2　范例 4 设计总结

1）设计威胁

爆距：$R_x=15\text{ft}$。

炸药质量：W_{TNT}=100lb TNT 。

比例爆距：$Z=3.23\text{ft/lb}^{1/3}$。

设计类型：A 类柱。

2）墩柱参数

非地震设防区域。

支撑条件：底端固支、顶端铰支。

柱体横截面形状：圆形。

柱高：$L_0=18\text{ft}$。

墩柱直径：D=36in。

混凝土保护层：保护层厚度=2in。

3）材料特性

混凝土强度：$f_c'=4000\text{psi}$。

钢筋屈服强度：$f_y=60\text{ksi}$。

4）纵向配筋

纵向配筋面积：10#9 钢筋。

纵向配筋率：$\rho_L=0.982\%$。

最小纵向搭接：搭接长度无特殊要求。

5）横向配筋

横向配筋类型：#6 钢筋，环形箍筋。

锚固类型：普通弯钩。

横向箍筋间距：$S_{cc}=6\text{in}$。

体积配箍率：$\rho_s=0.917\%$。

配筋率校验：横向配筋率合格。

6）抗弯承载力校验

A 类柱无须进行单自由度体系分析。

8.3 小　结

本章总共描述了四类设计范例，主要目的是阐述 AASHTO LRFD 规范的使用，该规范是在 NCHRP 12-72 项目研究期间制定的。该项目工作的总结和展望将在下一章进行阐述。

第 9 章　结论、建议与展望

9.1　研究计划概述

1920～2000 年间，60%的恐怖爆炸袭击针对高速公路基础设施（Jenkins 和 Gersten，2001），表明了结构抗爆设计的重要性。尽管通常来说，大多数建筑物遭到恐怖袭击的概率很低，可一旦发生，其经济和社会影响极高。因此，美国国家合作公路研究计划资助了 NCHRP 12-27 项目（高速公路桥梁抗爆设计与构造指南）来解决这个问题。本书介绍了这一研究项目的成果。

无论上部结构是何类型，墩柱是几乎所有桥梁的主要支撑部件，故在桥梁对爆炸荷载的响应中，墩柱起主要作用，其失效可能会导致桥梁丧失完整性。因此，为了实现桥梁的安全设计，需要对爆炸荷载下的桥梁墩柱进行试验和分析研究，以评估既有的建筑物的抗爆设计准则是否能有效应用于桥梁结构，以及桥梁抗震构造是否能满足抗爆需求。而且，工程中也有专门为桥梁承受爆炸荷载制定新的设计和构造准则的潜在需求。本研究的主要目标如下：

- 探讨混凝土桥梁墩柱在爆炸荷载下的响应；
- 开发高速公路桥梁墩柱抗爆设计与构造指南；
- 开发经试验数据验证的爆炸荷载分布及墩柱响应模型。

本研究项目包括两个不同阶段的试验。第一阶段试验为方形和圆形截面刚性柱的缩尺爆炸试验，在美国陆军工程兵团工程研究开发中心的支持下于密西西比州维克斯堡的实验场进行，主要探讨了冲击波与细长构件的相互作用，为沿柱高度方向的爆炸压力和冲量随时间和位置的变化规律研究提供了宝贵的数据。第二阶段试验开展了大比例爆炸试验，由得克萨斯大学奥斯汀分校在美国防护工程咨询公司和美国西南研究院的协助下，于得克萨斯州中部的一个外部实验场完成。

试验包括涉及 5 个主要试验变量的 10 根 1/2 缩尺桥梁墩柱，依据美国通用桥梁墩柱要求与《AASHTO LRFD 桥梁设计规范》（2007）规定，10 根缩尺墩柱中有 7 根是标准柱，1 根为抗震柱，2 根为抗爆柱，详见表 3-3。

该阶段试验包括 10 炮次 1/2 缩尺模型近区爆炸试验和 6 炮次 1/2 缩尺模型的局部破坏爆炸试验（其中 6 根墩柱进行了二次重复爆炸试验）。近区爆炸试验的目的是观察 8 个各不相同的柱的破坏模式（如弯曲或剪切破坏）；局部破坏试验的目的是观察混凝土柱在爆炸荷载下的剥落和炸穿破坏形态。各爆炸试验评估了比例爆距、墩柱几何尺寸、箍筋数量、箍筋类型和搭接位置等 5 个主要试验变量的影响。各试验柱均贴有 6 个应变片，在近区爆炸试验中收集数据，所测得应变数据被用来校核近距离爆炸试验的边界条件以及爆炸荷载的分布情况。利用试验现象与应变数据，制定了钢筋混凝土高速公路桥梁墩柱的设计与构造指南。

为了完善试验方案，实施了不同精细化程度的分析研究以建立爆炸荷载作用下桥梁墩柱的响应模型，包括预测荷载的简化方法，例如设计图表和公式，以及美国陆军工程兵团提供的 BEL 软件。响应模型的简化方法主要包括单自由度分析模型。这些简化荷载和响应模型为设计流程的制定奠定了基础。除了上述模型，试验项目中个别特殊试验使用了精细的有限元模型。一旦这些精细化的模型得到验证，便可以开展参数研究，获取从物理试验中无法得到的响应参数。最后，汇总分析模型的结果并收集试验数据，提出了设计与构造指南。

9.2 结论和建议

本节提出的结论和建议是基于调查研究期间收集的试验证据和数值模拟结果，制定高速公路桥梁柱的抗爆设计和构造指南的相关结论将在 9.3 节中进行总结。

9.2.1 近距离爆炸试验总结

近距离爆炸试验能够观察到不同爆炸荷载工况下的 8 种不同混凝土墩柱的破坏模式。试验中 3 根墩柱在基础部位发生严重的剪切变形，包括 1A2 柱、3A 柱和 3-Blast 柱；另外 7 根墩柱经历了弯剪开裂，基础部位的剪切变形较小。最常见的破坏模式是剪切破坏，由于大部分柱子有足够的抗剪承载力，没有发生实质上的剥落和炸穿，表现得十分坚固。

1A2 柱，一个直径 18in 的圆形截面标准柱，经历了基础位置的剪切破坏。然而，通过增大爆距（1A1 柱）或使用连续螺旋箍筋（1B 柱），墩柱在近距离爆炸荷载作用下的响应得到了改善。设计构造与 1A2 柱相同的 1A1 柱，爆距比 1A2 柱大，则受到轻微破坏。正如 1B 柱所表现的，使用连续螺旋箍筋也能改善近区爆炸中墩柱的响应。通过试验发现，在没有螺旋箍筋的部位，如果保证足够的锚固，分离式箍筋也能表现得很好。

与钢筋布置较少的同尺寸墩柱相比，直径为 30in 的抗爆柱（2-Blast 柱）在发生相同响应时可以承受更强烈的荷载。因此，在相同的爆炸荷载工况下，圆形截面抗爆柱应该比标准柱或抗震柱表现得更好。30in 方形截面抗爆柱（3-Blast 柱）的基础位置经历了较大范围的剪切变形，然而达到这一程度的破坏需要极强的荷载。因此，在相似荷载条件下，具有抗爆设计钢筋构造的方柱比钢筋布置较少的其他柱表现得更好。

9.2.2 局部爆炸试验总结

在局部爆炸试验中能够观察到爆炸荷载作用下混凝土墩柱的剥落和炸穿模式。6 根墩柱中只有 2 根（1A1 柱和 2A2 柱）截面被完全炸穿。2A1 柱和 2B 柱的核心混凝土部分严重丧失，而剩下的 2 根墩柱截面基本保持完整。一开始所没有预料到的是，2-Blast 柱和 3A 柱的侧面混凝土保护层发生剥落。

9.2.3 设计方法总结

提出设计类型的目的，是在结构需求和设计威胁提高时为桥梁墩柱提供充分的构造设计。试验项目中所有的墩柱被划为 C 类柱（即重大的危害场景），在不同的比例爆距下受到了不同等级的破坏。小比例爆距下的柱承受了巨大的爆炸荷载，导致塑性铰的形成、混凝土保护层的剥落以及部分柱体的完全炸穿。可以通过增大爆距来降低设计威胁，从而避免提高设计等级和构造要求。一般情况下，比例爆距的增大也意味着爆炸荷载强度的降低，从而减少对桥梁构造的要求。

降低设计荷载（设防等级也随之降低）最好的方法是通过设置物理障碍增大爆距，比如护柱、安全栏和车障。将爆距最大化是使桥梁得到合理保护的方法中最容易实现且花费最少的。因此，如果充分限制可接近墩柱的途径，便可以通过提高设计爆距来降低爆炸荷载对墩柱的影响及相应的设计类别。当无法通过爆距的调整来避免出现 C 类设计时，需要满足如下的设计和构造规定。

在可行的范围内，抗爆柱的横截面形状应使爆炸荷载的强度降至最低。横截面形状会影响爆炸荷载与墩柱的相互作用。与相同尺寸的方形或长方形截面墩柱相比，圆形截面墩柱能够有效降低爆炸压力和冲量，小比例爆距下冲量可降低 34%。因此，推荐选择圆形截面墩柱。不过，如果构造合理，方形和长方形截面墩柱也能抵抗爆炸荷载。

在近区爆炸中，墩柱的横截面尺寸也对柱子的承载力有重要影响，并且这一参数控制着炸穿破坏的形成。因此，近区爆炸荷载下，推荐墩柱的最小直径为 30in。

试验现象表明，在近区爆炸中，连续螺旋箍筋比带有标准弯钩的分离式箍筋抗爆性能更好。为了避免锚固失效，并提升抗爆柱分离式环形箍筋和普通箍筋的性能，应该使用比当前规定更长的弯钩长度。而且，为了提高能量吸收和潜在塑性铰的耗能容量，最小的约束钢筋数量应该比 AASHTO LRFD 规范（2007）中的抗震设计规定提高 50%。加密后的箍筋应该在墩柱全长上布置，以应对各种不同的工况。

在可行的范围内，纵向钢筋应该尽量避免搭接；如果搭接不能避免，则使搭接位置远离炸药能减小局部爆炸损伤。由于无法为所有桥梁墩柱进行抵抗所有威胁的设计，在极端荷载情况下，必须要接受合理程度的风险。如果足量炸药在距桥梁墩柱足够近的位置爆炸，墩柱将失效。

9.3　工 作 展 望

本书推荐的钢筋混凝土高速公路桥梁墩柱抗爆设计和构造，是基于两个阶段试验研究中收集的数据及其相应的分析工作提出的。希望能够获取更多的试验数据以进一步验证本书所推荐的相关内容。而且，需要进行更多的研究从而更好地掌握混凝土柱在近区爆炸中的剥落和炸穿破坏模式。6 炮次 1/2 缩尺爆炸试验中出现了柱的侧面剥落，在进行这些试验之前，柱子在近区爆炸荷载下的响应被认为与墙类似，即前后表面剥落。

Winget 等（2004）指出，加固技术应该包括提高混凝土约束、增加抗弯能力和延性，以及防止炸穿的保护措施，或将这些措施结合起来。为了改善柱子在爆炸荷载下的响应，增加箍筋数量是一种提升墩柱延性和约束的有效方法。提升墩柱延性和约束可使核心混凝土保持完整，并在塑性铰形成后继续为上部结构提供支撑。然而，随着横向钢筋数量的增加，施工难度也会增加，有可能会因混凝土浇筑不密实而在内部产生空腔。为了避免这一问题，可以考虑使用的替代方案包括：使用钢管混凝土和纤维增强混凝土，拼接部位使用机械套管，外部加固。

钢管混凝土较常规钢筋混凝土柱施工更为便捷。然而，为了更好地理解这些构件是如何与基础和上部结构相连接的，还需要开展更多的研究。Bruneau 等（2006）成功论证了这种设计方法对小比例抗爆柱的适用性，但还需要更多的研究来确定上述方法对于大直径柱的可行性。如果劳动力成本昂贵而钢价低廉，使用钢管混凝土则是一个较经济的方法。纤维增强混凝土的标准柱设计也可以用普通混凝土配置大量钢筋的做法来替代。纤维增强混凝土加强了远离钢筋区域的混凝土强度，从而预防混凝土剥落现象的发生。然而，为了验证纤维增强混凝土柱承受爆炸荷载时的表现并确定它们的性价比，需要进行更多的研究。

钢筋混凝土柱承受近距离爆炸时，在搭接部位使用机械套管可以降低柱子因纵筋不连续而失效的风险。Zehrt 等（1998）指出，在用于抗爆混凝土构件之前，机械搭接须在不降低延性的情况下具有提高钢筋极限动态承载力的能力。因此，建议开展更多使用机械套管的大比例混凝土柱的爆炸试验。外部加固也能改善钢筋混凝土柱在近区爆炸下的响应。使用纤维增强复合材料和钢护套包裹也可提高对核心混凝土的约束，防止其剥落与炸穿。

本书所述的研究主要集中在钢筋混凝土桥梁墩柱的响应方面，但还需要对其他类型的桥梁构件进行更多的抗爆研究。需要指出的是，桥梁抗爆设计相对于桥梁工程界来说还是一个崭新的领域，尽管本书研究提出的结论能在一定程度上提升桥梁墩柱的抗爆性能，但对比当前桥梁在诸如地震等其他极端荷载类型下的设计水平，仍需要做更多的工作，使本领域的研究日趋走向成熟。

参考文献*

ABAQUS Inc. (2004). ABAQUS, Version 6.5. www.abaqus.com.

ABC News. (2007). "Iraq: 2 Bridge Blasts in 2 Days." June 11, 2007. http://abcnews.go.com/International/popup?id=3265885&content Index=1&page=3&start=false. Accessed June 30, 2008.

Abramson, H. N., et al. (1999). *Improving Surface Transportation Security: A Research and Development Strategy.* National Academy Press: Washington, D. C.

Agrawal, A. (2007) "Blast and Seismic Effects on Highway Bridges." *NJJDOT Technology Transfer Seminar.* October 30, 2007. http:// www.utrc2.org/events/events.php?viewid=172. Accessed July 3, 2008.

Alaoui, S. (2004). RECONASANCE: REinforced CONcrete Analysis Spreadsheet enhANCEnced. MS Report. Department of Civil Engineering, University of Texas: Austin, Texas.

Alia, A., and M. Souli. (2006). "High Explosive Simulation Using Multimaterial Formulations." *Applied Thermal Engineering.* Vol. 26. pp. 1032–1042.

American Association of State Highway and Transportation Officials (AASHTO). (2007). *AASHTO LRFD Bridge Design Specifications,* 4th Edition. Washington, D.C.

American Concrete Institute (ACI). (2005). *Building Code Requirements for Structural Concrete (ACI 318-05).* ACI Committee 318, Farmington Hills, MI.

American Institute of Steel Construction (AISC). (2006). *Load and Resistance Factor Design Specification for Steel Buildings.* 13th Edition.

American Society of Civil Engineers (ASCE) Task Committee on Blast-Resistant Design. (1997). *Design of Blast Resistant Buildings in Petrochemical Facilities.* ASCE: Reston, VA.

ANSYS Inc. (2004). ANSYS, Version 8.1. www.ansys.com.

Applied Research Associates Inc. (2005). *Computational Physics Group: Capabilities.* http://www.ara.com/mpsp/SWD/Computational%20 Physics_Group.htm?. Accessed February 12, 2006.

Bae, S., and O. Bayrak (2008). "Seismic Performance of Full-Scale Reinforced Concrete Columns." *ACI Structural Journal.* Vol. 105, No. 2. pp. 123–133.

Baker, W. E. et al. (1983). *Explosion Hazard and Evaluation.* Elsevier Scientific Publishing Co.: Amsterdam.

Barker, D. D., and M. G. Whitney. (1992). "Design of Blast Hardened Control Rooms: A Case Study." *Structures under Shock and Impact II.* Bulson, P. S., Ed. Proceedings of the 2nd International Conference on Structures under Shock and Impact. Portsmouth, UK. June 16–18. Computational Mechanics Publications.

Bentz, E. (2001). *Response-2000, Shell-2000, Traix-2000, Membrane2000: User Manual.* Version 1.1. Department of Civil Engineering, University of Toronto: Toronto, Ontario, Canada. http://www.ecf. utoronto.ca/~bentz/manual2/final.pdf.

BERGER/ABAM Engineers Inc. (1996). *Seismic Design of Bridges Design Example No. 1: Two-Span Continuous CIP*

* 本书参考文献复制原著。——译者注

*Concrete Box Bridge.*Publication No. FHWA-SA-97-006. Federal Highway Administration (FHWA). October 1996.

Biggs, J. M. (1964). *Introduction to Structural Dynamics.* McGraw-Hill, Inc.: New York.

The Blue Ribbon Panel on Bridge and Tunnel Security. (2003). *Recommendations for Bridge and Tunnel Security.* Special report prepared for FHWA and AASHTO.

Bounds, W., ed. (1998). *Concrete and Blast Effects.* Special Publication (SP-175). American Concrete Institute. Farmington Hills, MI.

Bruneau, M., D. Lopez-Garcia, and S. Fujikura. (2006). "MultihazardResistant Highway Bridge Bent." *ASCE Structures Congress.*St. Louis, Missouri.

Bruneau, M., S. Fujikura, and D. Lopez-Garcia. (2007). "Blast Resistant Bridge Piers." *Structure Magazine.* March, pp. 19–21.

Bulson, P. S. (1997). *Explosive Loading of Engineering Structures.* E & F N Spon. Routledge: London.

California Department of Transportation (Caltrans). (2003). *Bridge Design Specifications.* http://www.dot.ca.gov.hq/esc/techpubs/. Accessed August 10, 2006.

California Department of Transportation (Caltrans). (2006). *Seismic Design Criteria, Version 1.4.*http://www.dot.ca.gov.hq/esc/techpubs/. Accessed February 10, 2008.

Cendon, D. A., V. S. Galvez, and F. Galvez. (2004). "Modeling Explosions Using ALE Meshes: The Influence of Mesh Refinement in Pressures and in Efforts Induced by Blast/Structure Interaction." *Structures and Materials.* Vol. 15. Eighth International Conference on Structures under Shock and Impact. pp. 173–180.

Century Dynamics. (2004). AUTODYN, Version 6.0. www.centurydynamics.com.

Collins, M., and M. Bentz. (1990). Response1990. University of Toronto.

Computers and Structures Inc. (2006a). ETABS, Version 9. 1995 University Avenue, Suite 540, Berkeley, CA 94704. www.csiberkeley.com/ products_ETABS.html.

Computers and Structures Inc. (2006b). SAP 2000, Version 10. 1995 University Avenue, Suite 540, Berkeley, CA 94704. www.csiberkeley.com/ products_SAP.html.

Conrath, E. J., T. Krauthammer, K. A. Marchand, and P. F. Alakar. (1999). *Structural Design of Physical Security: State of Practice.*ASCE: Reston, VA.

Department of the Army. (1986). *Fundamentals of Protective Design for Conventional Weapons (TM 5-855-1).* Washington, D.C.

Department of the Army. (1990). *Structures to Resist the Effects of Accidental Explosions (TM 5-1300).* Washington, D.C.

Department of the Army, Air Force, and Navy and the Defense Special Weapons Agency. (2002). *Design and Analysis of Hardened Structures to Conventional Weapons Effects. Unified Facilities Criteria (UFC) 3-340-01.* Washington, D.C. (for official use only).

Department of Defense. (2005). *Design of Buildings to Resist Progressive Collapse.* Unified Facilities Criteria (UFC) 4-023-03. Approved for public release January 25, 2005.

Eytan, R. (1992). "Response of Real Structures to Blast Loadings—The Israeli Experience." *Structures under Shock and Impact II.* Bulson, P. S., Ed. Proceedings of the 2nd International Conference on Structures under Shock and Impact. Portsmouth, UK. June 16–18, 1992. Computational Mechanics Publications. pp. 483–495.

Farahany, M. (1983). *User Oriented Computer Program for Flexural Behavior of General Reinforced Concrete*

*Sections.*MS Report. Department of Civil Engineering, University of Texas: Austin, Texas. December 1983.

FEA Information Inc. (2006). *LS-DYNA: Applications.* http://www. ls-dyna.com/. Accessed March 13, 2006.

Fox News. (2004). "Terror Threat against U.S. Allies." http://www. foxnews.com/story/0,2933,117836,00.html.

Fujikura, S., M. Bruneau, and D. Lopez-Garcia. (2008). "Experimental Investigation of Multihazard Resistant Bridge Piers Having Concrete-Filled Steel Tube under Blast Loading." *Journal of Bridge Engineering.* Vol. 13, No. 6. pp. 586–594.

Gannon, J. C. (2004). *Design of Bridges for Security against Terrorist Attacks.* MS Thesis. Department of Structural Engineering, University of Texas at Austin. Fall, 2004.

General Services Administration. (2003). *GSA Progressive Collapse Analysis and Design Guidelines for New Federal Office Buildings and Major Modernization Projects.* Washington, D.C.

Glasstone, S., and P. J. Dolan. (1997). *The Effects of Nuclear Weapons,* 3rd Edition. The United States Department of Defense and the United States Department of Energy: Washington, D.C.

Gokani, V. (2006). *Design and Evaluation of Retrofit T203 and T501 Barriers with Mechanical Anchors using Experimental Testing and Finite-Element Simulation.* MS Thesis. Department of Civil, Environmental, and Architectural Engineering, University of Texas at Austin.

Hinman, E. (1998). "Approach for Designing Civilian Structures against Terrorist Attack." *Concrete and Blast Effects.* SP-175, ACI Committee 370. Bounds, W., Ed. American Concrete Institute: Farmington Hills, Michigan. pp. 1–17.

HydeSoft Computing, LCC. (2008). DPLOT 2.1.8.0. Engineer Research and Development Center: Vicksburg, MS. www.dplot.com.

Islam, A. (2005). *Performance of AASHTO Girder Bridges under Blast Loading.* Dissertation, Florida State University.

Jenkins, B. M. (1997). "Protecting Public Surface Transportation and Patrons from Terrorist Activities: Case Studies of Best Security Practices and a Chronology of Attacks." *MTI Report 97-4.* Minesota Transportation Institute: San Jose, CA.

Jenkins, B. M., and L. N. Gersten. (2001). *Protecting Public Surface Transportation against Terrorism and Serious Crime.* Minesota Transportation Institute: San Jose, California.

Karagiozova, D., and N. Jones. (2000). "Energy Absorption of a Layered Cladding under Blast Loading." *Structures under Shock and Impact VI.* WIT Press. Southampton, UK. pp. 447–456.

Knight, G., J. Mathis, and M. Barsotti. (2004). *An Investigation into the Effects of Blast Clearing Around Structures.* Final Report, ME 5653 Computational Fluid Dynamics, University of Texas at San Antonio.

Kowalsky, M. (2000). "Deformation Limit States for Circular Reinforced Bridge Columns." *Journal of Structural Engineering,* Vol. 126, No. 8. pp. 869–878.

LSTC. (2007). *LS-DYNA Keyword User's Manual, Version 971.*Livermore Software Technology Corporation.

Luccioni, B., D. Ambrosini, and R. Danesi. (2006). "Blast Load Assessment Using Hydrocodes." *Engineering Structures.* Vol. 28. pp. 1736–1744.

Magallanes, J. (2008). "Importance of Concrete Material Characterization and Modeling to Predicting the Response of Structures to Shock and Impact Loading." *Structures under Shock and Impact X.* WIT Press: Southampton, UK.

Mathworks, Inc. (2008). Matlab 7.6. www.mathworks.com.

"Military Studies in the Jihad against the Tyrants." *Al Qaeda Terrorist Training Manual* (1995) . On the United States

Department of Justice Website at http://www.au.af.mil/au/awc/awcgate/terrorism/ alqaida_manual/. Accessed December 3, 2009.

Minnesota Department of Transportation (Mn/DOT). (2007). "Interstate 35 W Bridge Collapse." http://www.dot.state.mn.us/i35wbridge/index.html. Accessed April 20, 2008.

Mlakar, P. F., W. G. Corley, M. A. Sozen, and C. H. Thornton. (1998). "The Oklahoma City Bombing: Analysis of Blast Damage to the Murrah Building." *Journal of Performance of Constructed Facilities*. Vol. 12, No. 3. pp. 113–119.

National Research Council. (1995). *Protecting Buildings from Bomb Damage: Transfer of Blast-Effects Mitigation Technologies from Military to Civilian Applications*. Committee on Feasibility of Applying Blast-Mitigating Technologies and Design Methodologies from Military Facilities to Civilian Buildings. National Academy of Sciences: Washington, D.C.

National Research Council. (2003). *ISC Security Design Criteria for New Federal Office Buildings and Major Renovations*. National Academies Press: Washington, D.C.

Priestley, M. J. N., and R. Park. (1987). "Strength and Ductility of Concrete Bridge Columns under Seismic Loading." *ACI Structural Journal*. Jan–Feb 1987. pp. 61–76.

Pujol, S., M. Sozen, and J. Rameriz. (2000). "Transverse Reinforcement for Reinforced Concrete Frames to Resist Earthquakes." *Journal of Structural Engineering*, Vol. 126, No. 4. pp. 461–466.

Raftenberg, M. N. (1997). "Close-in Blast Loading of a Steel Disc; Sensitivity to Steel Strength Modeling." *International Journal of Impact Engineering*. Elsevier Science Ltd.: Oxford, UK.

Ray, J. C. (2006). "Validation of Numerical Modeling and Analysis of Steel Bridge Towers Subjected to Blast Loadings." *Proceedings of the Structures Congress and Expositions*, p. 129.

Ray, J. C., B. J. Armstrong, and T. R. Slawson. (2003). "Airblast Environment beneath a Bridge Overpass." *Transportation Research Record*, n. 1827, pp. 63–68.

RISA Technologies. (2005). RISA 3-D, Version 5.5. www.risatech.com/ risa-3d.asp.

Rummel, T., M. Hyzak, and M. L. Ralls. (2002). "Transportation Security Activities in Texas." *International Bridge Conference 2002 Presentation #IBC-02-A3*. Texas Department of Transportation: Austin, TX.

Rushton, N., G. Schleyer, and R. Cheesman. (2008). "Analysis of the Explosive Loading of Open-Ended Steel Pipes." *Structures under Shock and Impact X*. WIT Press: Southampton, UK.

Rusinek, A. (2008). "Influence of Conical Projectile Diameter on Perpendicular Impact of Steel Plate." *Engineering Fracture Mechanics*. Vol. 75, N. 10. pp. 2946–2967.

Rutner, M., A. Astaneh-Asl, and J. Son. (2005). "Protection of Bridge Piers against Blast." *ACI Structural Journal*, Vol. 103, No. 6, pp. 842–849.

Schwer, L. E., and L. J. Malvar. (2005). "Simplified Concrete Modeling with *MAT_CONCRETE_DAMAGE_ REL3." *JRI LS-DYNA USER WEEK*.

Science Applications International Corporation (SAIC). (1994). *International Blast and Thermal Environment for Internal and External Explosions: A User's Guide for the BLASTX Code*. Version 3.0. (SAIC 405-94-2). https://pdc.usace.

army.mil/software/blastx.

Science Applications International Corporation (SAIC). (2001). BlastX, Version 4.2.3.0. Science Applications International Corporation, San Diego, California, (distribution limited to U.S. government agencies and their contractors).

Science Applications International Corporation (SAIC), Transportation Policy and Analysis Center. (2002). *A Guide to Highway Vulnerability Assessment for Critical Asset Identification and Protection.* Report prepared for the American Association of State Highway and Transportation Officials' Security Task Force. Available at http://security.transportation.org/community/security/doc/guideVA_FinalReport.pdf.

Sezen, H. and J. Moehle. (2006). "Seismic Tests of Concrete Columns with Light Reinforcement." *6th Japanese–German Bridge Symposium,* Munich, Germany.

Tedesco, J. (1999). *Structural Dynamics: Theory and Approach.* Addison Wesley Longman: Menlo Park, CA.

Texas Office of the Governor. (2001). "Queen Isabella Causeway to Re-Open Before Thanksgiving." http://www.governor.state.tx.us/divisions/press/pressreleases/PressRelease.2001-11-14.0443. Accessed April 20, 2008.

Transportation Pooled Fund Program (TPFP). (2008). *Blast Testing of Full-Scale, Precast, Prestressed Concrete Girder Bridges.* Project TPF-5(115). http://www.pooledfund.org/projectdetails.asp?id = 346&status=4.

Turhan, L., Ö. Eksik, E. B. Yalçin, A. Demirural, T. Baykara, and V. Günay. (2008). "Computational Simulations and Ballistic Verification Tests for 7.62 mm AP and 12.7 mm AP Bullet Impact against Ceramic Metal Composite Armours." *Structures under Shock and Impact X.* WIT Press: Southampton, UK.

United States Geological Survey (USGS). (2008). "2008 United States National Seismic Hazard Maps." http://earthquake.usgs.gov/ research/hazmaps/products_data/2008. Accessed June 19, 2008.

U.S. Army Corps of Engineers. (2000). BEL, Version 1.1.0.3. U.S. Army Corps of Engineers, Engineer Research and Development Center, Vicksburg, Mississippi. (For Official Use Only).

U.S. Army Corps of Engineers. (2001). ConWep, Version 2.0.6.0. U.S. Army Engineer Research and Development Center, Vicksburg, MS. U.S. Army Corps of Engineers. (2002). SPAn32, Version 1.2.6.9. U.S. Army Corps of Engineers Omaha District, Omaha, NE.

U.S. Army Corps of Engineers. (2006). *ERDC MSRC: Major Shared Resource Center.* http://erdc.hpc.mil/hardSoft/Software/dysmas.htm. Accessed March 3, 2006.

U.S. Army Corps of Engineers. (2007). SBEDS: Single Degree of Freedom Blast Effects Design Spreadsheet, Version 3.2. U.S. Army Corps of Engineers.

U.S. Army Engineer Research and Development Center. *Bridge and Tunnel Vulnerability Workshop: May 13–15, 2003.* Vicksburg, MS, Sponsored by the Federal Highway Administration Office of Bridge Technology, Washington, D.C. (Distribution Limited)

Wikipedia. (2008). *1993 World Trade Center Bombing.* http://en.wikipedia.org/wiki/World_Trade_Center_ bombing.

Williamson, E. B., and D. G. Winget. (2005). "Risk Management and Design of Critical Bridges for Terrorist Attacks." *Journal of Bridge Engineering,* ASCE, Vol. 10, No. 1, pp. 96–106.

Williamson, E. B. (2008). “CE 397: Blast-Resistant Structural Design” Class Notes. Department of Civil, Architectural, and Environmental Engineering, the University of Texas at Austin.

Winget, D. G. (2003). *Design of Critical Bridges for Security against Terrorist Attacks.* M.S. Thesis, the University of Texas at Austin.

Winget, D. G., K. A. Marchand, and E. B. Williamson. (2004). “Analysis of Blast Loads on Substructures.” *Proceedings, Structures under Shock and Impact.* Greece.

Winget, D. G., K. A. Marchand, and E. B. Williamson. (2005). “Analysis and Design of Critical Bridges Subjected to Blast Loads.” *Journal of Bridge Engineering,* ASCE, Vol. 131, No. 8, pp. 1243-1255.

Zehrt Jr., W. H., and P. M. LaHoud. (1998). “Development of Design Criteria for Reinforcing Steel Splices in Blast Resistant Concrete Structures.” *Special Publication,* ACI, Vol. 175, pp. 131-140.

附录　变 量 列 表

A_c —— 核心混凝土面积（in^2）

A_g —— 毛截面面积（in^2）

A_s —— 纵向钢筋面积（in^2）

A_{sh} —— 最小箍筋面积（in^2）

A_v —— 箍筋间距 s 长度范围内抗剪钢筋的毛截面面积（in^2）

b —— 核心混凝土面积（in^2）

c —— 混凝土保护层厚度（in）

C_{age} —— 混凝土龄期（m）

d —— 受力方向截面核心区高度（in）

d_b —— 钢筋的公称直径（in）

d_v —— 有效力臂（in）

D —— 直径或宽度（in）

D_{core} —— 柱心混凝土直径或宽度（in）

D_r —— 纵筋包络区域直径（in）

DIF —— 动力提高系数

E_s —— 钢筋弹性模量（ksi）

f_{du} —— 钢筋动态极限强度（psi）

f_{dy} —— 钢筋动态屈服强度（psi）

f_u —— 钢筋极限强度（psi）

f_y —— 钢筋屈服强度（psi）

f'_c —— 混凝土 28d 抗压强度（psi）

f'_{dc} —— 混凝土动态抗压强度（psi）

F_e —— 等效荷载

h_c —— 受力方向截面核心区高度（in）

i_r —— 正反射冲量（psi • ms）

i_s —— 正入射冲量（psi • ms）

I_{BEL} —— BEL 等效冲量（psi • ms）

k_e —— 等效刚度

K_A —— 混凝土龄期提高系数

K_E —— 混凝土和钢筋强度提高系数

$K_{LM.elastic}$ —— 构件处于弹性阶段的荷载质量转换系数

$K_{LM.elastic\text{-}plastic}$ —— 构件处于弹塑性阶段的荷载质量转换系数

$K_{LM.plastic}$ —— 构件处于塑性阶段的荷载质量转换系数

L —— 柱高（ft）

L_w —— 正相波长（ft）

M_e —— 等效质量

M_N —— 横截面抗弯承载力（kip • ft）

M_p —— 塑性弯矩（kip • ft）

P —— 外加荷载（lb）

P_{BEL} —— BEL 等效均布压力（psi）

P_r —— 正反射压力峰值（psi）

P_s —— 波阵面入射超压峰值（psi）

P_{so} —— 正入射压力峰值（psi）

R —— 爆距（ft）

s —— 箍筋间距（in）

S_x —— 关注点到最近自由边界的距离（ft）

t_A —— 爆炸波到达时间（s）

t_{BEL} —— BEL 作用时间（ms）

t_c —— 消波时间（s）

t_o —— 正压持续时间（s）

t_{o^-} —— 负压持续时间（s）

U —— 冲击波速度（ft/ms）

U_s —— 波阵面传播速度（ft/s）

V_{base} —— 最大剪力（lb）

V_c —— 混凝土的抗剪强度（lb）

V_N —— 抗剪强度（lb）
V_s —— 钢筋的抗剪强度（lb）
W —— 炸药质量
w_o —— 施加于某一构件的假定爆炸荷载最大允许量
$w_o(x)$ —— 施加于某一构件的假定爆炸荷载分布
W_{TNT} —— 等效 TNT 炸药质量（lb）
z —— 爆距参数
Z —— 比例爆距（$ft/lb^{1/3}$）
α —— 入射角（°）
γ_v —— 截面平均剪应变
γ_c —— 混凝土密度（pcf）
$\varDelta$ —— 位移
$\varDelta_{elastic}$ —— 构件最大弹性位移（in）
$\varDelta_{max}$ —— 构件最大位移（in）
$\varDelta(x)$ —— 梁形状位移
θ —— 支撑转角（°）
θ_{SBEDS} —— SBEDS 支座转角（°）
μ —— 延性比
μ_{SBEDS} —— SBEDS 延性化
ρ_s —— 体积配箍率
$\rho_{s,\min}$ —— 最小体积配箍率